高校图书馆数字参考咨询工作

丁亚玲 著

哈尔滨出版社
HARBIN PUBLISHING HOUSE

图书在版编目（CIP）数据

高校图书馆数字参考咨询工作 / 丁亚玲著. -- 哈尔滨：哈尔滨出版社，2024.7. -- ISBN 978-7-5484-8105-8

Ⅰ.G258.6

中国国家版本馆CIP数据核字第2024UX4701号

书　　名：高校图书馆数字参考咨询工作
GAOXIAO TUSHUGUAN SHUZI CANKAO ZIXUN GONGZUO

作　　者：丁亚玲 著
责任编辑：韩伟锋
封面设计：张　华
出版发行：哈尔滨出版社 (Harbin Publishing House)
社　　址：哈尔滨市香坊区泰山路82-9号　邮编：150090
经　　销：全国新华书店
印　　刷：北京昌联印刷有限公司
网　　址：www.hrbcbs.com
E‑mail：hrbcbs@yeah.net
编辑版权热线：（0451）87900271　87900272
开　　本：787mm×1092mm　1/16　印张：13.5　字数：270千字
版　　次：2024年7月第1版
印　　次：2024年7月第1次印刷
书　　号：ISBN 978-7-5484-8105-8
定　　价：76.00元

凡购本社图书发现印装错误，请与本社印制部联系调换。

服务热线：（0451）87900279

前　言

随着网络的普及和越来越多的人选择利用网络查找信息，图书馆通过网络向用户提供参考咨询服务，解答用户在利用网络资源过程中出现的各种问题，这项服务越来越受到人们的欢迎。从国际上看，越来越多的图书馆开始关注和重视数字参考咨询，把开展数字参考咨询作为服务工作的新的增长点。数字参考咨询被认为是继数字图书馆之后，国际图书馆界谈论与关注的又一大热点，是网络环境下图书馆参考服务的主流发展方向，被认为是未来图书馆的核心工作之一。

参考咨询是图书馆的一项核心业务工作，其实质是为用户解决信息查询与获取过程中遇到的各种问题，向用户提供或推荐相关文献或文献线索，帮助他们查询并获取所需文献信息，帮助他们掌握各种文献信息查询工具的利用途径、方法与技巧，进而满足其自身的信息需求。近年来，随着网络的发展和用户对网上信息资源利用习惯的增强，国内外许多图书馆和信息机构相继加入提供数字参考咨询服务的行列。然而，我国数字参考咨询服务在网络条件、服务方式、服务内容、服务效率、服务效果及参考馆员的水平与能力等方面都存在一定的差距。

本书在撰写过程中，参考、引用了大量学者与机构发表的文献与网络资源，在此一并向他们致以诚挚的谢意。

限于能力水平，加之时间仓促，本书对某些问题的理解和论述是否准确，是否恰如其分，都值得探讨和商榷。失误之处，在所难免，敬祈广大读者批评指正。

目　录

第一章　数字参考咨询服务的产生与发展 …………………………… 1
第一节　参考咨询服务 ………………………………………… 2
第二节　数字参考咨询服务产生的背景 ……………………… 10
第三节　数字参考咨询的概念、特点和服务方式 …………… 14
第四节　数字参考咨询与传统参考咨询的比较 ……………… 22
第五节　数字参考咨询服务的发展趋势 ……………………… 25
第六节　数字参考咨询服务的意义 …………………………… 28

第二章　数字参考咨询信息源 …………………………………………… 38
第一节　数字参考咨询信息源的特点及类型 ………………… 38
第二节　网络参考信息源的选择与评价 ……………………… 43

第三章　高校图书馆数字参考咨询服务方式 …………………………… 49
第一节　FAQ咨询服务方式 …………………………………… 49
第二节　非实时数字参考咨询服务方式 ……………………… 59
第三节　实时数字参考咨询服务方式 ………………………… 65
第四节　合作数字参考咨询服务方式 ………………………… 73

第四章　高校图书馆数字参考咨询服务平台的构建 …………………… 82
第一节　数字参考咨询服务平台的原理 ……………………… 82
第二节　数字参考咨询服务平台的设计 ……………………… 85
第三节　数字参考咨询服务平台的实现 ……………………… 91

第五章　高校图书馆数字参考咨询服务管理创新 …… 94

第一节　数字参考咨询服务知识管理 …… 94

第二节　数字参考咨询服务互动管理 …… 105

第三节　数字参考咨询服务政策 …… 111

第四节　数字参考咨询服务标准规范 …… 118

第五节　数字参考咨询服务管理体系 …… 141

第六节　数字参考咨询服务投诉管理 …… 150

第七节　数字参考咨询服务的法律保障 …… 155

第八节　数字参考咨询服务营销 …… 176

第六章　网络环境下高校图书馆的参考咨询工作 …… 181

第一节　网络环境对图书馆参考咨询工作的影响 …… 181

第二节　网络环境下的参考咨询服务 …… 184

第三节　网络参考咨询服务质量评价 …… 189

第四节　网络（数字）参考咨询服务存在的问题 …… 191

第五节　网络环境下参考咨询服务发展的趋势 …… 192

第七章　高校图书馆数字参考咨询服务的质量控制 …… 194

第一节　服务质量认识的理论基础 …… 194

第二节　数字参考咨询的质量控制 …… 195

参考文献 …… 206

第一章 数字参考咨询服务的产生与发展

参考咨询是图书馆对读者在利用文献和寻求知识、情报方面提供帮助的活动。它以协助检索、解答咨询、专题文献报道、情报检索服务等方式，向读者提供事实、数据和文献线索。有些国家的图书馆参考咨询服务甚至还包括解答读者生活问题的咨询。参考咨询是发挥图书馆情报功能、开发文献资源、提高文献利用率的重要手段和核心业务工作。《英国大百科全书》释为："参考咨询员对各个读者在寻求情报时，提供个别的帮助。"由于此种服务的结果具有参考性质，服务过程主要表现为问答形式，故称参考咨询服务。

近年来，随着网络的发展和用户对网上信息资源利用习惯的增强，国内外许多图书馆和信息机构相继加入了提供数字参考咨询服务的行列。与互联网的发展历程相对应，20世纪90年代以来，国外的文献信息机构和其他信息服务单位经历了一场由传统参考咨询向数字化、网络化参考咨询转变的高潮，使得参考咨询这一具有100多年传统的文献信息机构的服务在服务模式、工作方法、参考资源乃至服务对象等方面都发生了根本性的变化。用户可以通过网络提出咨询问题并获得解答，工作人员可以通过网络与读者沟通并解答其咨询的问题，同时也可以通过网络获得为用户服务的信息资源。网络环境下的数字参考咨询，极大地拉近了用户与参考咨询工作人员、用户与图书馆之间的距离，推动了数字参考咨询服务的蓬勃发展。

数字参考咨询服务是从传统参考咨询发展而来的建立在网络技术基础上的一种新的服务模式。因此，要探讨数字参考咨询服务，自然要追本溯源地从参考咨询服务说起。

第一节 参考咨询服务

一、参考咨询服务的概念与起源

参考咨询服务（简称"参考咨询"或"咨询"），有时也叫作"参考工作"或"参考与信息服务"。参考咨询的基本定义是：由图书馆员或信息专家以专业方式，尽可能多地、快速地向用户提供他们所需要的信息和帮助。E.G.Abels（1977年）将参考咨询定义为"通过直接或间接的中介提供对信息的利用"。参考咨询的本质在于参考馆员与用户的交互，以解决用户在利用图书馆参考咨询的过程中所产生的问题。

C.A.Bunge（1999年）提出，参考咨询就是"向查询信息的用户所提供的个别帮助"。根据他的理论，参考咨询包括三个主要方面的服务：（1）信息服务，包括为用户查找所需的信息，或帮助用户查找信息；（2）教育用户利用图书馆，包括帮助用户学会查找和利用图书馆资源的技能；（3）指导、帮助用户选择适合其教育、信息和娱乐需要的图书馆资源。除了这些直接的服务之外，参考馆员还提供间接的服务，包括建立和维护馆藏书目和其他信息源，参与合作计划，向用户提供对图书馆以外资源的利用，以及各种管理活动。

我们今天所了解的参考咨询服务，是19世纪美国公共教育运动蓬勃发展的直接结果。在普及公共教育之前，多数美国人文化水平低下，图书馆只能为少数精英服务。在1850年以前，美国的多数图书馆掌握在私人手中，隶属于个人、团体或大学，只为大学、政府和少数人提供服务。

19世纪末期，由于公共教育运动的兴起，公众的文化水平得到提高。公共教育运动的主要目的是造就有文化的工人阶级。其直接结果就是促进了向所有人开放的公共图书馆向前发展。图书馆与社区的关系发生了重大变化，不但少数精英光顾图书馆，而且从前那些被剥夺了公民权的工人阶级也可以充分利用这种新的教育优势。公共教育产生了更多的公共图书馆用户，人们把公共图书馆视为他们与知识世界相联系的桥梁。公共教育运动造就了新一代对知识如饥似渴的有文化的人。但有一个问题：他们不知怎样利用图书馆，图书馆的功能也仅仅是强调图书资料的采访和组织，图书馆用户需要自己独立地利用图书馆资料，而对于用户来说，利用图书馆却又困难重重。参考咨询就是为了解决这一问题而产生的。

参考咨询的起源通常可以追溯到享有"参考咨询之父"之称的格林。1876年10月5日，在美国费城召开了著名的图书馆员一百周年纪念大会，这个大会促成了美国图书馆协会的成立。大会上，马萨诸塞州伍斯特公共图书馆的馆长塞缪尔·格林宣读了他的第一篇论文《值得建立的公共图书馆与读者之间的交流和人际关系》。格林认为，图书馆员不仅有义务为读者提供藏书，而且还应该提供参考服务，帮助读者在藏书中找到需要的书。他还说："当然，在这种情况下，咨询员必须拿到含有读者所需信息的图书，并翻到适当的页数递交给他们。"这篇论文刊登在同年的《图书馆杂志》第一期中，题目改为《馆员与读者之间的个人关系》。格林的这篇论文称得上是图书馆参考咨询服务理念起源的经典文献，正如罗斯坦所认为：这是"对读者提供个人帮助方案的第一个明确的建议，它与偶尔帮助读者迥然不同"。也就是说这是美国图书馆正式开展参考咨询服务的最早倡议。为此，1993年6月15日出版的一期《图书馆杂志》再次节录刊登了这篇论文。重读这篇文献，我们发现，100多年前格林的观点，其实就包含许多现在参考咨询服务的观点和理念。

格林的观点赢得了广泛的接受和支持。到19世纪90年代"参考咨询"一词便取代了早期的"帮助读者"的提法，在大型公共图书馆尤其如此。最早使用"参考咨询"（reference）一词的时间是1891年，当时William B.Child 在《图书馆杂志》第16卷第298页发表了一篇题为《哥伦比亚大学图书馆参考咨询工作》（Reference Work at the Columbia College Library）的论文，详细地介绍了哥伦比亚大学图书馆开展参考咨询工作的情况。

二、参考咨询服务的发展历程

参考咨询的发展经历了以下几个阶段：

1.萌芽期（19世纪下半叶至20世纪初）：参考咨询工作开始启动并提出了"参考咨询工作"专业术语。

1876年格林关于图书馆参考咨询服务的倡议提出以后，在美国受到了许多图书馆的重视。一些新建图书馆开始设立参考部。1882年美国图书馆协会年会的论文中，一篇论文表明公共图书馆正在为本地区学校准备孩子们用的特别书目。1883 年，许多图书馆都对图书馆助理管员进行了咨询工作专业培训。美国图书馆协会年会还做了《对读者进行帮助的指导》的报告。1883 年波士顿公共图书馆雇用了第一个全日制的专门工作人员，并为这种工作开设了专门的藏书室和阅览室，且是开放的。波士顿公共图书馆的此项措施，开创了专职参考馆员和专门参考室的典范，是参考部门的雏形。该图书馆还明确了协助读者查检资料是图书馆不可或缺的一种服务，这种理念也就逐渐扩展到美国图书馆界。1884 年，麦威尔·杜威首次在哥伦比亚大学使用了"参考咨询馆员"这个术语。杜威在"哥伦比亚大学资料服务宣告贴"中设置了"协助读者"的栏目，内容是"图书馆不能只是满足于收集和保存资料，也不是只要分类编目就好了……馆员应协助读者，使其熟悉图书馆资源，辨别图书馆资料。馆员要能适应多样化的读者，并协助读者，这已成为图书馆不可或缺的工作。为了这些需要，图书馆应提供学生最好的书目、百科全书、字典及其他参考资料，让他们养成查检、浏览的习惯……这是参考咨询馆员的责任"。1885 年，杜威宣布在哥伦比亚大学将把参考咨询工作这一现代图书馆思想应用到大学图书馆，并指定了两名参考咨询人员负责咨询服务。

2. 形成期（20 世纪初至 20 世纪 30 年代）：设立参考咨询部门或参考咨询台，配备专门的参考咨询馆员。

1900 年以后，参考咨询服务的理念被美国图书馆界所接受，并且认为参考咨询服务是美国图书馆应具备的功能。特别是美国公共图书馆的参考咨询服务更是走在了前面，一些图书馆设立了参考咨询台和参考馆员。由于读者的需求和工作量的增加，参考馆员的数量也在逐渐增加。如底特律公共图书馆在 1902 年只有 3 位参考馆员，到 1914 年则增加了一倍，有 6 位参考馆员。有些图书馆已逐渐将参考咨询独立成一个部门。另外，参考咨询服务方式也开始扩展，电话和通信的咨询被列入服务范围，同时，参考咨询服务的时间延长到晚上甚至周末、假日。1902 年，克罗格女士在其《参考书学习及使用指南》中指出"参考咨询工作是图书馆工作的一环，负责对读者使用图书馆资源的协助"。她在书中还提到"参考咨询台已在美国各图书馆设置了，这个位置是由参考馆员负责主持，他的任务是协助读者查询资料，提供读者所需主题的参考资料，他也必须推荐、收集参考书。为了达到这个目的，他应知道如何协助读者及具有熟悉参考工具书运用的知识"，从中我们可以看出，在 1902 年，参考咨询服务已是美国图书馆应具备的功能，而由参考咨询台这一术语亦可知道参考馆员的角色已被确立和认定。1915年，美国国会图书馆阅览室的主持人威廉·沃纳·毕晓普认为"参考咨询工作是图书馆员提供读者从事研究的协助"。

3. 发展期（20世纪30年代至60年代）：理论研究正式出版了专著，"参考咨询工作"的概念升华为"参考咨询服务"。

20世纪30年代，参考咨询工作在美国各地图书馆普遍展开。特别是1930年詹姆斯·怀特出版了第一部参考咨询专著《参考咨询工作》，这部专著是一部极具开拓性的教科书。此后，美国图书馆的参考咨询工作的专业化程度迅速提高，许多图书馆设立了专门的部门，培训和配备专业人员。政府部门与科研机构对这方面工作也相当重视，经常给予大力支持。例如，当时由卡内基公司资助，在康奈尔大学和宾夕法尼亚大学的图书馆设立了两个试验性的"专职咨询管理员"，负责为承担人文和社会科学重点科研项目的教师提供咨询服务。虽然开始一些教师怀疑图书馆员是否了解他们科研项目的需要，但这个试验却取得了完全的成功。这个时期的参考咨询工作正如1944年赫琴斯在其《参考咨询工作导论》一书中所说："参考咨询工作不仅是对搜求知识的读者给予直接的协助，以寻得其为任何目的所需的资料，并且也包括能使资料更易获得的任何图书馆活动在内。参考咨询的对象是图书馆的读者，参考源是馆藏资料。"到1943年，"参考咨询工作"正式登上辞典。美国图书馆协会所编的《图书馆学术语辞典》将参考咨询工作定义为"图书馆直接帮助读者获得答案及利用馆藏资料从事学习及研究"。在这之前，图书馆界一般都是使用"参考咨询工作"，1948年，美国图书馆学家巴特勒提出了"参考咨询服务"这个概念，并认为"参考咨询服务是知识分子能够任意使用图书馆藏书以获得所需资料的程序"。为此，1950年，美国著名的参考服务历史学家塞缪尔·罗斯坦强调了"参考咨询工作"与"参考咨询服务"的定义的区别。他认为"参考咨询工作的本质特征是图书馆员对提供资料的利用者提供个人的协助，而参考咨询服务则除了这种协助外，图书馆还应认知此种协助为图书馆不可或缺的责任"。他认为参考咨询服务是广义的参考咨询工作。

4. 巩固发展期（20世纪60年代至90年代）：参考咨询服务工作更加规范，服务途径和方式有所拓展

20世纪60年代开始，参考咨询服务已发展为一个成熟的职业领域。特别是80年代以来，美国的信息技术实现了巨大的飞跃，网络化生存使图书馆的

参考咨询服务的水平达到了前所未有的高度。

1968年,美国图书馆协会参考咨询和成人服务部(RS-AD)下属的标准委员会对亚特兰大的图书馆参考咨询服务进行了详细调查后,制定了"根据读者意见,咨询台位于读者流动的主要线路附近,任何时候咨询台都有人值班"等6条参考咨询服务标准。

20世纪70年代,美国著名图书馆学家杰西·谢拉针对信息技术使图书馆处于与传统迥然不同的新的信息环境之中,指出"图书馆已从书籍世界进入了信息世界"。

1984年美国马里兰大学健康服务图书馆首先推出"电子参考服务",它是世界上第一个网上参考咨询服务系统。

1989年秋季美国佛罗里达州Gainesville大学George A.Smathers图书馆首创了电子邮件咨询服务。

网上咨询服务使世界各地的用户随时随地享受到图书馆的各种信息服务,使读者感到图书馆无所不在。

5. 数字化发展期(20世纪90年代至今):建立了参考咨询服务的新模式,服务对象已不局限于传统意义上的图书馆读者。

20世纪90年代以后,美国图书馆开始开展数字化参考咨询服务。数字参考咨询服务,借鉴了电子商务中在线客户服务的成熟经验,通过建立常见问题解答数据库、电子邮件、网上留言、在线交流、共同浏览(Co-browsing)等形式满足读者的各种信息需求。据资料统计,美国97.3%的学术图书馆拥有网站,其中44.7%具有网上问答的参考咨询服务,虚拟参考服务基本上已在美国普及。

1997年美国加州大学Irvine分校图书馆开始利用网络会议技术为远程用户提供实时交互和面对面的参考咨询服务。

1998年美国教育部资助了一个数字图书馆研究项目VRD,即虚拟咨询台。所谓虚拟咨询台,就是把图书馆视为一个在图书馆员的协助下为广大用户提供智能服务的透明知识网络。近年来,这种新型的服务模式在美国及欧美各国得到迅速发展。

2001年5月,随着华盛顿联合图书馆系统的加盟,MRS已拥有100个包括美国、加拿大、澳大利亚、德国、英国以及中国香港地区的成员。MRS的宗旨是在任何时候都可以为在任何地点提出问题的任何人提供专业的参考服务。OCLC将在建立和维护成员馆问答数据库方面提供技术支撑，并计划将拥有 WorldCat 的共享目录体系变成一个开放的、全球的学习社区，使 MRS 系统建成一个由全球书目和全文数据库作为资源库、问答档案库作为知识库以及由各地参考馆员组成专家库的网上知识导航系统。

所谓全天候数字参考咨询服务，是由多个图书馆建立起协作关系，充分利用各自的馆藏特色和人才优势，并协调服务时间，为读者提供每周 7 天，每天 24 小时的数字参考咨询服务。此项目一经推出，即在全国范围内受到关注。洛杉矶地区的城市合作图书馆系统（MCLS）推出了 WWW.247reorg，并在其 31 个成员馆的主页上设置了链接。全天候合作数字参考咨询服务的构想是，美国国会图书馆联合世界 100 多个大型图书馆开展"合作数字参考咨询服务"项目。目标是为世界上任何上网的人提供"更准确、更有用"的信息资源。

现在，数字参考服务已成为国际性的潮流，它标志着图书馆正在利用网上平台拓展自己的专业性服务。

三、传统参考咨询服务的变革

20 世纪 90 年代中期，网络刚刚开始流行时，西方一些人士在提出"图书馆消亡论"的同时，对传统的参考咨询也提出质疑，认为传统的参考咨询已经过时了，传统的参考咨询应该被淘汰。但这种观点也遭到了很多人的抨击。他们认为，在自动化和电子环境下，图书馆的任何一项工作都需要能够证明自身的价值，向用户提供高质量的服务是对我们最重要的挑战。参考咨询绝不是仅仅在咨询台回答用户的问题，在电子时代，用户提问的需求不降反升。

传统参考咨询模式最明显的不足是，它在指向上最有用，对复杂而有深度的问题的处理往往简略而肤浅。这是由于其他用户的排队等候而影响了对问题的进一步澄清。另外一个不足是由于咨询台人员的流动，用户不能随着查询的进行继续咨询。有人将传统模式的缺点总结为：成本高、缺乏控制、员工使用不灵活、缺乏责任制、抬高不切实际的用户期望、重复性劳动、图书馆员的形象是办事员。

从传统参考咨询到数字参考咨询的变革是由多种因素造成的，比如政治因素、经济因素、文化因素、技术因素等，这些都对图书馆和参考咨询产生了多方面影响。参考咨询之所以能够存在，是因为它将图书馆用户及其需求的知识联系起来。换言之，用户及其需求仍然是信息服务的核心。

1. 咨询环境的改变

经历了100多年的发展，参考咨询也随着社会、经济、技术和文化环境的变化而不断调整在图书馆服务体系中的定位。总的说来，从过去和未来的趋向看，参考咨询有些方面发生了很大的变化，有些方面并没有改变。

发生改变的是：

（1）开发了更新更好的工具。尽管图书馆员的职责没有改变，但履行这些职责的工具却今非昔比。早先的图书馆员只能通过图书馆目录、索引作为利用图书、期刊和报纸的查询工具。而今天，计算机、电话、复印机、缩微胶片、传真机、打印机、光盘、手机网络等已成为图书馆员对用户提供帮助的日常工具。24/7或SI的虚拟咨询台（VRD）等产品正开始使远程参考咨询像传统的面对面咨询一样有效。信息技术将继续向我们提供使参考咨询水平更高、速度更快的新工具。

（2）对用户教育的需求提高。现代图书馆比历史上的任何时期都要复杂，载体形式和利用方式更加多样，网上信息泛滥。这就要求图书馆员更多地向用户传授怎样利用信息，特别是评价信息源的方法。

（3）对事实性信息的需求降低。随着因特网的普及，很多事实性的问题，用户可以直接利用网络很容易地找到答案，而无须图书馆员的介入。未来参考馆员需要解答的，将是那些需要一定的研究能力的问题。

（4）参考馆员将是信息的生成者，而不是信息的保管者。电子出版将使作者、出版者和图书馆员的关系更加密切。图书馆员将融入出版过程中，担负控制、评价、传播信息的职能。图书馆成为选择、组织、生成信息和提供服务的基地。

未发生改变的是：

（1）图书馆仍把对社会的服务作为衡量其价值的标准。图书馆是社会的一部分，满足社会的需要是图书馆存在的唯一理由，是衡量图书馆成功的唯一标准。

（2）参考馆员仍将履行格林所确立的四项功能。尽管今天的图书馆与格林时代有很大的不同，但参考馆员的职责并没有改变。图书馆员仍然需要教用户怎样利用图书馆，仍然要回答用户提出的咨询，仍然要指导用户查找适宜的信息源，仍然要在社区中宣传推广图书馆。

（3）个别服务仍将得到珍视。图书馆所提供的服务由于技术的运用而不同程度地疏远了用户。但用户仍然期望服务中的人性化，期望得到帮助。个别服务仍将是网络环境下图书馆服务的重要组成部分，这也是与商业服务相比的一大特色。

2. 咨询模式的改变

分层次服务模式：通常叫作"分层"服务，它将咨询台分成两个或更多的服务点，将复杂或有深度的服务从简单的问答中区分出来。不同的图书馆员回答不同类型的问题。辅助人员或学生回答大多数简单的问题，参考馆员需预约回答有深度的研究性问题。

研究咨询模式：即完全取消咨询台，只建立一个"问讯台"和"研究咨询服务处"。问讯台配备的是准专业馆员或学生助理，他们负责过滤掉简单的指向性问题，将咨询问题提交给参考馆员。研究咨询服务处配备的是图书馆员，其提供对较长的、更为复杂的问题的答案。例如，在霍普金斯大学医学图书馆，问讯台配备的是准专业人员，专业馆员的咨询台位于问讯台临近的房间内，三位专业人员坐在座位上，等待"偶尔"有人提出问题。在亚利桑那州州立大学，准参考馆员和研究支持服务馆员都提供参考咨询服务，准参考馆员侧重于日常的参考咨询，而馆员提供教学和研究性咨询。

除此之外，还有一种参考馆员，称为"流动参考馆员"，这是参考服务的一种新趋势。流动参考馆员的任务是在用户和工作站之间穿梭流动，如果用户需要帮助则随时提供咨询。例如波士顿大学就试行了这种服务，很受用户的欢迎。

人们还提出了其他模式，但还没有实施。例如，有人提出一种模式，将参考咨询服务分为五个类别：指向和一般信息、技术帮助、为用户进行信息查询、研究咨询和图书馆教育，并且建立不同的组织结构、人员配备、技能要求和评价标准。这一模式的局限是缺乏对用户提供帮助的机制，用户或许会被五个不同的类别所困扰。

参考咨询除"分层"服务以外，一些研究人员认为，还应该发生更为"革命性"的变革。例如，Jeny D.Campbell 提出要对参考咨询进行根本性变革。他认为"参考咨询"是一个错误的名称，因为"其意义是过时的，其含义是陈旧的"，而真正的参考馆员应该是"存取工程师"，他承担三项任务：知识构建（信息资源建设）、用户分析、存取工程（根据需要将信息直接传递给用户）。

3. 咨询工具的改变

参考咨询的基本形式是图书馆员与用户之间面对面的直接交流。尽管这种形式仍然存在，并将一直存在下去，但由于技术的变革给参考咨询的手段不断带来新的变化，越来越多的用户可以不必到馆，而是利用电话、传真、普通邮件以及电子邮件、网上问答等多种形式，通过参考馆员解决自己在图书馆服务中遇到的问题。国外的实践证明，图书馆数字化、网络化的程度越高，到馆用户的比例就会越低，而远程用户的比例就会越高。如果认为远程用户没有信息查找策略方面的问题，不需要专业馆员的介入，则是错误的。远程用户与馆内用户一样，会提出各种各样的咨询问题。馆内用户可以亲自到咨询台前提出问题，而远程用户只能借助某种技术手段提出问题。

根据用户是否利用计算机网络来划分，参考咨询的远程手段可分为两类：

一类不依赖网络，如普通邮寄、传真和电话。普通邮寄时间长，传真普及率低，成本较高，用得最为普遍的是电话。电话是向远程用户提供咨询服务的最传统且最有效的方式。用今天的术语说，电话是音频形式的实时交互。电话普及率高，操作简单，交互及时，因而受到用户和参考馆员的欢迎。但并不是每台计算机旁边都配有电话，异地用户使用电话还须支付长途话费。尽管电话咨询在向远程用户提供服务方面仍将是不可缺少的，但随着网络环境的极大改善，数字参考咨询将越来越多地取代电话咨询。

另一类依赖网络，如电子邮件、网上问答、即时信息、传呼、网络白板、视频音频会议等网络技术的应用。随着网络环境的改善和网络技术的不断成熟，人们对网络的依恋越来越强，尤其是在网络化环境中成长起来的年青一代，他们对新技术的好奇和探索，将使他们很快地融入网络世界中。采用或改造现有的网络交流技术以适应图书馆参考咨询的需要，不仅会极大地增强图书馆参考咨询服务的能力，而且会更好地适应用户信息利用行为的变化，更加切合网络环境下用户的实际，为提高用户服务质量提供新的可能。

第二节 数字参考咨询服务产生的背景

1999年，英特尔公司首席执行官安迪·格鲁夫曾预言："5年内，所有的行业都将网络化，否则就将被淘汰出局。"这种预言尽管有些偏激，但在参考咨询领域已经出现这种迹象。

尽管向远程用户提供参考服务不再是一个全新的思想，图书馆员多年来已经通过电话、传真甚至电视会议系统解答咨询问题，许多图书馆正在开始探索利用网络这种更高层次的方式，帮助提供这些服务。网络使我们提供远程支持的层次更高、时效性更强。

数字参考服务的早期形式是电子邮件参考咨询。早期的电子邮件咨询服务起源于1984年的华盛顿大学健康科学图书馆和马里兰巴尔迪摩大学健康科学图书馆。数字参考服务是在一种复杂的背景下产生的，是图书馆内部变革和外部形势发展的一种必然结果。

1. 传统参考咨询面临挑战

根据美国研究图书馆协会（ARL）的统计，在过去的几年，一些美国研究性图书馆每个专业人员处理的咨询数量在下降。自1998年，Libref联机讨论组主持了关于咨询量下降的连续讨论，参加者提供的数字呈下降趋势，每年从6%到15%不等。根据美国教育统计中心（NCES）的统计，大学图书馆咨询量从1994年每周的2100万次，下降到1996年每周的1900万次，下降约10%。

用户现在利用大量的电子资源就可以很容易地自己找到基本问题的答案，一些用户在向参考馆员咨询之前，已经自己查询了网络或其他电子资源。而提交到咨询台的问题比过去几年更为复杂，要花费更多的时间才能解答。

这就说明，网络信息资源的丰富性、新颖性、便利性使得图书馆原有的用户开始渐渐远离图书馆实体，他们借助于网络可以在斗室之内及时而方便地查找到分布在世界各地的信息资源。

2. 数字化信息资源与日俱增

随着电子期刊、电子图书、光盘数据库和网络数据库的日益丰富，出版物的数字化和网络化的趋势越来越明显。网络上的参考源正在变成参考馆员和用户解决问题的重要途径。

从用户的角度看，馆藏数字化资源的增加既引起他们积极地利用这种馆藏的兴趣，另一方面，用户也发现，他们所面对需要解决的问题更多，更为复杂。因为随着电子资源比例的增加，以计算机和网络为手段利用电子资源，在技术上的难度更大。由于越来越多的用户选择在家中或办公室利用电子或网络资源，他们对帮助的需求也就更为强烈。为此，参考馆员需要向远程用户提供支持。国外的多数图书馆员感到，仅仅在网上提供馆藏内容是不够的，必须有专人帮助用户学会利用这些资源,找到所需的信息,从而与提供电子馆藏服务形成互补。所以,网络信息又并非像人们最初所想象的那样易于使用。网络信息分布的异构性、庞大的信息数量和缺乏灵活有效的互动机制,使得用户很难有效获得质量可靠的信息。他们需要获得经验丰富的专家人员的帮助。

3. 网络技术飞速发展

数字参考服务之所以能够实现,其中一个很重要的原因,是网络技术的发展为网上参考服务提供了可能。没有因特网,就不可能有今天意义上的数字参考服务。数字参考咨询可以充分利用商业领域建立的技术和服务模式。例如,电子商务的发展促进了网上提供个性化服务系统的开发。这样,在网上提供客户关系管理软件的新行业便形成了。

客户关系管理(CRM)软件和网络呼叫中心是数字参考服务不可缺少的组成部分。CRM是能使组织向远程用户提供个性化帮助的软件和服务,能有效地向大量的客户提供个别的帮助。CRM软件能使用户服务人员记录服务请求,显示用户服务历史,查找类似的服务请求(案例),以便迅速而一致地解决问题,从而监控不同时期用户服务质量。将CRM软件应用在参考服务环境之下,能使多家服务机构共同参与服务,能合并馆内和为远程服务的工作流程,通过减少冗余和共享专业知识而实现规模经济,在答复同样的咨询时实现更高的标准化,促进同行间的取长补短和其他质量保证计划。

网络呼叫中心正在引起人们的高度重视。网络呼叫中心将电话、电子邮件、聊天、视频和其他输入到一个强大的工作站内集成为一体,信息专家可以利用FAQ、语音识别数据库、便捷参考馆藏、电子工具书和其他信息源、在CRM系统内积累的服务历史状况以及直接解答咨询的各种服务协议(硬件、软件、参考),提交专家应答,或与专家预约。

可见,数字图书馆的建立不仅为图书馆开展数字参考服务提供了丰富的信息资源,同时图书馆也将面临帮助读者解决在利用此类电子信息资源过程中所出现的问题,事实上这已成为开展数字参考服务的重要依据。

4. 商业和非商业咨询公司提出严峻挑战

随着网络的发展,图书馆的用户成了网上新出现的商业参考咨询服务的常客。这些新出现的商业参考咨询服务与标准的网络搜索引擎不同之处在于:它们直接回答问题,而不是仅提供解答问题的线索。据报道,Ask Jeeves网站的利用量以每个季度46%的速度增长。

图书馆员的专长之一是网上信息的组织，但网络公司以及商业性的专业网站等似乎有取而代之之势，它们对图书馆的核心职能——参考咨询提出了挑战。还有一些咨询服务是非商业性的。Ask Eric 是由美国国家教育图书馆建立的，它每周处理1400件咨询。这些问题一半来自教师，一半来自管理人员、研究人员、图书馆员和一般公众。虚拟咨询台（VRD）是由美国教育部主办的，为中小学师生提供专家咨询服务。

这表明，图书馆面临着一种威胁，同时又是一个机会。人们在网上花大量的时间寻求答案，但往往苦于没有合适的途径。用户或者选择商业网站，或者选择图书馆。图书馆正面临着一种竞争的环境。但图书馆竞争的优势在哪里？是图书馆服务的免费性，还是服务质量的可靠性？答案是，提供有竞争力的咨询服务，是图书馆从文献服务到知识服务的必由之路。美国国会图书馆的 Diane Kresh 说："到了图书馆在社会中重新建立知识中心的时候了。"

利用电子邮件接收和答复咨询问题是数字参考咨询服务的最初形式。图书馆所提供的电子邮件咨询，最初叫"交互服务"，直到 1994—1995 年前后 Mosaic 浏览器退出，才随着因特网的蓬勃发展而改称"数字参考咨询服务"。苹果公司的图书馆员在 20 世纪 80 年代初就开展了虚拟咨询，并且在图书馆期刊上宣传他们的做法。1984 年美国马里兰大学健康科学图书馆推出的"电子参考服务"（EARS）被认为是世界上第一个图书馆数字参考咨询服务系统。

参考咨询服务工作和参考咨询部的性质在过去的几年里发生了深刻的变化。参考信息来源更多了，提供利用参与信息源的途径更多了，用户的期望更高了，对技术的依赖性也更强了，这些都是前所未有的。参考咨询部是一个充满活力和令人振奋的地方，参考咨询服务已延伸到越来越多的远程用户。

由此可见，软件技术的不断成熟，人工智能和专家系统，尤其是交互性能良好的软件不断在其他领域和电子商务、电子政务、企业管理中的成功运用为图书馆开展数字参考咨询服务提供了技术基础。在这种复杂背景下，基于网络的数字参考咨询服务便应运而生。

第三节　数字参考咨询的概念、特点和服务方式

一、数字参考咨询的概念

数字参考咨询或称数字化参考咨询，又称咨询专家、虚拟参考咨询、电子参考咨询、远程参考咨询、网络化（网上）参考咨询等。数字参考咨询按其提供的服务与用户的交互快捷程度，可分为异步参考咨询和同步参考咨询。异步参考咨询包括电子邮件咨询和网络表单咨询；同步参考咨询又称实时参考咨询、联机参考咨询、联机实时参考咨询、交互参考咨询服务等等，通常用"real-time""live""chat"等词语来表示"随时随地"的特点。

关于什么是数字参考咨询，人们提出各种各样的表述：

L.Saunders：数字参考咨询是"一种人们通过电子邮件、实时问答或网络表单提交问题和获得答案的机制"。

J.Janes 等：人们通过某种电子手段（电子邮件、实时问答、网络表单等）提交问题并由图书馆员做出答复的一种机制。这种机制无须直接见面或借助电话。

B.Sloan 博士：数字参考咨询是以计算机为载体的参考咨询，是图书馆用户与图书馆员之间的协作。这种服务可以利用各种载体，如电子邮件、网络表单、聊天、视频、网上客户呼叫中心软件、网络语音协议（VoIP）等。

L.Berube：数字参考咨询是在联机环境下为寻求答案的人建立的专业知识、人工介入和信息资源网络。数字参考咨询向那些感到对联机工具和资源不熟悉、难于学习或不足以满足其信息需求的用户提供支持。同时为馆藏建设提供有价值的用户反馈，以便更好地选择资源，使图书馆在内容建设上的投资产生最大效益。

VRD：数字参考咨询就是建立在网络基础上的将用户与专家的学科专业知识联系起来的问答式服务。数字参考服务利用因特网将人们与那些能够回答咨询并支持发展这种技能的人联系起来。

ALA 咨询与用户服务协会（RUSA）计算机辅助咨询小组（MARS）虚拟

参考咨询指南特别委员会：虚拟参考咨询是电子形式的咨询服务，常常以实时形式，用户利用计算机或其他网络技术与图书馆员交流，而无须亲自到图书馆。虚拟参考咨询中经常利用的渠道包括实时问答（聊天）、语音协议（VoIP）、电子邮件和即时消息等。

关于数字参考咨询或虚拟参考咨询至今还没有统一的定义，许多人仍然互换使用"数字参考咨询"和"虚拟参考咨询"，与传统参考咨询相比，数字参考咨询的本质并没有改变，图书馆员与用户之间的交互仍然是数字参考咨询的核心，但这种交互的方式和手段则发生了很大的改变，双方都是基于网络实现交互的。可见，数字参考咨询的实现通常需要4个要素：用户、界面（网络表单、电子邮件、实时问答、视频等）、电子资源（电子或光盘信息源、网络信息源、本地数字化资源等）以及印本资源、信息专业人员。

因此，我们可以对数字参考咨询做这样的描述：数字参考咨询服务是指在数字化信息环境下，图书馆或其他信息机构以网络为依托，以本地图书馆和广泛分布在网络上的数字化信息资源为基地，通过电子邮件或实时聊天等形式，向用户提供不受时间和空间限制的参考咨询服务。

二、数字参考咨询服务的特点

网络环境下，图书馆工作的各个环节都发生了变化，就参考咨询工作来说，不管是参考咨询的信息源、服务的对象还是服务的方式和技术，都有了相应的变化。

1. 信息资源丰富，更能满足用户的需求

形式上，参考咨询的信息源不再局限于本馆馆藏中的纸质文献、视听资料和缩微资料；数量上，已从实有馆藏扩展为实有和虚拟部分，而且虚拟馆藏不断扩大，作用和地位日益突出。信息源出现了远程、虚拟的趋势。

（1）数据库资源。据Gale公司统计，截至1995年底，全世界有数据库8525种。根据国家科委信息司1996年出版的《数据库指南》统计，我国数据库数量截至1995年底已达1038个。

（2）联机检索信息源。目前世界上国际联机数据库检索已发展到相当水平，联机网络和检索终端几乎遍及全球所有的国家和地区。我国有72个国际联机检索终端分布在全国各个省市。

（3）因特网上其他信息源。因特网上的其他信息源类型主要有电子图书、电子报纸、软件与娱乐游戏资源、教育培训类信息，还有电子版的参考工具如百科全书、名录指南、地区参考资料、统计资料和法律法规等。

2. 服务内容综合化

数字参考咨询服务不仅提供目录、文摘、索引、全文等类型的文献，还包括图、文、声、像等多媒体信息，资源存储形式已经由静态收藏转为动态的网上传播，内容已经由单一的学科研究发展到科技、文化、艺术、教育、管理、经济等学科以及生活的各个领域。要做好数字参考咨询服务工作，需要咨询员有广博的知识、多层面的知识结构，这对参考咨询员提出了更高的要求。

3. 服务手段

咨询服务手段开始由手工操作向计算机自动化和网络化操作转变。从咨询问题的提出、咨询项目的管理、咨询问题的解答到咨询解答的提供，都由计算机操作和管理。数字参考咨询使咨询馆员从烦琐的事务中解脱出来，极大地提高了咨询效率。

4. 服务对象

在网络化的文献信息交流系统中，每一个图书馆都是地区、全国乃至全世界信息网络的一个节点，每一个加入网络的单位和个人都可以利用网络系统内任何一个图书馆的文献信息资源。对于一个图书馆来说，其所在网络系统内任何一个使用本馆文献信息的人都是自己的用户。图书馆的咨询服务对象已由一馆拓展到全国乃至全球。一个用户可以同时利用多个网络图书馆的咨询服务，各类型用户可以同时利用一个馆的咨询服务。

5. 咨询员要求

数字参考咨询对咨询服务人员素质要求提高，尤其是在计算机操作能力、网络驾驭能力、英语水平、信息商品意识和信息服务意识等方面。具体地说，数字参考咨询对咨询服务人员在以下几方面提出了新的要求：

（1）信息素养。数字参考咨询要求参考咨询员具有对信息特殊的、敏锐的感受力，对信息持久的注意力，对信息快速的处理能力。要求参考咨询员能运用电子计算机技术使参考服务工作自动化，能运用光学技术使文献信息缩微化、光盘化，能运用多媒体技术使图、文、声、像信息一体化，能运用现代通信技术使参考服务网络化、信息传递高速化。

（2）广博的知识。参考咨询不仅要掌握传统的目录学、文献学、分类学知识，还要掌握情报学、信息科学以及其他交叉学科知识，要熟悉各种综合性、专题性数据库的收录范围、检索方法。

（3）开阔的视野与细微的辨析能力。参考咨询员对自己的咨询课题能从总体上把握并确认咨询课题的理论深度和学术意义；对粗选入围的资料必须仔细阅读，反复推敲，研究它们是否正确或有独到的见解。

三、数字参考咨询服务的方式

目前，数字参考咨询服务的方式主要有以下几种：

1.E-mail 及 Web 表单服务

利用电子邮件开展信息服务是国内外图书馆最早开展的一项数字参考咨询服务方式，也是目前数字参考咨询服务的主要方式。这种方式一般在图书馆网站主页或某个网页上设立"参考咨询"或"询问图书馆员"的 E-mail 链接。通过该链接可以将咨询问题以电子邮件方式发送给相应的咨询馆员，咨询馆员再以电子邮件方式将答案发送给用户。单向交流的电子邮件服务是一种简单的解答式服务，但有些实时在线的交互式服务也采用 E-mail 来提问和解答，或者将整个"聊天"过程发送到提问者的 E-mail 信箱里。北京大学图书馆的实时聊天即是如此。电子邮件服务包括两种形式：一种是简单的 E-mail 问答服务，这种形式很普遍；另一种即在虚拟咨询台上设置 Web 表单，用户通过填写 Web 表单来提问。香港科技大学图书馆主页上的"Library Form"栏，按类提供各种表格，用户可以根据自己的需要有选择地使用或下载，这项服务很有特色。

2.FAQ 服务

FAQ 服务是常见问题的解答服务，它是图书馆根据长期的参考咨询实践经验和对用户的调查，将用户最可能问到的或实际问到的一些问题及其答案编辑成网页，并在图书馆 Web 站点主页的显要位置建立链接，以便用户查询，这有利于节省用户和咨询馆员的时间。如清华大学图书馆的网上"图书馆利用 100 问"，就提供了良好的 FAQ 服务。有些图书馆的 FAQ 服务以别的名称出现，但也具有 FAQ 服务的功能。如武汉大学图书馆主页上的"读者服务"，深圳南山图书馆主页上的"南图指南"等。但是不少图书馆的 FAQ 服务只有浏览功能而缺乏检索功能，必须进一步改进。

3. 案例库服务

案例库服务是把图书馆以往回答过用户的问题及其答案做成案例数据库，以供其他用户浏览或检索。如国家图书馆的"咨询案例库"、广东省立中山图书馆的"浏览咨询"、上海图书馆的"问答浏览"、上海第二医科大学图书馆情报中心的"全部问题"等。但是有些图书馆的案例库服务没有设置标题，而且大多只能按类或按时序浏览，缺乏检索功能。

4. 专题库与特色库服务

专题库与特色库服务是根据热点问题和馆藏特色，搜集有关的文献信息资料建成数据库，从而向用户提供全文、书目、链接等服务。前者如国家图书馆的"知识经济文萃"、北京大学图书馆的"热点话题"等；后者如厦门大学图书馆的"东南亚与华侨华人研究数据库"、武汉大学图书馆的"长江资源数据库"、吉林大学图书馆的"东北亚文献数据库"、内蒙古大学图书馆的"蒙学文献信息特色库"、兰州大学图书馆的"敦煌学数据库"、四川大学图书馆的"巴蜀文化数据库"、广东省立中山图书馆的"孙中山全文数据库"、深圳图书馆的"法律文献数据库"等。特色库的建设应以资源共享为目的，走协作共建的道路。"中国高等教育文献保障系统（CALIS）""全国文化信息资源共享工程"和"国家科技信息保障体系"是具有深远影响的全国性文献信息资源共享工程。广东省的"图书馆专家联合导航站"、上海市的"网上联合知识导航站"等，则是地区性文献资源共享协作的佼佼者。

5. 实时在线服务

实时在线服务是一种即时回答用户提问的服务方式，又称为实时交互式服务。它通过网络聊天软件、视频会议软件、即时视像软件、网络寻呼软件等方式，由咨询馆员在网上的虚拟社区直接"面对"用户，即时回答用户的咨询。在这种方式的服务中，咨询馆员可以非常方便地向用户发送解答问题的答案，用户也可以就自己的问题与咨询馆员讨论或反复提问直至满意为止。北京大学图书馆、清华大学图书馆、上海交通大学图书馆、武汉理工大学图书馆、中科院文献情报中心、广东省立中山图书馆等，都提供了实时在线咨询服务。其中北京大学图书馆、清华大学图书馆等购买了美国国会图书馆和OCLC的QuestionPoint软件，为校内用户开展实时在线咨询服务。武汉理工大学图书馆则是使用OICQ聊天软件提供实时在线咨询服务。上海交通大学图书馆采用自行开发类似聊天室及相关技术的软件，为校内外用户提供数字参考咨询服务。广东省立中山图书馆则是采用合作开发设计的图书馆专家联合导航系统,为广大用户提供快捷的数字参考咨询服务。

6.BBS 服务

电子公告板(BBS)服务也是一种交互式的服务。通过专门的 BBS,用户可将问题发送到论坛上,咨询馆员或其他用户可在论坛上给予回答。BBS 上的问题和答案可以被所有用户看到,所以用户也可利用原有的答案来解决自己的问题。BBS 服务可以是实时同步解答,也可以在公告板上留言等待回答。目前国内不少公共图书馆开展了这种方式的服务,如杭州图书馆的"文澜在线"、重庆图书馆的"重图论坛"等。高等院校中,如武汉大学图书馆主页上的"留言板"、中国科技大学图书馆主页上的"图书馆论坛"等,也都用来解答用户提出的各种问题。在未建立虚拟咨询台的情况下,BBS 论坛在一定程度上具有虚拟咨询服务的功能。但 BBS 服务不是严格意义上的虚拟咨询服务,而且既不便于管理也不利于用户的提问得到快速有效的回复。因此,上海图书馆在其虚拟咨询台的"用户须知"里明确告诫用户"本站不是网上任何形式的电子公告板(BBS),不提供讨论和聊天的空间。"

7. 学科导航服务

学科导航服务是围绕一定的学科专业或专题,对网上信息资源进行筛选和优化,对有关网站、网页做链接或镜像而建立起来的数据库,在网上向用户提供服务。具体地说,就是以学科或专题为单元对网络上的相关学术资源进行搜集、评价、分类、组织和有序化整理,并对其进行简要的内容揭示,建立分类目录式资源组织体系、动态链接、学科资源数据库和检索平台,发布于网上,为用户提供网络学科信息资源导引和检索线索的服务。目前,我国高校图书馆普遍开展了学科导航系统的建设工作,CALIS 的重点学科导航项目是其主体。据悉,国内上网的高校图书馆中已有超过 60 所高校建成了网络资源学科导航系统。其中,中国人民大学图书馆、北京大学图书馆、清华大学图书馆、武汉大学图书馆、南京大学图书馆、深圳大学图书馆等建设的学科导航系统尤佳。

8.电子剪报服务

电子剪报服务是利用网络技术和现代通信技术开展的剪报服务。它经历了从下载传真到网页格式通过电子邮件发送等服务方式。目前,电子剪报主要有三种形式:一是 HTML 形式,这是一种网页形式;二是 PDF 形式,这是一种图像形式；三是全文数据库形式。深圳图书馆的电子剪报服务成绩显著，其开发的全文数据库"DATABASE"，能提供多种途径用户回溯检索，其拳头产品《港澳台电子剪报》深受各类用户欢迎。

9. 电子文献传递服务

电子文献传递是在传统馆际互借和文献传递基础上发展起来的、网络传递电子化文献的服务方式。它可分为全自动和人工辅助自动传递两种方式。其中，全自动方式是指通过网络对数据库进行检索，获得所需结果后在网上"一站式"获取全文文献的服务方式。它一般以全文数据库和数据库的全文链接来实现。人工辅助自动传递方式指索取方委托提供方代为检出并传递所需文献，而索取所需信息和全文文献的传递都是通过网络自动传输来实现的一种服务方式。全文数据库如清华大学的"中国学术期刊网"应用甚广。"中国高等教育文献保障系统""全国文化信息资源共享工程"和"国家科技信息保障体系"的启动，为广大用户对数据库的全文链接提供了共享条件。而由国家图书馆倡导、100多家图书馆共同签订的《全国图书馆馆际互借公约》，使电子文献传递服务进一步走向多层面的合作共享。此外，北京大学图书馆与美国匹兹堡大学图书馆建立了电子文献传递的合作关系，作为中心馆帮助国内用户向对方传递文献需求信息，并根据需求通过因特网使用 Ariel 软件传递电子文献；清华大学图书馆作为另一个中心馆，负责 OCLC 等系统的全文传递代理服务，进一步促进了国际电子文献传递服务的发展。

10. 用户教育服务

网上用户教育是利用网络技术，将用户指导教程链接到图书馆主页，为用户自学提供方便的服务。网上用户教育的形式多种多样，有互联网计算机投影授课、多媒体室一人一机培训、个别操作辅导等。其中如南京邮电学院图书馆建立的"计算机检索虚拟教室"，集中设置了 UMI、DIALOG、EI、EBSCO、IEEE 等数据库的检索教程。

四、数字参考咨询服务的工作机制

除了运用手段不同外，数字参考咨询过程与传统参考咨询过程没有实质性的差别。无论是传统方式还是在网络环境下，参考咨询都是从具有信息需求的用户提出服务请求开始的。在传统图书馆中，用户通常在图书馆咨询台面对面地提出咨询。咨询会面可能很简洁，也可能很冗长，这取决于多种因素，包括是对事实性信息的简单咨询，还是复杂咨询。咨询会面之后，参考馆员常常要进行检索，并不一定进行联机检索，有时需要参考馆员和用户之间反馈信息的交换，对检索进行修正。从馆员、用户交互的角度看，有三个构成要素：咨询会面、后续交互（即反馈圈）、解决用户需求的最终结果的传递。

参考馆员对咨询问题提供答案的过程，其中最重要的是需要对咨询问题本身进行澄清，以保证准确反映用户的信息需求。这个过程常常叫作"咨询接洽"，即帮助用户了解和阐释信息需要，保证图书馆员理解所用的词语和问题的含义。在网络环境下，不能进行咨询会面是影响咨询效果最突出的问题。网络表单优于普通邮件之处和实时问答优于网络表单的原因也是因为与用户的交互功能的增强。

当参考馆员和用户就咨询问题达成一致的理解时，图书馆员必须对问题做出分析，并转换为信息系统的结构和术语，包括要考虑查询信息的类型、可能提供答案的工具或参考源的类型、查询信息所使用的索引或目录。利用这种分析和转换或问题标引，图书馆员就可以提出检索策略，考虑需要查找的实际参考源、利用顺序、检索词组合及其关系。在网络环境下，分析的过程与传统咨询也是一致的，但由于网络检索工具检索速度和检索能力的提高，其效率是传统参考咨询所不能比拟的。

数字参考咨询是建立在传统参考咨询基础之上的，但当把参考咨询放在数字环境下，从前不大引人关注的咨询服务的某些方面将变得很突出。例如，用户的提问和图书馆员的答复现在可以记录并存储起来，以备以后之用，这样就提高了咨询的效率。还有，建立可检索答案的问答知识库可以缩短答复时间，或对已有的问题做出自动答复。

数字参考咨询是一项基于互联网的服务，它不受系统、时间、资源和地域等条件限制，通过网络化、数字化的手段，利用相关资源，通过参考馆员为用户提供 24 小时不间断的主动服务，并能使用户在限定的时间内获得可靠答案，它是一项能集中体现计算机网络技术、图书情报资源和资深专家优势的新型的虚拟咨询服务。数字参考咨询服务必须具备的基本条件有计算机网络环境、数字化参考咨询服务系统、数字化参考咨询源、资深的参考馆员。其工作机制可以概括为以下几方面：

（1）问题接收：以各种电子方式接收到用户的提问。

（2）提问排队等候专家问答：对接收到的用户提问进行分析、筛选、评估，并查询先前的问题/答案保存文档，看是否有现成的答案，若没有，系统将此提问按照一定的规则发送至专家库，以寻求最合适的可能回答的专家。在专家库则根据一定的规则进行排队等候回答。

（3）专家生成答案：专家根据自身知识和可获取的资源，按照一定要求进行回答并产生答案。

（4）答案发送：专家回答好问题，将结果粘贴在系统的回答页面，让用户进行查询浏览。

（5）跟踪：通过所记录的提问信息来监控每一问题的处理进展，如需要，随时将当前处理的状况通报给用户。而每一问题回答后，问题和答案需进行存档，以便日后查询，这样逐步形成了供检索的知识库。

第四节　数字参考咨询与传统参考咨询的比较

　　参考咨询的前提是拥有信息需求的用户向图书馆员提出问题，从而在用户与图书馆员之间产生问题磋商的过程，以便对需求加以澄清。这个"咨询接洽"过程在数字参考咨询中仍然存在，但与传统参考咨询不同。在传统参考咨询中，图书馆员和用户之间的交流通常是在物理图书馆中面对面实现的。在数字参考咨询中，图书馆员和用户之间的交流是通过网络，利用电子邮件、聊天和相关的交流媒介实现的。

一、数字参考咨询与传统参考咨询的异同

　　数字参考咨询与传统参考咨询既有相同之处，也有很大的差别。数字参考咨询与传统参考咨询相比，无论从知识的可累积性、参考源的强大与方便、参考馆员的职责、工作性质等方面，都发生了根本性的变化。

　　从知识的累积性上看，传统的参考咨询基本上靠个人的知识水平和技能，用户提出的问题和参考馆员对问题的解答大多没有形成档案，更不能被再利用和共享。即使最优秀的参考馆员，退休后，他（她）多年来所积累的成果也将烟消云散，这实在是一种资源的巨大浪费。数字参考咨询则不一样，无论是电

子邮件，还是实时咨询，都可以将馆员与用户交流的内容保留下来，并可编辑、整理建立可以检索、再利用的知识库，以提高资源和知识的效用。

从所使用的参考源看，传统参考咨询以馆藏目录、各种各样的印本工具书为主要媒介，查检不便、效率低下。而数字参考咨询过程中，随着越来越多的参考源电子化，参考馆员身边的层层书架变成了计算机收藏夹中越来越多的电子词典、网络版百科全书和各种参考源的超级链接。

参考馆员的职责也发生了很大变化。R·M.Dougherty 从参考馆员职责上分析了传统参考馆员与数字时代的参考馆员的不同。

传统参考馆员的职责是：

（1）在咨询台或通过电话回答咨询问题；

（2）提供各种形式的书目指导；

（3）查询联机目录，向用户讲授利用方法；

（4）参与藏书建设，对印本资源做出评价。

网络环境下参考馆员的职责是：

（1）提供面对面、电子邮件和网络参考咨询；

（2）承担技术工作，包括网络管理，编写辅导材料，学习怎样利用新软件、设计门户；

（3）对其他员工、用户和自己进行越来越多的培训。

从以上可以看出，参考馆员正在从咨询人员向真正的咨询顾问转变。咨询顾问不仅要查询信息，而且要生成增值信息产品，如数据库、网站、应用程序、综述、信息策略等。对新的参考馆员技能的要求（如信息查询、界面设计、问题商谈、资源和信息构建）也越来越高。

参考馆员的工作性质也发生了很大的变化。无论国内国外，尽管增加了数字参考咨询服务项目，但参考馆员的人数很少增加，这必然增加了参考馆员的工作量。为解决这一问题，许多图书馆聘用准专业人员或学生助理从事参考咨询，或利用电子参考源方面提供基本帮助，而图书馆员则从事更为专业性的研究和教学活动。

在印本环境下，参考馆员总是难以记住多数的参考源。随着电子资源的增加（许多电子资源具有不同的检索策略），这一问题变得更严重。而且，印本资源没有消失。这就要求我们要懂得更多的数字文档组织的知识，了解一些技术方面的问题。

随着新资源的引进，图书馆员必须面对越来越大的压力，必须比用户领先一步。图书馆员必须努力与时俱进，在用户的前面率先了解信息源和利用这些信息源的技能。由于参考咨询工作的数字化比过去更复杂，技术含量更高，要求参考馆员必须能够熟练地掌握计算机技能，帮助用户解决有关网络工作站、网络浏览器、打印和下载等方面问题。

二、数字参考咨询与传统参考咨询的关系

提供参考咨询服务的不同手段各有优点，又各有不足。实地访问、电话、传真、电子邮件以及最新的实时咨询，互为补充，各适宜于不同的情形。正如Tenopir所述："每一种交流方式都有其长处和短处，一些问题电子邮件比电话更适合，反过来也一样。让用户有更多的选择交流的渠道意味着我们可以更恰如其分地向用户提供帮助。"

尽管人们对数字参考咨询溢美有加，但也有人注意到数字参考咨询不足的一面。有人指出，数字参考咨询虽有可取之处，但不是一场革命，不会取代传统参考咨询而成为参考咨询的未来。事实上，数字参考咨询从成本效益上看可能并不划算，因为花费的人力和财力很大，而且对图书馆的回报有限。因此，对数字参考咨询不能头脑发热，同样不能对技术过于迷信。有的图书馆的数字咨询服务（实时咨询）甚至经历过失败的命运，原因是使用的软件使用户难以在聊天室找到图书馆员，用户用起来感到不方便。

从国外图书馆开展数字参考咨询的实践看，数字参考咨询有以下不足：第一，几乎所有形式的数字参考咨询都比电话讨论和面对面的交互慢。Illinois大学图书馆的报告是，数字咨询的平均时间约为10分钟，比面谈或电话咨询的时间要长。第二，数字参考咨询的成本很高，不但图书馆要配备必要的计算机和网络设备及开发购买相应的软件，用户也要具有上网的条件，甚至要付网络通信费用。第三，不能进行有深度的接触。无论什么样的现代化交流方式，都没有电话乃至面对面交流方便。

R.A.Rodges也指出了数字参考咨询的不足：

（1）信息传递会有较长的时滞；

（2）当必须快速回答问题时，一些图书馆员会表现出高度的焦虑，并感到压力，特别是在用户看不到图书馆员处理用户请求的非视觉服务环境下（如实时问答）；

（3）要想快速提供深入的答复，就必须具有快速打字技能（实时问答情形）；

（4）没有视觉或听觉线索指导咨询接洽；

（5）如果图书馆员花费太长的时间，用户将变得不耐烦，并断开连接，而图书馆员对交互的状态不能肯定；

（6）图书馆员常常需要处理技术问题，而这超越了其正常的职责范围；

（7）技术可以获得业务活动的内容并记录下来，将问题和答案成对地存储、再使用和分析，然而，这样做可能侵犯用户隐私；

（8）采用软件应用程序可能非常昂贵（如网络联系中心软件）。

数字参考咨询是否将取代图书馆员，这似乎与物理图书馆是否将消失而由虚拟图书馆取而代之的问题性质相同。根据初景利对部分国内图书馆和国外图书馆的调查，认为在网络环境下，传统参考咨询有存在的必要，国内为100%，而国外为85.7%。可见，国外对这个问题持审慎的乐观态度。

实际上，传统参考馆员不会因为数字环境的出现而失业，相反，通过网络每天24小时为用户提供联机参考源，也为图书馆员带来了增值服务。然而，许多用户仍期待个人联络。正如IPL在其FAQ上所述："真实的图书馆可以向用户提供许多我们所不能或不将提供的服务，如向特定地域的用户提供信息和服务，在舒适的地方捧起一本书，召开真人参加的会议，始终是社区关注的焦点。"这些都不是数字所能替代的。Webhelp的网上专家也无法与专业参考馆员的技能和专长相媲美。

第五节 数字参考咨询服务的发展趋势

随着信息技术的不断进步，数字参考咨询的服务方式不断发展、模式不断增多。它们之间相互结合、相互补充、相互渗透，形成日臻完善的动态统一体，日益为用户提供高效率的数字参考咨询服务。其发展趋势表现如下：

一、交互式咨询服务

一个成功的数字参考咨询服务系统不应是单种形式、独立存在和单一运作，必须相互结合、相互补充，组成较为完善的咨询服务系统。

建立 FAQ 服务的 Help 系统，是改进 FAQ 服务的有效方式。早期的 FAQ 服务是将常见问题整理后放在网上，供用户浏览。随着问题的增多和为了实现便于检索查找的目的，现已逐渐趋于研制 FAQ 数据库系统，即建立 FAQ 服务的 Help 系统。它要求对各种信息数据库如何使用、有哪些步骤等在图书馆主页上做介绍和说明，以便形成一个联机帮助系统，并提供一些参考工具资源等。使用户可上网查看自己的疑问是否已有现成答案，或通过输入关键词等方式快速获得与自己提问相关的解答等。

E-mail 服务、Web 表单服务、BBS 服务、Message Board 服务等方式的相互结合，是采用较多的一种服务方式。如上海图书馆的合作化参考咨询服务就是采用 Web 表单和 E-mail 相结合的方式，用户填写固定的 Web 表单提问，专家收到的是经系统转换后以 E-mail 的方式传送来的提问；广东省立中山图书馆采用 BBS、E-mail 等相结合的方式，供用户和咨询馆员提问和解答。这些咨询系统大多已实现数据库管理，可供检索和统计之用。

采用 Chat 软件技术是国外广泛应用的服务方式。目前已有一些软件发展成基于知识库的网上多咨询台的分布式实时合作系统，这个系统将原基于 FAQ 的数据库管理发展成为知识库管理，将原基于单个馆、单个咨询台的实时解答系统发展为基于小组、集团或联盟的分布式多咨询台的实时咨询服务系统，由系统管理员或主管咨询员进行系统管理和调度。OCLC 推出的 Question Point 软件就是分布式合作咨询模式。

Chat Reference 的发展趋势是 Web Call Center 服务系统，该系统的网上解答除基于知识库咨询外，还有网页推送功能。基于视频传递的虚拟咨询实时解答系统，能使参考馆员真正"面对面"看到对方的用户，利用计算机网上电话，直接指导异地用户在不中断检索的情况下，解决用户的疑难问题。清华同方公司的 TPI 系统将网络会议技术应用到数字图书馆，即可提供视频网络参考咨询服务。此外，采用 Co-Browsing 技术研制的同步浏览页面的咨询系统，可供咨询馆员在必要时推送所推荐的页面到用户端，使用户能够跟着咨询馆员的思路、随着咨询馆员推送的页面循序渐进获得最终的解答。

二、个性化咨询服务

信息的最大特点就是与认识主体之间的高度选择性，同样的一份信息对于不同的用户具有不同的有效性。针对不同的用户提供不同的信息服务是个性化咨询服务的主要特征。个性化咨询是建立在主动性和知识性的基础上的，咨询馆员要主动了解个性化的信息需求，建立读者行为分析机制，引入推送服务机制，帮助建设个人数字图书馆，向用户提供适用的信息资源。

美国一些大学图书馆采用的主动服务主页技术体现了个性化咨询服务的特点。咨询馆员利用这项技术在充分采集、分析用户信息需求及使用过程特征的基础上，替用户特别设计个人专用的图书馆主页，提供"适销对路"的包括方式、信息提供类型及传递途径等内容在内的个性化咨询服务。

三、广域化咨询服务

随着计算机技术、数据库技术、网络和通信技术的不断进步，人们的学习、工作、交流和交换方式将会发生彻底的变化。宽带网络和卫星将使整个世界进一步向视觉化方向发展，而与文本渐行渐远。各个地方、各行各业的人都可以通过宽带网络获得全球信息或咨询服务。而让适当的人和组织无论何时何地都能获得适当的信息，这是图书馆义不容辞的职责。开展广域化的咨询服务将成为新时期图书馆信息服务的一种发展趋势。

图书馆作为社会信息传播与交流中心，它与社会各界有着千丝万缕的联系，从经济基础到上层建筑，从人类社会到自然界无一不涉及。目前，图书馆参考咨询的业务范围已从过去的科技领域扩展到管理、工程建设、金融贸易以及政治、军事、教育、社会生活等各个领域。开展广域化的咨询服务已是图书馆信息服务的必然趋势。

图书馆是公益性的文化教育机构，同时还是一种学术性的机构。参考咨询服务则是一种科学劳动和智能服务活动。犹如手工文献检索是一门学问一样，网络信息资源的开发利用更是一种专门的技巧，一般的个人计算机用户几乎无法达到参考馆员（网络导航员）所具备的速度和精确性，而且在相当长的时间内，一般的数据库公司还不能包罗，更不能取代复合图书馆的物理馆藏和虚拟馆藏。图书馆开展广域化的咨询服务切实可行。

四、合作化咨询服务

数字参考咨询服务虽然尚属一种新型的参考咨询服务模式，但是随着信息技术的发展及人们观念的转变，它将向大型化、分布式方向发展，进而形成国家、国际网络化参考咨询服务模式。

网络环境给参考咨询服务带来了机遇，也带来了挑战。信息网络为图书馆之间的参考咨询服务合作提供了便利条件，而数字化信息源的建设和复杂咨询问题的解决也必须走共建共享的合作道路。

英国、荷兰等欧洲国家及美国、加拿大的一些图书馆已经以"联盟"的形式联结起来，为公众提供数字化参考服务。

CDRS是国际上规模最大的分布式联合数字参考咨询服务项目。2000年2月，美国国会图书馆联合9家参与图书馆启动该项目，夏季在16家成员馆中测试，同年11月成员馆已超过100家，很快发展成为一个国际性的虚拟参考咨询服务系统。其成员包括专业、学术、公共和国家等各类型图书馆和地区图书馆联盟、档案馆、历史学会、博物馆及可提供不受时空限制的专业参考咨询服务机构，区域范围不限于美国本土，而是遍及欧洲、亚洲、澳洲及南非等地。它通过国际化数字网络提供全球性的参考咨询服务。2002年以后，CDRS逐渐被新推出的Question Point所取代，Question Point应用更广，目前成员馆已超过300家。合作化的数字参考咨询服务推动着全球性咨询网络的迅速形成。

第六节　数字参考咨询服务的意义

尽管有人对数字参考咨询存在异议，尽管数字参考咨询有一定的劣势，但是，在网络的发展史上，最值得纪念的是Mosaic（马赛克浏览器）被Netscape（网景浏览器）所取代。同样，可以相提并论的是，数字参考咨询从根本上改变了图书馆员与用户的交互关系，把参考咨询服务带入了一个新纪元。随着数字参考咨询的不断改进和完善，数字参考咨询服务将成为历史的必然。因而大力开展数字参考咨询服务有着重大的现实意义和历史意义。

一、数字参考咨询是第二代数字图书馆不可缺少的组成部分

数字图书馆建设经历了一个从初级到高级的不断完善的过程,人们对数字图书馆也在不断产生新的认识。张晓林博士根据数字图书馆建设的基点、体系形式和所解决的关键任务的不同,将数字图书馆分为三代。而数字参考咨询是第二代数字图书馆的重要特征之一。第一代数字图书馆是数字信息检索点,强调的是内容、数字资源。第二代数字图书馆是信息服务提供者,强调的是机构或服务。1994年美国召开的数字图书馆研讨会强调,服务完备的数字图书馆必须实现传统图书馆的所有必要的服务,还要开发数字存储、查找和交流的优势。C.Borgman 早在1992年就提出,数字图书馆(当时称电子图书馆)是:(1)服务;(2)基础设施;(3)信息资源及文本、数值、图表、声音、图像数据库;(4)查找、检索和利用现有的信息资源的工具和能力。

1998年,B.G.Sloan 指出了数字图书馆参考咨询和信息服务的缺乏。J.V.Lombardi 提出:"帮助用户在数字化泛滥的世界中查找资源是第一要务。"G.Marchionini 和 E.A.Fox 更是态度鲜明地指出:"服务反映了服务于用户群的系统所提供的功能。方便查找和浏览的存取服务是迄今数字图书馆研究的核心,但亟须关注参考咨询与问答、即时帮助,培养公民的信息素养,简化用户参与度。"

二、数字参考咨询延伸了参考咨询服务的空间

在网络环境下,图书馆电子资源的激增,使得用户不用到图书馆就可利用图书馆资源从事研究工作。用户可以在家里、办公室、实验室或在移动中利用全文数据库、数字化图书馆资源、电子图书、电子期刊。美国宾夕法尼亚州立大学图书馆拥有300多种数据库,这么多的数据库常常会使某些用户不知所措。远程从事研究的用户不仅希望得到查找某一个数据库的帮助,而且希望得到与面对面咨询时一样好的服务。这也正是图书馆员新的责任,这一点美国图书馆界已给予高度的重视。大学与研究图书馆协会(ACRL)"远程学习图书馆服务指南"指出:无论学生、教师和教学计划在什么地方,获得充分的图书馆服务和资源,是高等教育提高学术能力不可缺少的。远程学习者与传统校园的师生拥有同等的利用图书馆服务和资源的权利。

随着网络条件的改善和网络资源的增多,可以预见,越来越多的用户更有可能选择不到图书馆获取文献信息资源或不需要图书馆所提供的服务。远程用户将成为越来越庞大的一个群体,这个群体是看不见的,却又是客观存在的。图书馆参考咨询服务的好坏,对这个群体有着直接的影响。把远程用户看作图书馆服务平等的一员,提供技术所带来的更直接、更有效、更可靠的服务,是图书馆服务发展的必然趋势。

三、数字参考咨询促进了远程教育的发展

在远程教育条件下,远程教育学生不像传统校园里的学生那样,有信息需求必须去图书馆,远程教育学生现在可以在宿舍、家里利用图书馆的资源。分布在各地甚至各国的远程教育学生,利用网上提供的资源和服务是他们的第一选择。英国的开放大学是英国最大的远程教育机构,拥有约20万名学生,学生分布世界各地。学校提供360门课程,学位从本科到研究生。所采取的教学方式叫作"支持开放学习",学生基本上是在家里做功课,有些课程以联机的方式讲授,因此,学生对远程咨询的需求是很强烈的。美国的宾夕法尼亚州立大学"世界校园"是一所虚拟大学,学生遍及20余个国家。这所学校的成功,一定程度上取决于图书馆远程提供的资源和服务对教学计划的支持。宾州州立大学图书馆多数电子资源已延伸到远程用户,已引入数字参考咨询服务,保证用户在利用图书馆的过程中得到个性化的帮助。

四、数字参考咨询适应了用户行为的变化

对于某些习惯了有图书馆员指导查找信息的用户而言,传统的参考咨询是最方便的。而现在,那些习惯于独立工作的用户,更喜欢数字参考咨询服务所带来的方便和快捷。

许多人观察到一种现象:即使用户来到图书馆,在终端前查找资料,也通常不愿意去咨询台(可能近在咫尺),而选择数字参考咨询。"非中介性"正在成为网络时代用户行为的最突出特征。正如J. Koyama所说:"信息时代的用户不局限于,也不关心建筑物和参考咨询台的工作时间,也不关心二者的差别。他们对服务提供者按照地域限定主要用户的分类方法提出挑战。他们接受参考

服务更愿意以匿名形式，而不是面对面形式，这样可以摆脱由图书馆员控制的交流拘束。"

用户对联机满足所有信息需求的期望越来越高，越来越多的用户期望网络无所不能，应有尽有。即使一般网络上的电子资源或免费全文数据库并不能提供有关学科最好的信息，用户仍有可能以牺牲质量为代价，换取联机检索的便利。

根据匹兹堡大学图书情报学院 Sara Fine 教授的观察，用户往往选择那些容易得到的资源，而不是与他所要解决的问题最相关的资源。因此，用户利用得最多的是他能够看得到、找得到的资料。同样，如果用户可以在办公室、实验室或家里得到信息资源和图书馆员所提供的帮助，那么他选择不到图书馆也就是自然而然的了。

Steve Coffman 曾经推测，商业咨询服务的快速发展可能意味着它们所提供的答案被用户充分认可。如果一定要求在高质量但不方便的图书馆参考咨询和迅速方便的网络之间做出选择，多数用户似乎将选择网络。Terry Casey 利用电话和专题小组对美国俄亥俄州民众的调查，反映了用户行为的变化。当被问及"你查询信息或问题的答案时，首先选择的是什么"时，在 1998 年 12 月底，25% 的答复者说他们去公共图书馆，23% 的人说去上网；2000 年 6 月对同一个问题的调查结果显示出巨大的反差：35% 的人选择上网，而只有 12% 的人去公共图书馆。这种趋势肯定会继续下去。

上网的人无疑会越来越多，通过网络提问的人也会越来越多。有以下 6 种情形：

（1）当搜索引擎未能找到所要查找的内容时人们需要帮助。研究表明，多数人检索过程粗糙，要么输入太多，要么太少，要么拼写错误，要么犯各种各样其他基本错误。即使信息就在网上，但在这些情况下他们什么都查不到。图书馆所需要做的，就是为他们构建能够找到信息的正确的检索方式。

（2）查找权威信息时人们需要帮助。网上信息良莠不齐，高质量的信息很多，但也掺杂过时甚至是错误的信息。用户需要那些训练有素的人帮助他们将所需要的信息挖掘出来，这些人（例如图书馆员）知道怎样区分权威信息与随意发布的信息。

（3）查找没有偏见的信息时人们需要帮助。与图书馆员不同，多数在网上查找信息的工具是商业性的（为了赚钱）。如果问 Ask Jeeves 什么是最好的搜索引擎，你只能得到一个答案：Ask Jeeves。也许我们会求助于 Jeeves，但只有 Jeeves 自己会认为，它会对网上提出的每一个问题提供正确的答案。

（4）当需要的信息不能免费利用时，人们也需要帮助。如果你想从网上查找若干年前的报纸上的一篇文章，很可能什么都找不到，或拥有的比例很小。实际上，网上信息与过去几百年出版的图书、发表的文章、研究报告和其他知识内容相比，只是占很小一部分，但用户往往认为网上应有尽有。

（5）当人们不能确定他们需要什么时就需要帮助。传统的参考咨询总是尽力通过接洽澄清用户的问题，利用拥有的知识和信息帮助用户缩小需求范围，并将需求转换为查询语言。没有证据表明人们在网上突然改变了这种方式，也没有一种搜索引擎能够达到面对面接洽的效果。

（6）人们需要免费获取所有的服务时需要帮助。过去的上百年里，人们一直从图书馆获得免费的参考咨询服务。一些试验付费模式的公司（如 Answer.com 和 Exp.com）发现让用户付费非常困难。有些提供内容的网站想通过广告或其他财源保持网站向用户免费服务，但除了 Yahoo 等少数用户量最多的网站外，这一策略也以失败而告终。为了弥补损失，一些公司试验预订模式，用户按月付费利用网站的内容或服务，然而尝试这种方式的公司发现，只要一收费，就很快失去了大部分用户。

五、与商业咨询服务竞争的需要

商业和非商业网站都在提供数字参考咨询，而且这些服务无论从资金、用户数量、服务时间等方面都具有很大的优势，图书馆可否放弃这块阵地，让位给商业和非商业网站？如果这样，对用户将产生怎样的影响？对我们这个行业将产生怎样的影响？尽管商业性网络参考咨询服务力图掩盖这一点，但事实是，他们的第一要务是保护和加强自身的商业利益。一旦需要他们在满足用户的利益或公司的利益方面做出选择的话，失去的总是用户的利益。更糟的是，用户很可能甚至并不知道自己失去的利益。

商业服务主要利用网络寻求答案，而图书馆开展的数字参考咨询不仅利用网络，而且利用图书馆员的专业知识和技能以及图书馆丰富的馆藏；不仅利用数字信息资源，而且还利用印本型的文献资源。

无疑，图书馆提供的数字参考咨询也面临着某种大的挑战，其中最大的挑战是：商业咨询服务拥有庞大的用户群，拥有技术开发的先天优势，拥有灵活有效的运作机制，拥有构成与图书馆参考咨询分庭抗礼的资本，但这也正是图书馆参考咨询值得学习和借鉴之处。

六、数字参考咨询促进了图书馆的变革

网络给传统参考咨询带来的变化是咨询用户数量的减少，但也正是网络造就了数字参考咨询，给图书馆参考咨询服务的发展带来了生机。数字参考咨询是网络环境下图书馆新的服务方式，它给图书馆及其理论带来许多前所未有的挑战。同时，也让我们重新思考图书馆的传统理念，重新思考图书馆在网络环境下的发展方向以及寻求图书馆变革的契机。

1. 对图书馆学理论的挑战与变革

多年来，图书馆学一直围绕着作为场所的图书馆构建自己的理论，阵地服务往往至今是绝大多数图书馆服务的重点甚至是全部。用户只有亲自到馆，才能利用图书馆的资源和所提供的服务。图书馆员也一刻离不开图书馆这个庞大的建筑。因此，图书馆要建造得越来越漂亮，拥有的资源要越来越丰富，需要的图书馆员越来越多。但传统图书馆不可克服的缺点是：图书馆对大多数用户而言相距遥远，到图书馆花费时间，效率低。因此，图书馆与用户很容易形成一种无形的隔阂和屏障，结果很可能是不论图书馆建筑多么宏伟多么有气魄，用户并不关心，用户关心的是他们的信息需求能否得到满足。

网络给图书馆带来的影响是巨大的。图书馆学一直追求的目标只有在网络环境下才有可能实现。资源共享喊了很多年，自从有了网络数据库、原文传递，资源的全球共享才变成现实。在协作数字参考咨询中，共享的不仅有参考源，而且包括不同图书馆专业馆员的智力资源。用户提出的问题可以由图书馆最适宜回答这个问题的图书馆员做出回答。图书馆员真正成为一体，而不论从属于哪一个图书馆。数字参考咨询打破了馆与馆的界限，某一个图书馆的概念对用户已不再有意义，图书馆对用户是屏蔽的，用户接受的只是图书馆员所提供的知识服务。

在数字参考咨询中，图书馆员将变得无所依附。数字参考馆员可以不必像传统咨询台的参考馆员那样坐等用户到馆，而是可以在任何有网络连接的地点（包括在家里）回答用户的提问。在这种情况下，网络成为图书馆员与用户联

系的唯一渠道。其实质是，不是用户向图书馆员靠近，而是图书馆员在向用户靠近。

参考咨询服务必须适应这种转变，就是从围绕着传统咨询台的参考咨询到围绕着用户的数字参考咨询。用户在哪里有需要，参考咨询就在哪里提供服务。这是技术给参考咨询服务带来的最大变化，也是参考咨询服务的一场革命。在这方面，中国科学院文献情报中心图书馆就做得比较好。该馆 30 多位学科馆员并没有坐守图书馆，而是分别嵌入到各个分馆，为用户提供"无所不在，无时不有"的泛在化参考咨询服务，深得用户的好评。

这就给图书馆学研究带来了一个深刻的思考，即图书馆学理论要改革和创新，即不是以物理的图书馆作为学科研究的逻辑起点，而是以用户的信息需要作为构建学科理论的基石。如果用户不来图书馆同样能享受到图书馆所提供的同样水平甚至更高水平的资源和服务，对于图书馆来说，又何尝不是一件好事呢？因此，图书馆学的任务不是吸引更多的用户到图书馆中来，而是把资源和服务推送到用户的面前，让用户平等地、随时随地地享用图书馆所提供的资源和服务。图书馆将更加深入地参与到知识的创造和渗透中，成为这些活动中的主要合作者，这就是图书馆功能新的演变——泛在化数字参考咨询。

2. 对信息服务方式的挑战与变革

参考咨询作为一种信息服务方式，曾经在历史上起到十分重要的作用，也将在网络化数字化的今天起到更大的作用。数字参考咨询尽管不能完全代替传统参考咨询，但它正在以新的方式诠释信息服务的意义。数字参考咨询的出现，不仅深化了信息服务的内涵，而且延伸了信息服务的功能，把信息服务推向一个新的阶段，使人们重新审视信息服务的作用。

数字参考咨询是一种跨时空的服务。无论用户在什么时候、在哪里，只要有需求，都应该能够得到图书馆的服务。而图书馆应以积极的姿态，最大限度地满足用户的需要。数字参考咨询不受时间和空间的限制而提供服务，使用户对服务的获取更加便利，使图书馆更加与用户的行为变化相一致。无论是哪种信息服务，不能与用户形影相随，不能随时随地地将服务延伸到用户的身边，那么这种服务就不会受到用户的欢迎。

数字参考咨询是一种个性化的服务。用户的需要是个性化的，总是因人而异，因事而异。数字参考咨询面对的是一个个用户，通过电子邮件或实时交谈，深入了解用户咨询的性质，提供更加切合需要的答复，这是一种"服务到人"的服务。如果一种信息服务不能"定制"，那么这种服务就不能充分体现个性化，很可能与用户的需要南辕北辙。

数字参考咨询应是一种及时的服务。用户咨询的问题随时会提出，用户的信息需求随时可能发生。因此，用户非常看重信息服务的效率。数字参考咨询对答复时限的要求正如其答案的质量一样重要。数字参考咨询从异步到实时的演进趋向表明"及时性"本身对这种服务的重要价值。提供一种高效的信息服务，不仅意味着用户时间的节省，而且可能对用户科研进程的推动具有积极的意义。

3. 对图书情报工作业务模式的挑战

数字参考咨询与其说是技术变革，还不如说是管理变革。数字参考咨询的本质不在于技术的复杂性，而在于如何将相关的技术引入到参考咨询服务中，如何有效地嵌入整个图书情报业务模式中。这种嵌入是从整个业务体系中加以考虑，并有效地调整业务模式，增强图书情报服务的活力。

数字参考咨询不仅意味着参考咨询服务的重构，更是图书馆业务重心的转移。图书馆应将发展的重点转移到体现知识含量和知识价值的工作上来，而不是兼顾各种业务工作量的平衡。要将更多的人力、财力、物力投入到为用户服务的第一线，特别是参考咨询服务领域，要相应地通过减员增效或外包减少文献加工等环节人员的数量。在国外图书馆网站上，参考咨询往往是最引人注目的服务项目，在人力的配备上也最强。图书馆应以参考咨询为中心组建用户服务系统，无论用户在什么地方利用什么资源和服务，都能通畅地得到图书馆员的及时帮助。

数字参考咨询馆员可以是跨部门的。比起传统参考馆员，数字参考馆员更有可能不受部门和工作场所的限制，他们可以利用一切可能的机会（时间和地点）解答用户的提问。实际上，用户的提问并不总是最适宜参考馆员的回答，在很多情况下，非参考馆员可能是提供最佳答案的人选。因此，在建立少量固定的参考馆员队伍的同时，根据问题的性质，在对每个人专业特长充分了解的基础上，将问题提交给馆内最适宜的人（包括学科馆员）来回答，建立人人都是义务参考馆员的机制。加强管理与监督，这种模式可能是一种最具成效的管理模式。

数字参考咨询应有效地融入整个信息服务系统中，以构成整个服务链条中不可缺少的一环。参考咨询不仅仅是一个独立的服务，而且与资源推介、资源导航、文献借阅、馆际互借、原文传递、文献复制、情报研究等密切结合，形成有效的契合和关联，形成"一站式"的服务。用户无论从哪一个环节进入，都能获得咨询与最终问题解决相连贯的整体服务，形成各种服务密不可分的配合关系，形成对用户的一种快速反应。用户不会更多地顾及图书馆服务的项目和分类，他关注的是自己的问题能及时有效地得到解决。因此，图书馆的各种服务应在内部理顺各种关系，形成高效的团队，在有咨询任务时，能相互协调，共同完成任务。

4. 对图书馆员和用户的挑战与变革

在数字时代，随着用户到馆量的减少和面对面咨询的减少，有人认为，参考馆员不再那么重要了。因为用户可以自己从网上查找信息，可以不依赖图书馆和参考馆员帮助了。事实并非如此。国外图书馆的发展现实和参考咨询工作的实践证明，参考馆员在电子时代显得更加重要。参考馆员的重要性使数字参考咨询服务工作更具有挑战性。在网络环境下，要求参考馆员具有传统参考咨询的所有技能，同时又要求具有计算机和网络的知识和技能，具备更丰富的参考源的知识，特别是网上参考源的知识，善于运用文字与用户交流，准确而恰当地表述检索策略和检索结果，对时效性的要求更高意味着对专业能力的要求更高。这些都给参考馆员带来了新的挑战。只有不断学习，不断探索，才有可能适应新形势对参考咨询发展的需要。但这也证明了参考馆员的价值所在，证明了参考馆员在数字时代重新找到了自己的定位，也得到了用户的尊重和欢迎。

网络给用户带来的最大变化是用户期望值的提高。一些用户对技术着迷，而对印本参考源置之不理。越来越多的用户期望能够联机找到一切，包括全文。技术上已完全能够实现这一点，但实际上，由于受到版权、资金、经济等多方面因素的影响，图书馆通过购买、获得许可的电子资源总是有限的，馆际合作也局限在一定的范围上，但用户往往认为图书馆或网上就应该应有尽有。

不仅仅是用户期望提高了，或态度发生了改变，参考馆员也往往对新的技术变革在心理和知识上的准备略显不足。网络环境下的参考馆员面临着许多新的问题，工作性质也发生了很大的变化，从前所熟悉的一套工具顷刻间被缤纷的页面代替，又要重新从一点一滴积累，几乎不可能掌握所有新的工具，而且还要同时处理人工咨询的需求。年龄越大，压力越大，国外的一些图书馆员表达了有被持续的变革所淹没的感觉。因此，开展数字参考咨询，还要重视人们（用户、图书馆员）心理的变化，注重引导和培训，消除神秘感和恐惧感，以积极的心态迎接这一变革。

5. 对信息技术的挑战与变革

从传统参考咨询到数字参考咨询，技术的作用是不可估量的。没有网络信息技术，就不可能实现具有革命性意义的数字参考咨询。正如人们指出的那样，技术的进步使我们可以以创新的方式从事参考咨询。信息技术给参考咨询带来的变革是深刻的，它使参考咨询"随时随地"提供咨询服务的目标从理想变成了现实。应该说，参考咨询水平的提高在一定程度上将更加依赖技术水平的提高，同时也对技术提出了更高的要求。

首先，参考咨询所应用的技术在不断变化。数字参考咨询所应用的电子邮件、聊天空间、视频会议等功能也在逐步完善，这为参考咨询服务提供了更大的改进空间。只有不断跟踪技术进展，才有可能利用最先进的技术提供最优良的服务。技术的进步只是为参考咨询提高技术水平提供了机会，更重要的是要及时将技术成果应用到参考咨询系统的改造中，以提升其技术含量，推动技术进步。

其次，数字参考咨询所使用的技术并不是独创的，而是通信、商业等领域技术的一种推广和应用。目前，在电子商务领域中形成的网络呼叫中心、客户关系管理等软件和技术正在越来越多地应用到数字参考咨询中。因此，电子商务以及其他领域中发展起来的交互技术值得特别关注。图书馆通常不必开发这样的技术，因为没有这样的人力或长期维持发展的机制，但可以对技术采取购买的方式或根据图书馆的需要加以改造。这是一条投入少、风险低的捷径。

当然，技术再先进，也不能取代人的作用。在技术的引进、改造、开发和应用的整个过程中，人的智慧和主观能动性都起着十分关键的作用。技术不是万能的，只有将技术与人有机地结合起来，重视人在数字参考咨询中的主导作用，通过技术来实现所期望的功能，才能真正发挥技术在参考咨询中的作用。无论技术发展到什么程度，它永远都是一种工具，而不是无所不能。数字参考咨询还将引入新的技术手段，但只有充分考虑到图书馆的应用环境，适应用户的需要，才具有强大的生命力。

第二章 数字参考咨询信息源

第一节 数字参考咨询信息源的特点及类型

由于社会的信息化和信息的社会化，整个信息空间变为巨大的社会共享信息资源库，数字参考咨询的信息源同样不再局限于传统的印刷型文献，而是借助现代的信息技术从互联网上获得分布在世界各地的信息，参考信息源也发生了质的变化，网络参考信息源成为参考咨询工作最主要信息源。

一、参考信息源的概念

无论是传统参考咨询工作还是数字参考咨询工作，参考信息源是其资源的基础，犹如军人打仗离不开弹药，医生看病离不开药品一样，参考信息源的重要性是不言而喻的。参考信息源又称参考馆藏，要理解参考信息源的概念，就先理解信息源与知识信息源的含义。

信息源简称信源，简单地理解就是信息的来源。联合国教科文组织出版的《文献术语》对信息源的定义为：是个人为满足其信息需要而获得信息的来源。在不同的学术领域对信息源有不同的定义。通信领域，信息源也就是消息的来源，可以是人、机器、自然界的物体等，也可以是一个事件；在传播领域，信息源为传播的来源，是指生成、制作和发送信息的源头或起点，传播的来源可以是个体，即某个具体的制作和传递信息的人，也可以是群体，指发生信息的部门或机构；在我们图书情报领域，则认为信息源为情报源，指人们在科研活动、生产经营活动和其他一切活动中所产生的成果和各种原始记录，以及对这些成果和原始记录加工整理得到的成果。对于信息源，夏侯炳先生在其《参考咨询新论》中定义为：一切产生和持有信息的个人和机构，或者负荷信息的物体，称为信息源。

知识信息源是信息源中的一部分，因此，知识信息源则是持有知识信息的个人和机构，或者负荷知识信息的物体。

参考信息源是知识信息源的一部分，在国外一般称为 Reference Sources，就是指具有"检索意义"与"参考意义"的知识信息源。例如书刊，一类是为了查检特定的事实、数据等资料，或者只有遇到疑问才去查检的，具有检索意义；另一类是为了求知解惑或者艺术欣赏，需要从头到尾精读细研的，具有参考意义。

就目前数字参考咨询服务工作的参考信息源，应该是指传统的印刷型参考信息源与网络参考信息源。

二、传统的印刷型参考信息源

在我国，传统的印刷型参考信息源一般包括三种：检索型参考信息源、知识型参考信息源和数据图表型参考信息源。

1. 检索型参考信息源是指起检索作用的参考信息源，包括书目、索引、文摘和名录。

2. 知识型参考信息源是指能针对读者的咨询问题直接提供答案的工具，主要包括字典、词典、百科全书、年鉴、手册、传记资料等学术性较强的参考工具书。

3. 数据图表型参考信息源指各类统计数据、历史年表、地图以及其他器物图片，包括统计数据工具书、图录参考信息源、年表历表参考信息源，统计数据工具书，又包括统计期刊、统计年鉴、统计汇编等。

三、网络参考信息源

1. 网络参考信息源的概念

所谓"网络参考信息源"的概念是指存在于互联网上、能够通过网络检查为图书馆开展网上信息咨询工作，直接、间接利用或提供帮助的，具有查阅、检索或指引作用的一切形式的网上信息资源。与传统的印刷型参考信息源最大的不同就是以数字化的形式记录、多种媒体的形式表达和分布并存储在互联网中的不同主机上，通过计算机网络通讯的方式进行传递并在网络终端显现的，同样具有"检索意义"与"参考意义"。

2. 网络参考信息源的特点

（1）信息源存储数字化与高密度化。网络参考信息源是以数字化形式存在于本地或远地的计算机中，通过网络为人们所用，是虚拟化的，它的载体是互联网上计算机服务器主机上的磁盘，即一种具有高密度的数字化信息存储介质，其存储功能是纸质品无法比的。如一个藏书二十多万册的大型书库，经过数字化处理后，便可存储在一个磁盘阵列中，只要通过网络，就可供读者阅读。

（2）信息源分布广泛、具有共享性。网络信息参考源分布于世界范围内的互联网上，其广泛存储在不同国家、不同地区和不同地点的服务器上，虽然广泛，但具有实现"资源共享"的目的。而且许多网上参考信息源是免费的，用户可以方便在互联网上浏览、检索、编辑、下载、粘贴、复制、打印和传递所需的信息源。

（3）信息源检索方便灵活。网络参考信息源克服了传统参考工具的内部知识顺序、线性排列的缺陷，而将信息按照知识本身的逻辑关系组织成相互联系、直接的、非线性的网状结构，因而检索起来，方便灵活，检索入口多。如我国每年出版发行的学术期刊近8000多种，用户要从这些期刊中准确迅速地获得全文资料，并非易事，在传统的参考咨询中，一定要先通过查找《全国报刊资料索引》，再查找到原学术期刊，才能得到全文资料。而目前"中国学术期刊网"（简称CNKI）能够通过篇名、关键词、作者、刊名、分类、机构、摘要、引文等十多种途径进行检索得到全文，十分方便。如没有现成的数据库或检索工具，则可通过大型的综合搜索引擎，如Yahoo、Google等进行搜索，为用户提供相关信息。

（4）信息源传递速度快、不受时空限制。网络参考信息源通过先进的计算机通信网络传输，查检迅速，接收及时，用户能够在极短的时间内获取与发送信息。而且不受时间与地点的限制，用户与参考馆员可以在一天24小时内，通过网络查询、检索、阅读、下载、复制、编辑和利用分布在世界各地主机上的各种信息源，也可以把自己拥有的信息传递到世界各地。

（5）信息源更新速度快、时效性强。网络参考信息源从本质上改变了文献信息的创造、传播获取的方式，不受传统出版如制版、装订、发行和书馆的加工、整理等概念的约束，直接在网上进行生产、存储、传递、检索和利用，同时，网站与数据库中数据都是定期更新内容，许多搜索引擎的更新速度更快，几乎每时每刻都在更新，网上的信息内容新颖，使得网络参考信息源也具有了更强的时效性。

（6）信息源开放性与交互性强。网络资源的共享性促进了网络信息资源数据结构标准化建设的进一步开展，各种网络参考信息源同类之间的开放性和兼容性越来越强。网络参考信息源之间交互性的增强，表现在许多网络参考信息源在建设过程中，可以让使用者更多地参与其中，使用者不只是单纯的使用者，还能对有关信息资源的建设提供建议与意见，使网络参考信息源不断完善其功能。

3. 网络参考信息源的类型

网络参考信息源根据不同的标准可划分为不同的类型，如按文件格式可将其分为纯文本文字信息源、语音图像信息源和多媒体信息源；按学科领域可分为社会科学信息源、自然科学信息源；按内容范围可分为学术信息源、教育信息源、政府信息源、娱乐信息源和生活信息源等，从数字参考咨询工作的角度，一般对网络参考信息源是按照其在参考咨询中发挥的作用来分，具体类别为：

（1）网络书目信息源。此类信息源不同于传统的纸质书目信息，它是通过互联网来发布馆藏文献资源与即将出版发行的文献信息，这些资源可以共享，而且大部分都是免费。网络书目信息源主要包括馆藏目录、新书目录、索引和文摘。

馆藏目录：就是通常所说的联机公共检索目录（OPAC），目前国内外图书馆只要建立了自己的网页，几乎都能提供 OPAC 的免费查询，它是网络参考信息源的重要组成部分。如清华大学图书馆设有"本馆馆藏目录查询"，北京大学图书馆设有"馆藏目录"等。现在又出现了由多个馆组成的联合馆藏目录，它能反映一个国家、一个地区、一个系统的多个图书馆的藏书情况，如 CSLIS 中联合书目数据库、全国期刊联合书目数据库、上海图书馆的西文文献联合目录数据库、OCLC 中联机联合目录数据库等。

新书目录：在网上有许多出版社和有关的文献信息机构，在其网页上提供了各种"最新书目""可供书目""征订书目"等新书目录，能充分反映最近出版的和将要出版的文献情况，使用户及时了解最新文献信息，也是一种重要参考信息源。如著名的《在版图书书目》和《全球在版图书书目》在网上建立了检索网站，供全球用户进行网络检索和利用。

（2）网络报刊信息源：是在互联网反映与介绍报刊（含电子报刊）出版、收藏与利用情况的一种参考信息源，具有报道及时全面、内容齐全新颖、查检迅速准确、实用性和针对性强等特点。有代表性的网络报刊信息源有：全国期刊联合目录、报纸杂志大全、中文学术期刊目录、中国科学院文献情报中心提供的全国中西日俄期刊联合目录、光明日报网中的网上报刊大全、北京大学的中文核心期刊要览、国外人文社会科学核心期刊总览、统计源期刊目录、中国期刊展示网、中国报刊网等。

（3）在线工具书参考信息源：在线工具书是传统印刷型的检索工具书和参考工具书，经过数字化的转换而进入互联网成为网络参考信息源的一个重要组成部分。网络工具书信息源包括词典、百科全书、年鉴、手册、指南、名录、图表等，特点是具有比传统工具书更强的检索功能，可进行专深或简短条目的检索，满足多用户同时检索的需要，内容更新速度快，文本、图像、声音和动画并用，无时空限制等。

辞典：专业性辞典，如《高技术辞典》《浙江古今人物大辞典》《文学描写词典》《中草药大辞典》《生物辞典》等；语言学习辞典，如《国语辞典》《雷神英汉在线大词典》《网上牛津英语词典》《剑桥词典在线》。

百科全书：《中国大百科全书》《大英百科全书》《世界百科全书》《美国百科全书》《国家百科全书》《北京百科全书》《网上百科全书》（《简明哥伦比亚电子百科全书》第二版）《斯坦福哲学百科》《剑桥名人百科全书》等。

手册：网上手册不多，如《留学手册》《上网完全手册》《中国法律法规大全》《管理手册》《中国经典居家装饰装修完全手册》等。

年鉴：如《广东科技年鉴》《南海年鉴》《计算机年鉴》等。

索引和文摘：在传统参考咨询中，索引和文摘起着重要的作用，网络的发展也使其功能延伸开来。目前，互联网上比较重要的索引文摘数据库有：CALIS中的中文现刊目次库、重庆维普的中文科技期刊引文数据库、中科院文献情报中心提供的中国科学引文数据库、上海图书馆的全国报刊资料索引、《科学引文索引》（SCI）、《社会科学引文索引》（SSCI）、《艺术与人文科学引文索引》（A&HCI）、美国《化学文摘》（CA）、美国《生物学文摘》（BA）、美国《工程索引》（EI）等等。

地图：如"各国地图大全"（英）、"城市交通旅游电子地图""中国地图"等。

（4）网络数据库信息源。网络数据库是互联网信息资源中最为庞大的一部分，也是目前最多数量、最有价值和最主要的网络参考信息源。分为文字型数据库、数值型数据库、图像型数据库、事实型数据库、多媒体数据库和软件数据库等。具有收录内容广泛，数据量大，一次文献多，实用性和针对性强，查询方便，检索途径多，数据更新及时等特点。网络数据库包括国内各种网络中的数据库、各类信息资源系统中的数据库和国外著名的联机数据库，以及各图书馆联网的大量光盘数据库与自建特色数据库等。如维普信息资源系统中的数据库、万方数据资源系统中的数据库、CALIS中的系统数据库、中国期刊网中全文数据库、中国经济信息网中的数据库等。

（5）搜索引擎信息源。这是用户快速查检互联网上信息资源的一种常用和最重要的检索工具，也称为"网络信息资源的总索引"。它通常由两部分组成：一是信息收集部分，主要负责收集网上WWW、Copher、FTP等其中的各种信息资源，并按一定的方式和方法组织成检索系统，即索引数据库；另一部分是信息检索部分，用户就是使用这部分来检索其收集在索引数据库中的各种信息资源。目前，互联网上有各种搜索引擎100个，90%的网络用户只需在给定的检索框内输入关键词及其组配，或按分层类目结构依次逐一选择，就可以将检索结果反馈给用户。搜索引擎信息源按不同的方式可划分为不同的类型：按检索功能可将其分为独立搜索引擎、多元搜索引擎和网络搜索引擎；按专业范围可将其分为关键词检索型搜索引擎、分类检索型搜索引擎和综合检索型搜索引擎；按语种可分为中文搜索引擎和外文搜索引擎等。目前最常用的搜索引擎有百度、搜狐、雅虎、新浪、天网等。外文搜索引擎有Google、Yahoo、AltaVista、Excites、Web Crawler等。

第二节　网络参考信息源的选择与评价

在传统参考咨询时代，J·C·拉普曾在31所图书馆做民意调查，发现馆员们在哪些是必备的工具书问题上分歧很大，这些学校都列入的只有7种；而在芝加哥公共图书馆所列出的"10部最佳工具书"中，位居其首的却是该馆自编的一套索引，第二、第三部分别为《世界百科全书》和《世界年鉴》，第四部又是自编的案头卷宗。因此参考信息源的选择，除了能解决问题外，还应根据其他的因素作为评价标准。面对浩瀚如海、繁杂多变的网络参考信息，更是如此。

一、选择与评价网络参考信息源的指标

网络参考信息源优劣选择与评价，是一项复杂而细致的工作，需要建立一个全面的评价体系，应该包括以下内容：

1. 目的性

首先，在建立网络参考信息之前就应该确定其存在目的及其潜在用户，其目的性决定它能否为用户提供一些有用的信息。每一个网络参考信息源都应该有它的目标用户，这样才能达到开发者的目的。目的性首先要考察网络参考信息源是否有明确的目的和特定的用户对象。其次是考察其是学术性的还是商业性的，是研究性的还是普及性的，面向的是大众还是专家学者。同时，还要考察其是否实现了目标，面向了哪些用户，能否满足不同层次的用户需求等。

2. 权威性

权威性因素主要指网络参考信息源的来源网站及主办者、发布者、责任者（撰写者）等的权威性、知名度和影响程度，它是保证网络参考信息在质量、可信度和可靠性等方面的重要评价因素。主要包括两个方面内容：一是网站是否权威。不仅要考察网络参考信息源所在网站的情况，如果是转载和转发的还需考虑其来源网站。包括网站提供的有关办站的宗旨、指导思想、发展方向、发展动态等背景信息，通过网站的"FAQ""About US""Mission"等链接内容得到这些背景信息，网站所提供的有权威专家的情况、联系方法、版权信息、获得荣誉、外部评价等信息。二是主办者、发布者、责任者（著作者）的权威性。主要包括网络参考信息源和网站的主办者、发布者、责任者，可以是机构、团体或个人，是否提供有效的联系方式，以及其在本领域的学术地位、组织方式和运行机制等。

3. 准确性

准确性是网络参考信息源评价标准中一个不可缺少的最基本因素。主要包括网络参考信息源所涵盖的学科及信息资源是否符合专业要求，信息资源的内

容是否准确,是否存在文字、语法等方面的错误,词语含义是否有模糊不清的现象,统计表格、图表是否清晰明了,是否以客观、公正的态度进行资料分析,是否含有政治、宗教色彩,是否具有广告的意图等。

4. 全面性

全面性是指网络参考信息源能否全面地表达主题观点的特性,其内容能否达到用户所要求的广度与深度。主要包括:网络参考信息源所收录的主题范围是否涵盖更多的方面,其是否集中在更宽的领域,是否包括相关的主题,是否包括多种语言,其学术性是否给出引用文献来源,提供的信息资源是否具体到更深层次。

5. 易用性

易用性包括四个方面:第一是网页设计。网络参考信息源和网站充分利用多媒体功能,将文本、图像、音频、视频信息合理地、有机地集成于一体,使其页面图、文、声并茂,简练、直观、自然,同时更能方便用户使用。网页设计主要包括:网页框架结构是否层次清晰,构图设计是否简洁美观,平面效果与整体风格是否统一,文字、图像等布局是否合理和重点是否突出,网页的设计与信息资源的内容是否相匹配,网页设计是否能刺激用户思维的创造力,能否增加信息资源的视觉、听觉效果并使其更有吸引力,采用的视觉效果是增强还是分散了信息内容,图形的格式是否便于浏览、传输和保存。第二是用户界面。网络参考信息源必须拥有友好的用户界面,主要是要利于用户使用。主要包括信息资源是否便于用户使用并具有服务支持系统,是否以专业化的形式呈现,站内的信息资源是否以同一风格出现,是否显示有帮助性的出错信息,网页的各个组成部分是否能运行,网页之间的切换是否简单、方便和快捷,是否有用户满意的和直观的搜索引擎,每一个网页是否都有返回资源起始页或主页的功能。第三是信息组织。主要包括信息组织的形式是否多样,信息资源的分类系统是否完善,是否按学科、主题、形式、用户等分别组织并可浏览,信息资源的主题标引是否正确,各部分信息组织是否适中。第四是导航系统。它是查找信息资源的指示性工具,它反映了网络参考信息源和网站是如何组织和分类的。主要包括信息资源分类是否科学,类目设置是否简明合理,索引系统是否完善,是否对其整个信息资源做索引,搜索结果能否符合用户需求等。

6. 时效性

主要是指网络参考信息源中信息内容的更新周期和速度,时效性越强,其信息内容越新，同时对用户的吸引力也就越强，主要包括：网络参考信息源是否标注写作日期、上网日期和修改日期，是否注明其信息资源更新的频率，是否按声明的日期进行更新，是否标明最近一次更新日期，过时无用信息和死链接等无效部分是否及时处理。

7. 检索性

检索性主要是指网络参考信息源所具有的能够提供各种功能强大、灵活方便和实用性强的检索工具和检索方法。主要包括网络参考信息源是否具有检索功能，是否提供高级查询方式，是否可随用户的检索方式而不断进行动态逻辑组配，检索界面是否多样，检索途径是否齐全并提供多个检索点，是否能提供高效、快捷和响应时间短的检索，检索结果是否全面和准确。

8. 互动性

这是网络参考信息源具有的独特功能，也是选择与评价信息源的因素之一。主要是指网络参考信息源的责任者与其用户之间的沟通和联系程度。通过多种形式的沟通与联系，可使网络信息资源用户在遇到问题时获得更多更好的建议和意见，从而保证其信息资源得到更大的开发和利用。互动性因素包括网络参考信息源是否提供多种交互界面和联系方式，是否及时解答和解决用户提出的问题与遇到的疑难，是否经常主动与用户联系并征求意见，是否能积极采纳用户的合理化建议并努力改进其不足等。

9. 稳定性

网络信息资源处于变动频繁的状况之中，网络参考信息源的存在状态是评价的一个重要指标。长期存在且各项性能和指标均较为稳定的网络参考信息源，可使用户从中获得较为系统和全面的信息。稳定性因素包括网络参考信息源所在网址是否经常变动，信息的链接是否稳定，有效信息资源是否长期保存，特殊情况需要变动时是否通过多种方式及时告知用户，是否不间断地提供网络信息服务，信息资源是否被稳定使用等。

10. 安全性

安全性是指网络参考信息源对病毒侵袭、黑客攻击和信息更改等不安全因素的防范。主要包括网络参考信息源是否具有防病毒的能力，特殊信息是否使用了专用网络服务器，是否采用了防黑客攻击和防病毒感染的技术，是否安装了防火墙和其他防病毒软件，是否使用了安全加密防范措施等。

11. 费用

网络参考信息源有些是免费供用户使用，而有些是必须付费的，收费是否合理，是按一定时间还是直接按使用数量或是按一次性付清长期使用收费，费用是在线支付还是通过银行汇款等，这都是选择与评价网络参考信息源需要考虑的因素。

二、咨询馆员有效利用网络参考信息源

掌握了网络参考信息源选择与评价的指标内容，更重要的是要有效地利用网络参考信息源，更好地为用户解决咨询问题。咨询馆员有效利用网络参考信息源，必须做到以下几点：

1. 熟悉掌握网络参考信息源的基本搜索方法

（1）首先是利用各种搜索引擎，按主题与关键词来检索相关网站或网页信息，经常用的中文搜索引擎是搜狐、网易、新浪、雅虎、百度等，外文搜索引擎有 Google、Infoseek 等。通过这些搜索引擎，一方面可以输入参考信息源类型名称如"辞典""年鉴"等，或具体参考信息源的名称等关键词就可得到所需信息源的名称及其 URL 地址；另一方面，可以根据其分类菜单分别浏览查阅。

（2）平时注意网络、期刊、报纸等媒体广告与介绍，以及专门的网址大全等印刷型工具书，收集有用的网上参考信息源的 URL 地址及相关资料。

（3）充分利用熟悉网站的友情链接去了解网上参考信息源，主要是一些高校和科研机构图书馆，大都建立了各大图书馆及网络数据库的友情链接。

2. 了解与掌握不同类型网络参考信息源的分布与使用权限

网络参考信息源的分布是极其复杂的，有的分布在政府网站，有的分布在教育、科研机构，有的分布在个人网站中，有的可以通过搜索引擎直接查找到，有的则需要通过进入站点逐级查找才能找到。有的信息源可免费使用，有的则需要付费；有的只能在局域网中使用，不支持外地用户，有的则可以供全球用户使用；有的需用户注册使用，有的则不需注册即可使用。因此，咨询馆员在日常的上网查询过程中，应及时了解这些情况，用户一旦提出咨询要求，就要心中有数，及时为用户做出指导。

3. 建立网络参考信息源分类索引日志

咨询馆员要把经常使用的、重要的、有价值的网络参考信息源按照学科类别进行分类，存入咨询日志中，以备查用。也可以直接在咨询网页建立功能链接，同时给每个站点配以简明的介绍，需要时只要直接点击相应的信息源网址，就可轻松进入目标站点，进行信息的检索、浏览、下载等操作，从而实现对网络参考信息源的快速利用。

第三章 高校图书馆数字参考咨询服务方式

了解用户及其需求是做好图书馆服务工作的前提和基础。由于用户的需求不同，一个图书馆取得成功的方式并不一定适合另外一个服务、另外一类用户的图书馆，没有一种方式适合所有的图书馆。因此，根据用户的特点和需求，寻求适宜的虚拟参考咨询服务方式是非常重要的。

第一节 FAQ咨询服务方式

FAQ是英文Frequently Asked Questions的缩写，中文译作"常见问题解答"，是以问答形式对利用网站功能或者服务的常见问题的解答。图书馆FAQ是图书馆网站提供的关于图书馆知识、服务和使用方法等的问题解答。由于图书馆FAQ是经过参考咨询人员收集、整理和设计制作而成的网上问答集，因此它在随时解答疑问、消除信息障碍和方便查找使用等方面为读者提供了较好的帮助。随着图书馆网站功能的完善和网络信息服务的深入开展，越来越多的图书馆建立了网上FAQ，一些图书馆的FAQ确实起到了很好的解惑和信息服务作用，但是也有部分图书馆的FAQ由于内容、结构及人机界面等方面考虑不足，给读者提供的服务和帮助并不理想。FAQ应该具备什么功能？FAQ应该包括哪些内容？FAQ应该如何建设？不同图书馆由于本质属性和服务对象各不相同，其FAQ的功能、定位和具体建设自然也就各不相同。

一、FAQ咨询服务优势及定位

（一）FAQ咨询服务的优势

1.解决了一些常见问题的重复回答

图书馆的日常咨询问题，如对于各种网上数据库的使用问题，对各种馆藏光盘的使用、馆藏书目的查询、借阅等一般咨询问题，带有普遍性，为此，我们应该把同一种问题进行归纳、总结，建立 FAQ 库，供大家随时阅读寻找问题的解决方法。既有效地节约了人力资源，也使咨询人员能有更多的时间和精力去研究解决富有个性化的问题。

2.FAQ 是对咨询数据库的汇总

咨询数据库不是简单的问答库，对于用户来说，是咨询馆员通过问、答的互动，对其进行潜移默化的传授检索技能的过程；对于图书馆同行来说，也是一种极有价值的咨询技能资源，通过对它的归类、分析，可以使我们在参考咨询服务中避免重复劳动，提高工作效率，探索检索规律，提高咨询技能。此外，FAQ 又是读者需求的原始记录，它们反映着不同用户在各种特定时期的需求倾向，可以帮助我们研究用户的需求规律，了解需求热点，使参考咨询服务更具主动性和针对性。

3. 实现实时全天候服务

FAQ 服务方式不受时间限制，24 小时都可以查询，并且不需咨询馆员在线。用户摆脱了时间和空间的束缚，遇到问题可以随时随地到 FAQ 上进行检索，此种服务方式为用户查找解决问题的答案提供了方便。

4. 为用户提供自助式服务

近年来，咨询馆员不断地在 FAQ 数据库或文档中增加数字信息资源和检索技巧，使 FAQ 数据库的检索功能更加强大，以满足用户在寻找咨询馆员帮助之前，首先可以参考 FAQ 库的有关内容，实现自助式的参考咨询服务。今天，大型参考咨询服务平台提供的知识库就是这一思想的发展，已部分取代了人工咨询。

5. 可以成为图书馆的使用指南

一个界面友好，检索方便，回答问题清楚、全面的 FAQ，无疑成为一部图书馆的使用指南。浏览 FAQ 不仅能够帮助读者迅速解答自己的疑问，也能帮助用户更多地了解图书馆的服务内容及信息资源的常识，最大限度地发掘图书馆的潜能。

（二）FAQ 服务的定位

1.FAQ 是图书馆最主要的 DRS 方式之一

目前许多图书馆都开展了 DRS，其主要方式有 FAQ、E-mail、BBS 以及实时参考咨询等，而 FAQ 由于具有提供用户自助服务和效率高的优点受到了众多图书馆的青睐，成为各图书馆开展 DRS 的重要方式。如清华大学图书馆采用的 E-mail、实时参考咨询和 FAQ 三种方式结合的 DRS，上海图书馆建立的网上联合知识导航站以及广东省立中山图书馆开展的图书馆专家联合导航，这些图书馆在 DRS 方面取得的成绩有目共睹，而 FAQ 在其中仍占有一席之地。

2.FAQ 是图书馆开展用户服务宣传和信息素质教育的重要服务窗口

FAQ 给用户提供了图书馆的基本知识和服务介绍，为扩大图书馆的普及使用起到了宣传介绍作用。除了对图书馆的开放时间、服务项目和规则条例等的一般性认识，许多用户更关心的是如何利用图书馆查找信息资料的方法问题。因此，FAQ 不仅要有对图书馆规章制度等基本问题的回答，如"怎样办证""图书丢失了如何处置"等，还应该包括图书馆使用方法的问题，如"怎样查找政府工作报告""如何获取最新的会议信息"等，其中信息检索、获取的方法和技巧问题无疑应该成为 FAQ 建设的最重要方面。从这个意义上来说，用户使用 FAQ 的过程就是开展用户信息素质教育的过程，通过读者自我教育的方式，解答用户使用图书馆过程中的各种普遍存在的问题，提高用户的信息意识和信息获取能力。

二、FAQ 咨询服务构建

（一）FAQ 内容选择

1.FAQ 收录的应该是有关用户服务工作的问题

用户是 FAQ 的查询使用者，普及图书馆使用知识和提高信息资料查找能力是建设 FAQ 的根本目的及意义所在，因此 FAQ 收录的应该是有关读者服务工作的问题。图书馆规章制度等一般性问题是 FAQ 必备的内容，而信息获取的方法和技巧则是 FAQ 建设的重要内容。由于各图书馆的专业性质、服务对象各不相同，其用户服务工作各有侧重，FAQ 的内容建设也可能存在着不同：公共图书馆的用户多是关心图书馆能提供哪些服务、有哪些规定，而大学图书馆、科研专业图书馆的读者可能对如何查找资料和获取最新信息更感兴趣。如广东省科技图书馆作为主要面向科研人员服务的公共性科技图书馆，其 FAQ 问题收录特别强调对信息咨询和数据库使用等问题的解答。在构建 FAQ 的过程中，应充分考虑这些不同，体现用户的属性特点和服务需求。

2.FAQ 收录的应该是普遍存在的共性问题

FAQ，顾名思义，其收录内容应该是用户在利用图书馆过程中经常遇到的问题，是具有代表性和普遍性的问题。而与普遍性相对的个别性问题不必收录在 FAQ 之中，个别性问题可以通过 E-mail、BBS、在线参考咨询等方式进行解答。有的图书馆 FAQ 将用户在网络上的所有提问不加过滤一概收录在 FAQ 中，这种做法违背了 FAQ 的设计初衷，也不利于 FAQ 功能的发挥。例如查找图书，不同用户想查找不同的图书，如果将查找某一具体图书的问题都收录到 FAQ，必然导致 FAQ 同类问题重复出现的现象发生，造成严重的信息污染和读者精力的浪费。事实上，这种找书问题在 FAQ 中只要归纳成如何查找某一类图书的问题即可。

（二）FAQ 结构设计

1.进行科学合理的归类

对 FAQ 问题进行科学合理的归类有助于用户通过分类浏览快速找到所需资料，同时有助于从整体角度认识图书馆服务工作。FAQ 问题的归类应该从利于用户使用出发，符合用户的逻辑思维习惯，科学合理、繁简适当。如清华大学图书馆 FAQ 分为一般性问题、查找资料、电子资源的使用等 16 个大类，而在查找资料、学术资源信息门户、常用名词术语等 3 个大类下又细分了若干小类。这种层次化的类目组织，非常方便用户查找。以"查找资源"这一大类为例，该大类下又按资源类型细分了图书、期刊、会议文献、标准和专利、科技报告等 13 个小类，在各小类中收录了相关资源中用户普遍关心的问题，如"在哪里能查到清华大学学生应读书目""在哪里查阅国内外大学的材料"等，用户在检索相关资源遇到困难时，可以很方便地在其中寻找答案。

2.提供浏览和检索相结合的查询方式

浏览是按分类主题查找 FAQ 的方式，检索是通过关键词查找 FAQ 的方式。分类浏览方式适用于对图书馆服务有一定了解的用户，或者是想对图书馆服务工作进行全面了解的用户；而关键词检索方式则在 FAQ 问题数量足够多的情况下进行快速查找时具有优势，通过检索查询方式，即便是用户对要查的内容不十分清楚甚至概念模糊，只要输入关键词，也能将所有相关内容检索出来。

从目前国内各图书馆网上 FAQ 问题的数量规模来看，少的有十几条，多的上百条甚至数百条。随着 FAQ 问题的积累和复杂化，单独提供浏览或检索的查询方式都不能满足 FAQ 的使用要求。如果将浏览和检索方式结合起来使用，FAQ 才能得到充分发挥。此外，目前国内图书馆 FAQ 的检索方式是基于全文的关键词检索，如果用户的用词与 FAQ 问题集中的提问与回答的用词不同，就会出现事实上 FAQ 中有相关问题的解答却不能检索到结果的情况，因此，为避免这种情况的发生，有必要对问题解答进行适当标引。

三、FAQ 咨询服务现状

开展 FAQ 服务的图书馆具有以下特点：

（一）FAQ 在图书馆网页上并不是一目了然

FAQ 标识不清，级别不同。有的图书馆将其作为"参考咨询"的项目；有的图书馆将其隶属于"读者服务""入馆指南""读者必览"等项目；有的将其直接列在图书馆主页上，有的却放在"关于本馆""为您服务""快速通道"处，读者难以链接与查找，需要反复点击浏览、查找后才可以准确地进入 FAQ 里。这对于固定使用一个图书馆参考咨询服务的读者来说不算障碍，但是对于某些可能使用多个图书馆服务的读者来说就会形成障碍。另外更重要的一点是给将来的合作化咨询服务留下隐患。

（二）FAQ 服务的名称趋向统一

调查中发现，大部分高校图书馆都是用"常见问题"或"FAQ"命名，但还是有一些其他名称，如中国石油大学（华东校区）图书馆的 FAQ 称为"流通百问"，河北工业大学图书馆的 FAQ 叫"利用图书馆 60 问"，新疆大学图书馆的 FAQ 叫"图书馆信息咨询台"。不过，这些还是能看出是问答的内容。

（三）大多数 FAQ 进行了分类

在调查开展 FAQ 服务的 87 个图书馆中，有 6 个设置了 FAQ 栏目，但打不开内容或在建设中；20 个图书馆 FAQ 未分类；61 个馆根据图书馆工作环节及内容将所收录的 FAQ 问题进行了分类，其中分为 1—5 类的图书馆有 23 个，分为 6—10 类的有 28 个，分为 11—15 类的有 9 个，分为 16 类的有 1 个，占被调查图书馆的 75%。

（四）FAQ 大类详略有别，最多的 FAQ 大类有 16 个，最少的只有 2 个

有的 FAQ 在大类下还设有下位类，如东北师范大学图书馆就在"电子资

源使用"类下又分为 6 个小类，分别为：电子图书、电子期刊、学位论文、数据库、视频资源、其他资源。

（五）具有检索功能的 FAQ 比较少

在调查的 27 所陕西普通高校中只有 1 所大学的 FAQ 有检索功能。随着 FAQ 案例越来越多，只通过浏览来查询常见问题很不方便。当读者面对内容多、问题多而又没有检索功能的 FAQ 时，要查找自己需要的常见问题是非常不方便的。

（六）FAQ 网页层次不清晰

大部分 FAQ 都设计成 Web 表单的形式，式样单调，不能吸引读者。有的图书馆 FAQ 问题和答案依次排列，页面很长，查找不方便；还有的图书馆罗列几十条甚至近百条 FAQ，也没有相应的链接，实在不容易发现需要找的问题。

（七）各馆收录的 FAQ 问题数量悬殊

收录 200 个以上问题的馆有 2 个，100 多个问题的馆有 18 个，不足 100 个问题的馆有 61 个。其中北京科技大学图书馆的"常见问题解答"只汇集了 5 个问题，过于简单，没有起到 FAQ 应该发挥的作用。

（八）FAQ 设置的问题内容基本相同

大多数问题只是涉及资料查询检索的一般性问题，比如数字资料检索、书目查询、借阅规则、馆藏资源分布等常识性问题，内容范围不全面，涉及面狭窄。只是有些问题回答的详略程度不同，有的隐藏在其他问题中。但是对于读者更关心的怎样查找自己所需资料，从何种途径能够获得所需的信息所涉及的问题较少；查询光盘数据库、网络数据库、电子书刊等电子文献途径与方法的问题不深入；另外，图书馆使用计算机管理系统遇到的新问题没有解答，给读者在使用时造成许多不应有的缺憾。

（九）FAQ 问题类别和类名的设置不同

如清华大学图书馆将读者复印、馆际互借、办借书证、代查代检、科技查新等 12 类问题归在"读者服务"一级类目下，而其他馆却将这其中的许多问题单独作为一级类目。同一类型的问题类名也不统一，如有关书刊借阅的问题就有流通阅览、办证及借还书、图书借阅、期刊问题等几种提法。对于"怎样查询个人的借阅信息"这个问题，有的馆归在"公共书目查询 OPAC"下，而有的则归在"读者服务"下，还有的把它归在"流通阅览"下。

（十）对各学科专业问题、各学校特色问题未形成咨询数据库

在调查的"211"工程大学中，只有中国科技大学在 FAQ 类目中设有数学、物理力学等 15 个类目，但未见类目中的问题。

以上是目前高校图书馆 FAQ 的现状，当然还存在一些其他问题，如不重视常见问题库的建设，只是在门户中设有这项服务，使得 FAQ 内容太少，更新慢；读者在 FAQ 查找不到自己需要的问题的时候，很少有图书馆能提醒读者利用其他咨询方式。

四、FAQ 咨询服务相关技术

DRS 系统是目前数字图书馆很重要的一个部分，它集中体现了数字图书馆发展的最新技术。此系统能够实时解答读者在使用数字图书馆中遇到的问题，为读者提供高质量的、不受时间和地点限制的服务。常见问题（FAQ）浏览检索是虚拟参考咨询系统中最基本的也是最重要的一部分，咨询馆员将来自用户的大众化、有代表性的、经常遇到的典型问题做好解答并加以分类，在此基础上创建常见问题答案数据库。

（一）FAQ 中增加同义词检索功能

1.FAQ 中增加同义词检索功能的必要性

FAQ 是用户遇到问题时寻求帮助的第一位"咨询馆员"，内容完善、回答问题清楚全面、检索方便的 FAQ 可避免很多重复性劳动。用户通常是以关键词来检索的，而简单的字词匹配可能检索不出用户需要的内容。例如在检索框中输入"CNKI"，如果没有同义词检索功能，FAQ 库中包含"中国学术期刊网"的内容就不会被检出。使用同义词检索可以扩大检索范围，提高查全率。可见增加同义词检索功能是非常必要的。

2.实现同义词检索的技术方案。

同义词检索功能的实现逻辑上可分为两大部分：第一，是同义词系统；第二，是 FAQ 检索部分。

（1）同义词系统

①同义词表。系统数据库中增加一个表，其中记录了 FAQ 中所有关键字

的同义词信息。表有3个字段：序列号、关键字和对应的同义词，中间用半角分号分隔。

通过同义词维护系统，咨询馆员可以维护这个表中的信息，对这个表的记录进行增加、修改和删除。FAQ的检索功能也要用到这个表，在用户输入检索关键词的时候，后台首先查询同义词表，例如：检索"中文"，可以从同义词表查询到它的同义词"华文""Chinese"等，然后显示到页面上，让用户从这些同义词中做出选择，可以全部选择或选择几个，然后系统再以这些词作为关键词到FAQ库中进行下一步的检索，这样就实现了检索的最优化。

②同义词数据发布系统。统一采用的数据发布系统是TRSWAS4.0，同义词数据发布系统也不例外。本系统完全基于Java技术，核心逻辑被封装在置标、Beans和Servlet中。此系统通过TRSWAS的逻辑命令处理用户的请求，将请求发送到相应模板，通过模板中的TRS置标和标准html的结合，实现对数据的增加、删除、修改、检索、浏览、下载等功能。对数据库的联结、运行等控制都用Tomcat来管理，保证了数据访问的稳定性。

数据层的功能主要由TRS Server实现；业务逻辑层的功能主要是在TRSWAS4.0中部署完成的，页面表现层通过JSP页面调用Servlet命令和TRS置标来实现数据的动态发布。

（2）FAQ部分

①FAQ数据发布系统。数据发布系统同样也是由J2EE框架实现，主要是为了实现FAQ数据的维护，包括FAQ数据的增加、修改和删除功能。在发布的同时，系统会自动提醒是否需要建立同义词信息，如果选择是，进入到同义词维护系统，完成同义词维护后，继续FAQ数据发布，这样整个FAQ数据发布就完成了。

②FAQ检索。用户在FAQ检索的时候，系统首先查找同义词表，查找结果在页面上显示，用户选择后，系统再对FAQ库进行检索，这个检索和原来的功能是一样的。

（3）FAQ中常用的同义词

同义词根据性质大概分为4类：①数据库及其分库名称。随着电子资源的海量增加，这方面的咨询也越来越多，很多常用数据库是由几个数据库分库组成的。将数据库及其分库名称录入同义词表，不但大大方便了用户，而且对不太熟悉数据库的读者起了引导的作用，可以让用户一站式地了解相关数据库的

FAQ 内容。②中外文，例如中国学术期刊网和 CNKI 等。③全称和缩写，例如北京师范大学和北师大等。④通常意义上的同义词，例如手提电脑和笔记本等。回溯的同义词信息共有 100 多条。在此基础上，以后随着 FAQ 库记录的增加，同义词表的信息也相应要修改或增加。

（二）最新消息和 FAQ 的同步

最新消息是在主页上很重要的一个模块，包括了书刊借阅、证卡办理、规章制度等方面的即时变化信息。但是 FAQ 的内容还没有得到即时更新，所以在同一个问题上两者的说法不同甚至是完全相反的。这样的话，用户就可能会被迷惑。所以最新消息和 FAQ 必须是同步的。下面介绍两种方式加以实现：① IFrame 技术：对 FAQ 的页面重新设计，其中一部分嵌入最新消息页面，对最新消息的修改、增加，都将在这里同时出现，使用户得到最准确的信息。②链接引用：在 FAQ 中增加一个分类叫最新消息，当用户点击这个分类名时，直接链接到最新消息页面，这样同样可以在 FAQ 中看到最新消息。

五、FAQ 咨询服务管理

FAQ 的建设不是一劳永逸的，对 FAQ 问题需要进行不断的积累，对用户查询使用 FAQ 的频次和效果进行不断的统计和分析，从中发现用户对 FAQ 问题需求的变化，而后根据这些需求变化对其进行及时到位的管理和维护。

（一）FAQ 的数据管理

借用数据库的概念，FAQ 的建设是一个问题数据库的建设，FAQ 的管理实际上也是 FAQ 数据库的管理，存在着对数据的修改、删除和补充。

数据修改：主要是根据实际情况对问题的解答进行修正与补充。例如，办证费用发生了变化，FAQ 库中的相关内容应及时做出修改；又如信息检索方面的内容，如果有更多的信息源，也应该及时补充到 FAQ 库中。

数据删除：主要是删除那些已经过时的数据，避免冗余数据，减少信息污染。

数据补充：包括主动补充与被动补充两个方面。主动补充是指参考咨询人员根据图书馆业务发展，通过分析和预测，将一些用户可能关心的问题主动补充到 FAQ 库中；被动补充指的是根据其他参考咨询方式所获得的读者咨询信息，对其中具有代表性的问题进行归纳整理后补充到 FAQ 库中。数据补充是 FAQ 数据维护的最重要方面，它使得 FAQ 的内容不断丰富并发展成为知识库。

（二）FAQ 的更新与调整

　　FAQ 内容必须从用户的查询使用需求出发，以方便、促进读者使用为原则。随着图书馆服务的发展，FAQ 内容也应有所变化，一方面，一些问题由于过时不再受读者关注而遭到废弃；另一方面，一些新出现的问题因为在现存的类目体系中找不到合适位置而需要增加新类目。这些变化促使 FAQ 在内容和结构上的调整，如：新增问题、热点问题给其增设新的类目，内容较多的类目还可以进一步细分，而内容较少且相近的类目可以进行适当的合并。

　　清华大学图书馆 FAQ 近几年的变化调整给我们提供了一个很好的范例。该馆 FAQ 原来叫作"图书馆利用 100 问"，其 100 个常见问题分为一般性问题、查找资料、数据库检索、公共书目（OPAC）查询、图书流通阅览、有关规定、咨询服务等 7 个大类。经过几年的积累其 FAQ 问题增加到近 400 条，类目也调整为参考咨询相关问题、一般性问题、查找资料、电子资源使用、学术资源信息门户、馆藏目录（OPAC）查询、图书流通阅览、图书馆规则、馆际互借、读者服务、无线网卡和笔记本上网、来自校外读者的问题、学位论文格式及电子版验收、常用名词术语、关于知识产权、其他 16 个大类。从其类目划分的变化我们可以看出，该馆读者对深层和前沿的信息咨询服务日趋关注。

第二节 非实时数字参考咨询服务方式

非实时数字参考咨询服务主要采用电子邮件 E-mail、电子表格 E-from、信息快报 BBS、留言板 Message Board 等方式实现网上的参考咨询服务。E-mail 是最简单最流行的非实时参考咨询服务方式,E-mail 方式是为用户提供一个或多个接受咨询的 E-mail 地址,用户自行发送邮件至咨询信箱,咨询员通过电子邮件的方式进行回答。Web 表单即用户按要求填写设立在图书馆主页上的在线专门表单,然后通过点击"发送"或"呈交"按钮即可将咨询问题发送给图书馆。目前国外许多图书馆都提供这种 Web-form 服务。

一、电子邮件

(一)电子邮件在参考咨询服务中的应用

1. 咨询问题的提出与答复

目前国内许多图书馆参考部门均设立相应电子信箱并公布,以接收与回答用户提出的问题,馆员每日检查该账号的邮件,并对需要作答的问题及时回复。通过电子邮件形式提出的问题,大多限于简易型或事实型,例如书目查询或机构电话号码查询,或使用图书馆相关服务中的问题等。此外,也有图书馆通过电子邮件让读者将检索过程中遇到的问题和检索策略邮给参考部,例如扬州大学图书馆参考部设立专门信箱搜集用户检索策略,以利于馆员对读者的检索策略进行分析。

2. 交互式的实时咨询(在线交谈)

根据不同的媒介或方式,传统的咨询交谈可分为面对面的、书面的或电话式的,目前馆员与读者间也可通过电子邮件进行咨询交谈。有效的电子邮件咨询交谈至少包含三个步骤:读者描述问题,馆员概述问题,读者确认。

3. 代查代检(查新或定题)

图书馆为个别读者提供资料代检服务,包括查新或专题资料检索,可将检索结果包括书目资料、图表或全文等通过电子邮件寄至读者的信箱。图书馆最好能提供用户电子形式的表格以填写信息,包括:检索主题、关键字、文献的年代范围、是否需摘要、文献类型、语言要求及馆藏方位等。若是收费服务，也应注明付费方式和用户希望的反馈方式。定题服务是图书馆主动为研究人员提供有关资料的服务，馆员可利用网络搜索引擎或电子文献数据库查询系统为读者搜索所需的资料，提供题录、文摘或电子期刊全文与电子图书等资料，再利用电子邮件主动将这些最新信息及时传送给读者。

4. 新服务项目的推广

主动告知用户图书馆提供哪些新服务，增订了哪些新的文献（传统的或电子的）资源库，现有服务做了何种变动，图书馆将举办哪些指导活动以及何时闭馆等信息。这样不仅让读者不用担心未注意到图书馆发布的消息，亦可提高服务质量与建立良好的外部形象。

5. 图书馆用户教育

如将图书馆手册、读者通讯、馆讯、各种数据库的检索手册、用户教育方面的资料或教材等从印刷式转换成数字式，或专门编制相关课件，通过电子邮件寄给需要的用户，指导用户如何搜索信息、检索数据库或查询 OPAC 系统、使用互联网相关资源、选择评价信息和使用信息等。

6. 馆际互借与电子文献传递

电子邮件是馆际互借申请与资料到馆通知的最佳工具，可加速信息的传递与处理。例如 OCLC 的馆际互借电子系统，就是利用电子邮件提供全国性和国际性的馆际互借服务。图书馆若能善用电子邮件与账号管理等功能，再配合电子文献资源交换（EDI）技术，即可让用户在查询馆藏目录或期刊目次以及各类全文数据库后，立即通过电子邮件订购原文或申请复印，如此不仅免去传统馆际合作中许多烦琐的手续，同时也能解决部分图书馆经费与馆藏空间不足的矛盾。

（二）电子邮件用于参考咨询的困惑

1. 容易忽视对方问题的重要性或延误时间

在电子邮件交流中，对对方的问题未做出反应是相当平常的现象，而在互动式交流中，则不容易忽视对方提出的问题。利用电子邮件进行参考咨询，用户可能有故意或不慎忽略馆员的问题，为确认用户需求，馆员可能需要一再重述问题，咨询过程往往拖延于互动交流形式。

2. 无法获取电子媒体以外的信息，较难准确定位对方需求

电子邮件一般只提供文字信息，缺乏传送及接收其他媒体文件的能力。利用电子邮件进行咨询无法使用非口语的交流技巧，如肢体语言、视觉和听觉的交流等。因此，很难从对方的手势、姿势、音调、语调、眼神接触、面部表情等细微差异来获得附加信息。

3. 电子邮件的使用者仅是少数用户，或未必是图书馆的用户

目前各大专院校的师生使用电子邮件已相当普遍，但公共图书馆用户较少使用互联网。所以图书馆在提供电子邮件参考服务时，应考虑用户的网络使用状况，确定电子邮件参考服务主要是为本单位用户服务。

4. 在花费时间上不如直接见面或电话咨询经济

尽管用电子邮件回答用户参考咨询问题非常方便，但利用电子邮件进行参考咨询，却不如直接见面或通过电话有效率，较为费时和困难，且用户也必须愿意花时间等候答复。无论馆员打字速度多快，文字回答总比口头回答费时，而且馆员可能需进一步确认问题，所以利用电子邮件回答读者问题较费时。此外，因为提问者不在现场，用户无法看见馆员在参考工具书上找到的答案，所以参考馆员必须花较多的时间做详细的答复。

5. 分工较困难

解答问题有时需一段时间多次沟通，因此，若是馆员以轮值的方式来提供电子邮件参考服务，值班馆员很难全面了解某问题的历史缘由与处理状况。所以固定专人来处理电子邮件更有效率，然而这也加重了负责馆员的负担。

6. 服务对象的特点呈复杂化趋势，较难定位

尽管应用电子邮件可消除读者与图书馆间的时空障碍，但图书馆却面临服务对象多元化的重大挑战。因为远程参考服务的服务对象可能来自全球四面八方，所以较难掌握服务对象的特点与需求。

（三）电子邮件咨询服务的形式

电子邮件咨询服务有两种基本形式，一是基于电子邮件咨询，二是网络表单。

1. 基于电子邮件

用户利用基于电子邮件的咨询有两种方式：一种是在图书馆网站上提供一

个简单的电子邮件地址，如果用户想提交问题，只要点击该链接，就会激活用户的电子邮件软件，用户随即填写电子邮件，并发送到图书馆；第二种是用户在预先得知图书馆参考咨询服务电子邮件地址的情况下，启动用户电子邮件软件，填写图书馆咨询服务电子邮件地址和咨询内容，同样可以发送到图书馆。

在 DRS 的早期，图书馆对用户可用来发送问题的电子邮件地址积极进行宣传。用户只需在邮件正文填写咨询的问题，发送到图书馆的电子邮件，咨询馆员就可给予友好的回复。但由于电子邮件不能提供回答咨询必需的一些要素，而且由于其地址的公开性导致接收大量的垃圾邮件，尽管一些图书馆仍然坚持使用这种方式，但越来越多的图书馆正在转向使用网络表单，要求用户联机填写表单提出问题。

2. 网络表单

DRS 最困难的一个过程是了解用户的真正需要，咨询馆员和用户在咨询交互时未能准确沟通和产生误解的情形并不少见。面对面咨询最大的好处就是沟通的便捷。普通电子邮件咨询最大的不足就是难于进行这种沟通，因而不可避免地影响某些复杂问题的解答。网络表格在一定程度上克服了普通电子邮件咨询的不足，它利用结构化的格式，要求用户填写咨询馆员希望获得的信息，从而有助于分析用户的咨询要求，有利于对服务做出评价。

网络表单与普通电子邮件咨询不同之处主要表现在：后者只向用户提供用于发送问题的电子邮件地址，用户可以在电子邮件中随心所欲地填写想写的内容。而网络表单必须在空格内提出特定的问题，填写完表格后才能发送。电子邮件咨询的问题，用户只要知道地址，就可以在方便的时候发送问题。而网络表单就只能要求用户到图书馆的网站上填写和发送。

网络表单的设计主要有两种方案：

（1）提供一套详尽的表单，详细列出用户需要填写的项目：姓名、电子邮件、身份、教育程度、地址、电话、传真、主题、提问的问题，检索的信息源、答复时间等。优点是有利于从这些信息中选择有用的信息、分析问题的实质并提供答复。缺点是表单较长，用户往往没有耐心填写冗长的表单请求对一个小问题的答复。借鉴国外的经验，可对其中填写的要素加上特别的符号（如"*"），给用户提供一种选择的余地，从而让表单协调了图书馆和用户之间的矛盾。

（2）提供两套表单。一种为简单表单，供简单提问的用户使用，同时提供详尽表单链接，给复杂提问的用户使用。好处是方便了不想填写复杂表单的用户，节省了用户的时间。同时兼顾了图书馆的需要，有可能更详尽地了解用户的需要。中国科学院国家科学数字图书馆参考咨询台就采用这种方法。

（四）电子邮件参考咨询服务管理

1. 建立相应的规章和操作规程

图书馆在提供电子邮件参考服务前，应认真规划电子邮件参考服务规章，包括：服务目标、服务对象、服务项目、服务深度、回答问题的类型、如何处理不完整的信息、电子邮箱放置位置、由固定专人还是轮值、常见问题和无关问题处理、记录保存方式与统计、服务考评等。在此基础上建立更详细和可操作的规程。

2. 善于利用互联网提供的条件

目前国内外许多图书馆都建立了本馆主页，并将自己的服务连接到互联网上。可据此开展多形式的电子邮件参考服务，尤其是与本馆网站结合，使电子邮件参考服务成为图书馆网络信息系统的一部分。电子邮件参考服务还必须成为全球信息网络的一部分，与图书馆OPAC系统及电子资源系统结合提供服务。

3. 结合网站建立远程参考咨询交互式页面

图书馆以互联网为界面设计远程参考咨询表格，以方便读者填写个人资料、咨询主题，并对期限、数量、年代、地区和语言提出要求，再发送至图书馆的电子信箱，馆员能通过页面反馈检索结果。如扬州大学图书馆的首页就建立了咨询页面，用户可以直接提问，馆内规定在每日开馆时及时予以答复。

4. 公布电子邮件地址并使之易记

为方便用户使用电子邮件参考服务，可通过多种形式公布参考服务专用电子信箱，其名称最好意义明确并简单易记。

5. 确定专人从事电子邮件咨询业务

图书馆应指派专门馆员每天或者定时检查电子信箱并处理新邮件，馆员也可将无法处理的问题转发至其他图书馆或请求同行协助。有人建议图书馆每天至少应数次检查电子信箱，且最迟应在24小时内予以回复。

6. 加强对电子邮件参考工作的宣传与推广

图书馆可利用传统方法来推广电子邮件参考服务，如报纸、通信、传单、告示牌、公告等，亦可在图书馆用户教育课程中提及此服务。此外，更主要的宣传是网络上的电子广告，电子邮件参考服务的潜在顾客主要是已使用网络的读者，所以在图书馆的 OPAC、图书馆主页、BBS、留言板及校园办公系统等地方宣传与推广该服务是尤其重要的。

二、电子公告板系统（BBS）

BBS 是英文 Bulletin Board System 的缩写，中文意思就是"电子公告板系统"，一般简称为 BBS。世界上的第一个 BBS 系统是 1978 年由美国芝加哥地区的克里森和罗斯借助于当时刚上市的 Hayes 调制解调器（Modern）将他们家里的两台苹果电脑，通过电话线连接在一起实现的。后来 BBS 逐渐进入因特网，出现了以因特网为基础的 BBS，政府机构、商业公司、计算机公司也逐渐建立自己的 BBS，使 BBS 迅速成为全世界计算机用户交流信息的园地。

根据我国《互联网电子公告服务管理规定》（信息产业部 2000 年 10 月 8 日）第 2 条的规定"电子公告服务，是指在互联网上以电子布告牌、电子白板、电子论坛、网络聊天室、留言板等交互形式为上网用户提供信息发布条件的行为。"依照网络创作功能分析，BBS 是一个由多人一起参加的讨论系统，任何人都可以对某个感兴趣的问题进行讨论，自由地发表自己的意见与见解，并且能够和其他人直接进行沟通，具有交互性、异步性、自由开放性等特点。

BBS 可以张贴图书馆的活动，是图书馆相关信息的园地，而且与读者产生新的交流模式，不仅扩大了图书馆的服务范围，也是图书馆十分有利的行销工具。BBS 上的信息是公开的，任何人都可以阅读。BBS 对于图书馆的角色是什么？研究者认为可视之为报纸的"读者来信"版面。在现代民主社会中，报纸刊登读者来信具有 9 项功能：①告知的功能；②公共论坛的功能；③教育的功能；④协助制定政策的功能；⑤劝服的功能；⑥娱乐的功能；⑦安全阀的功能；⑧议题澄清的功能；⑨防避诉讼的功能。同样地，对图书馆而言，在 BBS 上公告图书馆的各项活动情况，可视为告知功能；读者在讨论区上针对图书馆的表现进行讨论，具有公共论坛功能；刊登参考资料的利用方法，是进行图书馆利用教育；对图书馆实行的政策进行讨论，可以协助制定政策，以读者需要而定；对于不认同图书馆措施者，亦可借 BBS 进行宣导解释，亦具有议题澄清的职能；许多读者以随意逛逛的心情浏览图书馆讨论区，亦具有娱乐休闲功能。

根据国内外一些图书馆的实践，利用 BBS 开展参考咨询主要包括以下内容：①图书预约、续借、名著推荐等。②专题情报服务。根据用户需求，检索和筛选 BBS 服务器，将相关信息打包传递给需求者。③信息推荐服务。由 BBS 服务器按用户需求搜集信息，主动传送给需求者，用户以按需选择、定期下载、离线浏览等方式获取。④建立信息公告栏，在 BBS 专设的区域发布最新图书和电子资源信息。⑤建立情报咨询讨论组，随时了解用户意见和建议，并及时给予答复，增强图书馆与用户之间的交互联系。

国内外都有一些图书馆建立了自己的 BBS 站点，如西安交通大学图书馆、广东中山图书馆。但多数都是作为用户的信息发布场所，而专门将 BBS 用于参考咨询领域的不多。因为 BBS 内容庞杂，什么信息都贴在上面，对提问或解答产生了很大的干扰作用。另外很重要的一点是，BBS 上的信息基本没有经过过滤、筛选，与参考咨询的严格和规范不相称。因此，越来越多的图书馆更钟情于网络表单和实时问答。但 BBS 作为一种获取用户意见和建议的渠道仍然不可忽视，对其中有关参考咨询问题仍需要有人及时解答。

第三节　实时数字参考咨询服务方式

一、实时数字参考咨询服务现状

目前实时咨询的开展情况是：随着网络技术和 DRS 的全面开展，国外图书情报界已广泛利用软件开展实时交互服务，并启动了基于网络化合作的 DRS。国内的一些主要图书馆也紧随其后，积极地开展 DRS 和实时咨询服务。

首先，开展了实时咨询的图书馆对用户范围做了限制。如北京大学图书馆明确规定"由于工作人员有限，目前本服务只面向北京大学的师生"；上海交通大学图书馆的实时咨询也规定了"实时解答区仅限在校园网上使用"；清华大学图书馆规定"图书馆咨询台优先为本校师生提供服务，在有余力的情况下，也会尽可能为外校读者提供服务"。其次，开展该项服务的各图书馆基本上是独立行事，很少开展联合服务，并且开放的时间大都非常短。再次，国内市场上推广使用的实时咨询软件也是凤毛麟角。除了北京大学图书馆等几个图书馆使用的是美国国会图书馆和 OCLC 联合开发的 Question Point 服务软件或自己开发的软件之外，其他的图书馆都只是使用一些简单的聊天软件，或仍然使用 Web 表单、E-mail 等方式提供实时咨询。简单的聊天软件只能提供实时的文字交谈功能，可满足一些简单的咨询需求，但由于并不具备网页推送、同步浏览以及提问转发等高级功能；而用户即使能通过 Web 表单及 E-mail 方式获得即时的解答，它们也并不是严格意义上的实时咨询服务。

在开展实时咨询的模式方面，国外实时咨询开展较早，技术也较为成熟。最早的实时服务起源于商业领域，这些软件由于使用简单，价格低廉，因而也逐渐运用于图书馆的实时咨询服务。继而便有专门针对图书馆的实时服务而开发的软件问世。目前图书馆用于实时咨询服务的软件有很多，主要有交互式聊天软件、电子商务的客户关系管理软件、合作咨询软件以及专门针对图书馆开发的实时咨询软件。

目前国内图书馆开展的网上实时咨询服务主要有五种形式：一是加入 OCLC 的 Question Point，运用 Question Point 软件开展实时咨询，如北京大学图书馆、清华大学图书馆、上海交通大学图书馆等。二是合作开发利用 Chat 技术和知识库管理的实时解答虚拟咨询系统，如上海交通大学图书馆与 CALIS 合作开发的分布式虚拟参考咨询系统。三是自己开发的基于实时交互技术的数字化参考咨询服务系统，即实时问答方式。西南交通大学图书馆目前就采用这种方式。四是交友软件服务模式，即利用通用的聊天软件，如众所周知的交友软件 ICQ 和中文版 OICQ。如同济大学图书馆、北京工业大学图书馆。五是 BBS 方式。利用留言板或 BBS 的咨询服务，如上海财经大学图书馆、中山图书馆、汕头市图书馆。他们利用 BBS 系统多样化的形式和风格，向读者开展实时和非实时的数字化参考咨询服务。

二、实时数字参考咨询服务困惑

实时咨询符合图书馆现有的发展趋势，也是网络用户感到最方便有效的 DRS 方式之一。但是，随着图书馆网络化、信息化和数字化的发展，需要咨询的网络用户数量和技术性将大大增加，范围也将扩大，实时咨询的质和量都有待提高。目前实时咨询的发展面临着一些亟待解决的问题：

（一）建立具有检索功能的实时咨询知识库和网上用户咨询服务系统

目前的实时咨询知识库和读者咨询系统缺乏简便快捷的检索调用功能，单靠人工查找调用。这种形式不能适应现代图书馆的发展要求。需要我们开发检索调用快捷方便、内容更新操作简便的，在线咨询员专用的解答知识库软件和用户咨询系统，以利于内容的丰富和更新。

（二）加强协作

实时咨询解答知识库内容的搜集、整理和丰富，以及各种咨询服务系统软件的开发，需要各部门的合作。在线咨询中遇到专业性较强的问题，也需要专家的帮助。采取各部门分工合作，便于咨询人员及时了解图书馆的变化，为用户提供方便和多样化的咨询形式，及时为较高层次用户提供准确有效的信息服务。

（三）开展咨询统计

在实时咨询服务中，应建立咨询统计制度和自动统计方法。对用户常见咨询问题进行统计分析，将有助于图书馆建立有效的用户咨询知识库和网上用户咨询服务系统，也有利于图书馆改进工作质量。

（四）相关标准的建立

随着实时参考咨询系统的增多，业界需要制定一些系统开发时共同遵守的标准。因为每一个图书馆都利用不同的参考咨询系统来管理自己的用户、咨询馆员和资源。这样本来可以共同利用的资源由于系统的异构而被分割成互不相干的部分。而通过制定相应的标准，从技术角度来说，不同的咨询系统间可以进行问题与答案的交互以及咨询员间的交流；从服务角度来说，不同的服务机构可以共享信息资源、知识库。这样无形中扩大了咨询规模。这种情况特别是对那些刚刚开展参考咨询服务的机构更为有利。标准的制定包括知识库存储标准、成员馆应用描述文件标准、咨询员以及用户信息描述标准等。

（五）隐私保护与知识产权问题

隐私保护涉及的问题主要是用户与咨询馆员的交流方式以及系统对交流结果的保存与利用。在一些基于 Web 的聊天室软件中，图书馆在系统上开辟空间，所有用户登录到聊天室中与咨询员进行交互。这样每个用户的问题和交流过程都能够被别的用户浏览。这种服务方式不能适应用户隐私保护的需要。大多数用户希望自己的问题与交流结果不被其他用户所知道，即一对一的交流方式或者是一种有控制的共享（Shared Control）。实时咨询记录可以被作为特别有价值的培训和服务评价的工具，但同时它涉及用户和工作人员的隐私问题：用户有可能担心他们的个人信息和研究兴趣的保密性；图书馆工作人员则可能担心记录将被用来评价他们咨询服务的表现。知识产权问题涉及用户、咨询馆员和服务商三方对交互内容的归属权、管理权和操作权等。关于交互内容的归属，有文献提出：交互内容是用户与参考馆员一起产生的智力结果，供应商仅仅是提供系统的服务与维护。但是从实际情况来看，由于目前绝大多数的 DRS 系统采用租用的方式，系统产生的所有数据存在服务商的主机上并且由服务提供商来做所有的分析、统计等后期处理而图书馆无法得到这些数据。用户以及图书馆员对这些内容应该有哪些权利，应该可以进行哪些操作，服务商是否有权限来分析、操作这些数据，服务商进行后期处理或者在图书馆购买软件的时候双方是否应该达成一些协议，另外，图书馆在整个咨询过程中以及在此之后应该负有什么样的责任等，这些问题都要认真对待。当然还有实时咨询的质量评价、涉及服务递送和交谈（包括脚本化信息的发展与使用、在实时咨询模式下怎样交流、在实时的环境下如何使用合适的礼貌用语）等许多问题的存在。

三、实时数字咨询服务系统改进方案

（一）基于系统浏览的实时参考咨询流程

该系统基本实现了对延时咨询的极大补充功能，试运行的近一年时间中，状态较为稳定。但是，在实时参考咨询系统中，咨询馆员和用户同服务器交互的时候，所有的控制信息都需要通过隐藏帧，隐藏帧同服务器交换的是 HITP 内容。隐藏帧的不断刷新和不稳定以及 HTTP 内容的庞大、带宽占用高都是需要改进的弱点。除此之外该系统在高效性、集成化、友好化、人性化服务方面尚缺乏很多。主要体现在：

（1）简单的基于协同浏览的交互方式已经不能满足用户对于参考咨询客户端的需求，缺乏多媒体支持的系统难以吸引用户的注意力，用户希望有更丰富更有交互性的体验和更灵活的咨询方式。

（2）目前的咨询服务仅仅限于咨询馆员与用户之间一对一的服务，而有限的参考咨询馆员数量以及有限的工作时间，不能使图书馆资源融入更好的服务体系中去。

（3）网络负担较重，服务器无法支撑较多数量的实时咨询同时进行。

（4）文字咨询的延迟和 Java Script 的不稳定都可能造成文字咨询的失败。

（5）协同浏览功能的不足很大程度上限制了实时咨询的服务能力，咨询馆员无法为用户展示有 IP 限制的网页。

（二）RIA 技术在数字参考咨询中的运用

1. RIA 全称 Rich Internet Application

RIA 即丰富网络应用程序，也叫网络丰富客户端。RIA 是集桌面应用程序的最佳用户界面功能、Web 应用程序的普及、快速、低成本发布和互动多媒体通信的即时快捷于一体的新一代网络应用程序。

这是一种安全、可升级、具有良好适应性的新的面向服务模型，这种模型由 Web 服务所驱动，结合了声音、视频和实时对话的综合通信技术，使 RIA 具有前所未有的客户上网体验。RIA 的"富"包含两个方面的内容，分别是数据模型的丰富和用户界面的丰富。数据模型的"富"指的是用户界面可以显示和处理复杂的数据模型，它可以操作客户端的计算和非同步的发送数据。相对于传统的 HTML 页面，这种模式的优点是可以充分利用客户端的计算资源，减少了服务器的计算压力，并且通过异步的发送接收数据，大大节省了网络带宽，平衡客户端和服务器端复杂的数据模型，可以让 Web 应用开发者有更大的空间去创建更高效和更具有交互性的网络应用程序。

用户界面的"富"指的是 RIA 可以全面提升用户界面的图像表现力，给用户以更佳的视觉享受。HTML 只给用户提供了很有限的界面控制元素，而 RIA 的用户界面更加灵活，开发者可以根据需求使用更加灵活的界面控制元素，这些控制元素可以很好地同数据模型相结合。传统的网络模型使用线性的设计，这种单一模式需要用户不断地向服务器发送请求并且不断刷新页面才能获取新数据。这种模型的缺点是显而易见的，页面打开缓慢，网络带宽浪费严重。而在数据模型和界面模型结合很好的 RIA 中，从前需要重新刷新网页的请求，转移到只需要刷新页面中的部分数据中来，网络带宽只需要用来传送所需要的数据，RIA 负责新的数据的显示和替换，在刷新数据请求时，用户可以同时进行浏览页面其他内容等活动，摆脱了传统的浏览方式，用户获得了更佳的用户体验。

2. RIA 技术的 Web 服务优势

RIA 的优势从上文的介绍中可以看出，RIA 可以弥补传统 Web 应用的性能、交互性和表现力不足等缺点，采用了 RIA 技术的 Web 服务，将会有以下优势：

（1）成本低，易于部署：RIA 可以继续使用现有的应用程序模型（包括 J2EE 和 .NET），因而无须大规模替换现有的 Web 应用程序。通过 Rich Client 技术，可以轻松构建更为直观、易于使用、反应更迅速并且可以脱机使用的应用程序。

（2）丰富的响应和交互性：RIA 将大多数的计算工作都留给客户端进行处理，这就减少了网络通信，加快了响应速度。当用户点击了一个按钮或者 URL，只有页面的部分内容开始进行异步式的重新载入，并不会影响用户当前的浏览，这就给用户一种连续性的视觉体验。

（3）丰富的用户界面：RIA 可以给用户提供桌面应用程序一般丰富的用户接口，包括图形、音频、视频和其他的可视化技术。

（4）泛在：利用因特网的泛在特性，任何人可以在任何时间、任何地点访问这些应用程序。

3. RIA 技术对实时参考咨询系统进行改造

利用 RIA 技术框架应对挑战，探究如何利用 RIA 的各种优势来弥补当前实时参考咨询系统的不足，并进行原型实现，为新一代实时参考咨询系统的设计与实现摸索出一条可行之路。笔者从以下几个方面来对实时参考咨询系统进行改造：

（1）提高稳定性：利用 Ajax 的开放框架来进行设计，可以很大程度上避免个人开发 JavaScript 的不稳定的弱点。

（2）提供多媒体支持：Applet 和 Flash 都具有处理实时流媒体的功能。通过利用 RIA 技术可以容易地实现基于网页的实时音频/视频功能。

（3）提高交互能力：RIA 的异步式数据交换能力可以实现真正的网页无刷新更新数据。而且网络只用于传输数据，降低了带宽占用，释放了服务器处理能力，从另一个方面增加了系统的交互能力。

（4）增加可扩展性：RIA 的开发方式都是模块化设计。采用 RIA 设计客户端，维护简单，可以更轻松地扩展加强后续功能。

（5）更好的用户体验：RIA 设计的界面同时具有强大的交互能力和漂亮的用户界面，为用户提供了更好的咨询体验。

在利用 RIA 进行加强之后，RIA 组件代替了原来隐藏帧的位置，成为同参考咨询服务器交互的部分。利用 RIA 同服务器进行交互，不需要刷新页面，而且交换数据格式为 XML，大大地节约了网络带宽，并且 RIA 具有数据处理能力，因此也可以节省服务器的计算资源。同时借助 RIA 强大的表现性能、响应性能，可以增加咨询馆员与用户的交互，更好地实现互动式的体验。通过使用流媒体代理服务器，RIA 可以实现基于 Web 页面的实时视频/音频信息交互。另外，RIA 强大的扩展性能也为咨询服务提供更大的发展空间。

四、实时数字咨询服务管理

（一）提高实时咨询意识，充分调动各方面的积极性

实时咨询服务的开展是网络环境下参考服务发展的必然方向和趋势，图书馆要充分调动领导、咨询馆员和用户的积极性。

领导要重视实时咨询服务，因为只有领导的充分重视，这项服务才能得到有效组织，并顺利开展；咨询馆员要有实时服务的意识并具有相应的能力，因为网络聊天是一种不同于以往的、效率非常高的服务方式，是一种高强度且富有挑战性的工作，它涉及馆员的计算机能力、反应能力、知识面的广博度等，而且咨询馆员是该项服务的重要参与者，只有当他们认识到实时服务的重要性及必要性时，才能提高工作效率，用户才能获得满意的服务；要培养和加强用户对实时咨询服务的认识，因为用户的需求是开展实时咨询服务的重要动力源泉，这项服务能否有效地开展往往要取决于用户是否真正认识到其潜在的价值。只有用户认识到它的价值，积极地参与其中，实时咨询才能真正搞好。

（二）借鉴国外的经验

经过不断发展和完善，国外已有比较成熟的实时咨询软件问世，并形成了较合理的工作模式及联合服务模式。在服务的技巧、人员的配备、培训以及服务时间的安排等各个方面也均有章可依。可以借鉴他们成功的经验，从较高的起点上去开发实时咨询软件，开展实时咨询服务。

（三）利用网络聊天软件

自从 1996 年 11 月 4 名以色列人向外界正式发布了全球第一个真正意义上以在网络上聊天交友为主的即时信息软件"I Seek You"ICQ 后，聊天软件逐渐风靡全球。现在的聊天软件已经超出了简单的文字聊天功能，它可以用来留言、传输文件，可以语音聊天，还可以实现视频聊天和传输音视频文件。聊天

软件已经从一个简单的聊天工具,变成一个多功能的通信平台。而且它在目前上网族中普及率几乎是100%,所以在不具备使用实时咨询软件的图书馆,可以用这些软件建立实时咨询平台。重要的是软件是免费的,可随时下载安装;软件提供了实时的文字交谈功能,可满足一些简单的咨询需求。但是,聊天软件不具备网页推送、同步浏览、咨询日志归档、提问转发等高级功能,因而只能是实时咨询服务的权宜之计。

(四)其他重视的问题

1. 重视软件的性能。实时咨询对软件的依赖性非常强,无论是购买、改造还是自行设计,都要把软件所能提供的服务、界面的友好性、对用户的方便性等作为重要的因素考虑进来。

2. 尽可能延长实时咨询的时间。国内外开展实时咨询的图书馆服务时间都比较短,国内的情况通常是2~4小时,国外有的图书馆开放时间超过8小时。实时咨询总是处于关闭状态,给用户带来不便,采取的策略可以是共同组建或参加联合服务,从而延长为用户服务的时间,甚至是全天24小时服务。

3. 将实时咨询与电子邮件表单结合起来。可将实时咨询的网页与电子邮件咨询的网页统一起来,在不能进行实时咨询时提供电子邮件咨询的功能。

4. 尽量消除实时咨询给用户带来的孤独感。异步焦虑是用于描述用户未连通网络时的感觉的一个词语,没有反馈或反馈延迟是造成用户咨询困难的根本原因。因此,以最快的速度接待用户并快速答复用户的咨询,对于消除用户的孤独和焦虑非常关键。

5. 创造人性化的交互氛围。实时咨询站点人性化的设计不但具有浓厚的学术气氛、体现庄重、淡雅的风格,而且更要有人性化的氛围,慎重使用一些苛刻或中性的用语,多使用些充满温馨的文字。如界面上的"用户须知"更正为"温馨提示";在软件中显示"图书馆员"显得非常冷酷和缺乏人情,建议使用"姓名"。这样用户感到亲切舒服,提高了用户服务的满意度,又增强了图书馆市场竞争能力。

第四节　合作数字参考咨询服务方式

电子邮件和实时参考咨询等服务方式的方便性很容易带来咨询请求量的急剧增加，而学科交叉、地域差异、语言类别、文化背景等的复杂性也带来了信息需求的繁杂和多样性，同时由于咨询人员数量和个人能力的限制，单个图书馆实际上很难满足用户各种各样的个性需求，同时也很难保证24/7的咨询时间，为了更好地满足全球所有用户的需求，因此出现了网络化的合作DRS。合作DRS是由多个图书馆团队组成的，它改原来单咨询台的DRS模式为基于小组、集团或联盟的运作模式，各成员间采用分布式多咨询台的合作咨询服务模式。

一、开展合作数字参考咨询服务的意义

图书馆依托合作化网络参考咨询服务来开展合作DRS，有利于发挥各合作系统的资源优势，打破时间和空间的界限，促进资源共享，提高图书馆的网络化资源的利用率，从而提高图书馆整体咨询服务的质量，树立图书馆咨询服务的品牌优势。在我国，通过实施合作DRS，可促使图书馆DRS工作在多方面与国际接轨并融入全球化的DRS合作网中，从合作参考咨询的制度、协议、标准、服务模式等多方面实现国际化，变被动服务为主动服务，实施从简单的数字资源咨询服务到基于知识层面的深度咨询服务。

（一）合作DRS打破了传统的馆际合作格局，不仅实现了信息资源共享，还实现了人力资源共享

在图书馆界，馆际合作由来已久，但仅局限于文献信息资源的共建共享方面。数字化的信息环境赋予了馆际合作新的内容和理念：利用网络远程传递和交互功能，合作数字参考咨询服务可以将各图书馆、咨询机构的信息资源和人力资源整合为一体，不受时间和空间的限制，为用户提供全方位的参考咨询服务，不仅信息资源可以共享，各图书馆和咨询机构的人力、设备等资源也可以共享。这样，信息咨询服务不再是传统的那种仅限于文献资源共建共享的单一运作模式，而是在合作共享的整体运作状态下运行的联合服务模式。

（二）合作 DRS 是信息市场发展的需要，不仅可以节约经费、提高咨询质量，还能增强各合作图书馆在信息市场中的竞争力，是图书馆信息服务发展的品牌优势

图书馆利用网络的优势走协作之路，共享各图书馆和咨询机构的信息、设备和人力资源，互补优劣，提高自身的咨询服务水平。任何一个图书馆的馆藏和学科结构都有所侧重，不可能面面俱到，将用户的问题提交给相关优势的图书馆专家来解答，既能满足用户的需求，又能合理地利用各合作馆的人力和物力资源的优势，从而避免了资源的重复建设，减轻了合作各方在服务时间和经费上的负担。同时，由于各成员馆间相互遵循同一服务协议和质量要求，不断地交流和改进服务策略，形成良好的合作效应，树立咨询服务的优质形象，从而使各合作方在信息市场中保持良好的竞争优势。

二、合作数字参考咨询的含义

（一）合作 DRS 的主要特征是分布性

从本质上说，这种分布性体现在两个方面：（1）用户是分布的：无论用户是哪一个图书馆的用户，只要他是合作网络中某一个图书馆的合法用户，他就有权得到合作网络中任何一个图书馆提供的咨询服务。（2）咨询馆员是分布的：在合作网络咨询服务中，咨询馆员在家中还是在办公室中都是无关紧要的，只要他能够上网解答分派给他的用户的提问。

（二）合作式咨询服务

由两个或更多个图书馆团队联合展开，改变原来单咨询台数字参考的咨询模式为基于联盟的运作模式，各成员间采用集中与分布相结合的合作咨询服务。集中式体现在所有资源在用户眼中都是集中的，并集中在一个统一的咨询平台上。

分布式体现在所有资源实际上是分布在不同的地区、不同图书馆的不同数据库中。

合作数字参考咨询应有全国图书馆数字参考咨询服务体系的支撑，仿效中国高等教育文献保障系统的建设，建立以中心咨询网站为全国中心，以各地区咨询网站为地区中心，所有拥有网上咨询的图书馆咨询台为会员的全国咨询服务体系。中心咨询网站由中国国家图书馆负责建立与维护，地区咨询网站由各

地区内实力强大的图书馆联合建立。参加的图书馆都要遵守统一的合作协议，并在全国各大图书馆和群众的监督下，尽量减少咨询过程中发生道德风险的可能性，保证全国数字参考咨询的质量。

三、合作数字参考咨询服务模式比较

（一）合作 DRS 模式的类型

DRS 项目大致可以分为三种模式：垂直分层模式、平行模式以及混合这两种模式的混合多元模式。

1. 垂直分层模式

在这种模式中，合作咨询服务活动包括两个层级：即用户与本地图书馆的交互；本地图书馆与合作咨询组织的交互。其特点是终端用户所有的问题提交和答案传递都必须通过本地图书馆实现，用户不能直接实现与合作咨询组织的交互活动。该模式的核心是问答系统以及与其他成员的合作任务分配系统。如国家科学数字图书馆网络参考咨询服务系统。

2. 平行模式

这种咨询服务模式是在分布式的网络咨询环境中，用户通过合作咨询组织的统一用户界面提问，然后提问被依据一定的原则分配给各成员馆或专家进行解答。各成员馆或专家根据本馆馆藏和可以获得的其他信息资源解答用户的提问，各成员馆和专家之间通过各种协作方式感知其他成员或专家的信息，在网络带宽允许的情况下，也可以进行音频视频等实时交互。这种模式中，中心机构（或管理中心）的作用较弱，实质是一种"用户—图书馆"或"用户—专家"的咨询服务模式，成员之间完全靠自愿和自觉组织起来提供合作咨询服务。如网上联合知识导航站。

3. 多元混合模式

这种服务结构体系总体上属于直接面对最终用户的服务模式，即用户既可以向中心馆（管理中心）提问，由中心的咨询员给予解答，也可以向参与其中的成员机构提问，由成员机构的咨询员给予解答。因此，从这个意义上来说中心机构和成员馆之间并非垂直分层关系，而是分布式的联盟，因而属于一种平行结构。如果某个成员机构回答不了用户的提问，则由管理中心依据特定的原则将用户引导至适合解答该问题的成员机构；如果所有的成员馆都回答不了该问题，则由管理中心的专家对该问题提出建议或指引。

（二）合作数字参考咨询服务模式比较分析

平行模式与垂直分层模式虽然都是以自愿加入为前提，但是加入联盟之后的管理方式有着明显的差别。平行的联盟模式是分散的，是全凭各成员馆自觉维系的合作组织，平时咨询或轮流值班缺少具体的要求，也无严格的习惯准则。而垂直分层模式是紧密的，各成员馆必须按照服务协议从事咨询工作，从提问/问答的参考馆员的资格到咨询馆员的不同类型的权利义务的划分，到具体管理的规定，都体现出泾渭分明、权责明晰的科学管理思想。平行模式与垂直分层模式虽然都是通过表单方式进行提问，但是，前者的用户一般不能选择，只能由值班馆或成员馆负责当日问题的接受和回答，而后者由调度系统自动进行科学分派，将用户问题提交给最有权威性的回答该问题的专家，从而能使用户的提问得到最高质量、最及时的回答。平行模式与垂直分层模式虽然都是合作咨询，但是，前者是相当于把某一个区域内的 DRS 集成在一个平行的网络平台上，为用户提供了一个信息渠道；

后者则是一个分布的垂直分层的联合体，以社会分工协作的理念，增加参考咨询的能力，进一步充分发挥每个咨询馆员的特长和能力，同时也减轻了长期以来咨询馆员身上的重负。多元混合模式则较好地融合了垂直分层模式和平行模式的优点，既有效实施了对成员机构的管理与协调功能，又便于各成员机构之间的相互学习与沟通；各成员机构之间既体现了独立的特点，又发挥了分布合作的优势。但并不等于说多元化服务模式是实施合作 DRS 的最佳模式。实施合作咨询服务，需要根据各自的实际情况和实践水平、综合考虑各方面的影响因素，来选择和创建最适合自身运行的服务模式。

平行模式容易组织，比较适宜于小范围的区域性合作，而垂直分层模式及多元混合模式集中管理，比较适宜于全国性乃至全球性大范围区域的合作。如：将中国科学院的国家科学数字图书馆参考咨询台系统、CALIS 分布式联合 DRS 系统等取长补短，在同一主管部门的领导、组织、管理、协调之下，尽快开发出功能较强、适应国情、适用、先进、多元混合模式的 DRS 系统。先进的、多元混合模式的 DRS 系统，有利于提高合作体的管理层次，充分发挥出各合作成员机构中的人才优势、专业优势、资源优势，最大程度地避免各自的劣势，从而为用户提高咨询质量，使合作体的合作服务与国外接轨。

四、合作数字参考咨询模型的优化技术

（一）实时交互技术

目前实时交互式参考服务在技术上已经相当成熟，主要采用的是聊天室、网络白板、网络会议、网络呼叫中心等。该系统利用在电子商务中非常流行的网络客户呼叫中心软件，向用户提供实时的和基于合作的咨询服务。该软件可装载在图书馆服务器或第三方服务器上，作为链点嵌入图书馆主页，用户和咨询人员均通过具备 Java 功能的标准浏览器进入系统。整个系统集成了电子邮件、聊天室、电话和网络会议功能，并将它们与网页推送技术和共同浏览技术相结合，前者允许图书馆员把一个页面推送给用户，后者是图书馆员可以和异地用户一起浏览页面，这大大提高了实时参考的交互功能。可以说，在实时咨询软件中，VRT 是功能最完备、专业性最强的软件。实时参考咨询在组织、人员培训、管理、经济支撑、信息安全（如应用共享允许咨询员远程控制和操作用户的计算机）以及信息基础设施（带宽）等方面还受许多条件的制约，处于摸索阶段，这也是实时参考咨询服务只能在本地（本馆）或较小的区域范围内进行，大型的、跨地区的合作参考咨询服务却很难实施的原因。

（二）PUSH 技术

Push 技术就是通过软件工具，在互联网上自动搜索用户所需的信息，并将这些信息主动传送到用户电脑上的技术。由于任何系统都不能将所有的内容放在一个页面，又由于用户往往只停留在自己需要的操作页面，而且有时候用户也不一定知道有哪些咨询服务项目，所以有必要以服务推送的方式将隐藏在系统复杂结构里（或其他系统里）的丰富资源、工具、服务等介绍给用户。

（三）人工智能与智能代理技术

在参考咨询工作中，专业知识、知识表示以及运用知识的推理是解决问题的核心，而不断地学习获取知识和提高解决问题的能力是关键。体现在人工智能上就是一方面通过机器的归纳、分析、类比和对规则的搜寻实现知识发展，实现机器学习；另一方面是知识工程，即专家系统，包含知识库和推理机制。即将知识以一定的结构存入，进行知识管理，实现知识共享，从而能够解决某一个专业领域的相关问题。另外分布式人工智能也必将以机器学习和知识系统的发展为基础在参考咨询工作中得到更加广泛的应用。基于 DAI 合作参考咨

系统的实现大致可以分为两种方式：同一个问题分配到多个参考咨询机构（专家系统）共同回答，结果整理后返回读者；通过自主的智能 Agenl 之间的协调，将问题分解后提交不同的参考咨询机构，然后将结果整理后返回读者。

咨询智能代理应该具有以下功能：①这些智能代理能够理解用户的提问，具有自然语言理解能力，可以从用户的提问中抽取关键词；②这些智能代理利用虚拟咨询系统的知识库，通过信息检索技术（尤其是向量空间模型）和相似性比较技术从知识库检索相关信息；③咨询智能代理可以与某些搜索引擎建立链接，向搜索引擎输入关键词，并通过一定的收集和过滤手段来获得检索结果，在虚拟环境下，咨询智能代理的使用具有以下优点：①它们能对以前由人或智能软件产生的知识进行重新利用，而不必重复劳动；②咨询智能代理可以避免咨询答案的模糊性；③咨询智能代理在用户的检索过程中可以为用户提供有用的信息源；④用户的信息需求可以马上得到解答，即使咨询馆员不在时；⑤用户可以将既费时又费力地查找相关信息的工作交给智能代理去做；⑥咨询智能代理是网上合作参考咨询必不可少的元素。

（四）本体

本体是开发语义 Web 的关键所在，它能够提供基于机器可处理的数据语义，由此智能代理可应用这些元数据进行启发式的自动化信息访问。由于关键词在表达用户需求时会产生歧义，这就降低了咨询智能代理工作的准确性。这是由于传统的信息检索方式都是基于关键词查询的，所以我们必须保证关键词正确地表达了用户的信息要求。

五、合作数字参考咨询服务的优势和不足

（一）合作数字参考咨询的优势

（1）开放时间上，更加适应用户的需要。合作参考咨询可以充分利用各参加馆的人力，合理地分配人员，延长提供咨询服务的时间。由于图书馆是分布的，在良好的网络环境下，所有参与咨询的人员就完全可能打破地域的限制，实现联合的咨询服务。如果是时区不同，还有可能提供 24 小时全天候的服务，实现用户期待的随时服务。

（2）经费上，由于规模经济的作用可在不同图书馆之间分配成本，从而带来经费上的节省。体现在可以团购咨询软件，获得相对低廉的价格，可以相

应节省人员的开支，降低宣传推广、人员培训的单位成本。特别是小型图书馆，既没有软件开发的技术条件，又没有足够的经费用于购买软件及维护费用，参与合作参考咨询应该是明智的。

（3）专业知识上，形成不同学科、不同专业领域互补的局面。没有一个图书馆的馆藏和咨询馆员结构是完善的，总是各有侧重。将用户的问题提交给最适合回答这个问题的图书馆和咨询馆员，既圆满地解决了用户的要求，也充分发挥了图书馆和参考咨询馆员的优势，两全其美。

（4）服务上，有利于带动成员馆共同提高服务水平。由于各成员馆遵循同样的服务协议和服务质量要求，就会形成整体效应，形成集团优势，扩大服务的影响，树立咨询服务的良好的形象。同时，图书馆之间可形成协同作战的思想，更多地进行业务交流，探讨改进服务的策略。

（二）合作数字参考咨询的不足

合作 DRS 无疑是一种美好的理想，但其实施过程也还存在一定的困难。这些困难包括软件要求上具有问题转发和分配的功能，技术上的处理更为复杂。在组织方面也将变得更为困难。国外有人对合作咨询提出批评，Steve Cofrman 发表一篇题为"协作数字咨询怎么了"的文章，指出了提供协作咨询服务的系统出现的几个方面的问题。文章并没有说协作咨询不好，而是指出各种潜在的问题。文章认为，协作咨询还有一系列的问题没有解决。

六、合作数字参考咨询服务管理

（一）加强政策引导及管理创新

比较成功的是 CALIS 资源与服务的整合方案是以中国高等教育数字图书馆为核心，成员馆充分合作，遵守共同标准，构建知识组织体系及服务体系，分层次、多阶段地将不同类型的资源与服务整体有序地组织起来，以最优化手段对用户服务。但国内合作式 DRS 大部分仍处于浅层次、各自为政、范围狭窄，没有形成一个真正意义上（知识性参考咨询服务体系）的全国型合作式数字参考咨询系统。需要由中国图书馆学会与国家图书馆对系统建设有一个整体规划，协调相应各级学会与图书馆，建立具有中国特色的 DRS 联合体，并积极参与国际的 DRS 合作。管理创新表现在：（1）服务管理。包括服务运行模式、服务机制（服务范围、用户范围、服务职责与分工等）、服务质量（服务时间、响应速度、问答记录质量、服务用语等）。（2）组织机构。相应的管理协调机构、质量控制机构、咨询专家组织等。（3）人员管理。咨询馆员的素质要求、培训、分级认证制度等。（4）隐私与版权保护制度。

（二）拓展合作式数字参考咨询服务的功能

（1）传统协作式咨询系统和数字合作咨询系统有机结合。传统协作式咨询系统包括利用电子百科全书、词典、手册、名录等参考工具和相关资源进行解答咨询，数字合作咨询系统则利用电子信箱，图书馆常见问题的解答，网上联合答疑，不同文献信息类型、不同学科、不同站点的网络信息的联合导航，网上联合咨询培训知识等形式解答用户的咨询。用户的提问可以由CDRS咨询中心对传统咨询部分和网络咨询部分进行任务接受分配和组织协调，并分别将咨询答案返回用户。

（2）咨询服务方式多样性。合作式数字参考咨询服务多是以电子邮件方式提供咨询服务。①异步（延时）咨询。用户可以直接在用户服务系统界面上提交问题，问题提交后，系统自动检索寻找相似答案，如有记录，则直接反馈给用户；如没有，则提交管理员分配咨询馆员进行解答。系统为用户设置了两种表单咨询模式：简单模式和详细模式。②E-mail咨询。在各级咨询系统页面上，公布本站点专用咨询E-mail信箱地址，用户无须登录咨询网站，通过点击打开一个用户的E-mail程序，便可直接通过E-mail信箱向各级咨询系统提问。③专家咨询。在各级咨询系统主页上，提供本站点所有咨询馆员的列表，用户可以选择其中的任一位，通过表单咨询系统或E-mail系统，将问题直接发给所选咨询馆员。④同步（实时）咨询。实时咨询主要有两大功能：一是基于文本交互的咨询系统，采用Web Chat聊天技术，参考馆员和读者可以通过浏览器进行文本交互；二是基于Web协同浏览，采用Page Pushing推送页面技术，咨询过程中，咨询馆可以在自己的机器上演示相关操作，并将这些过程"推送"到用户的界面上，帮助用户查找信息，使用各种数据库。⑤Q/A和FAQ检索。各级咨询系统提供用户本站点或整个系统Q/A和FAQ检索功能。用户可以检索允许公开发布的Q/A，检索方式采用全文检索，选项包括问题标题、问题内容、答案内容、分类号等。

（三）加大图书馆效益分析及合理的补偿机制研究

开展数字参考咨询必须投入一定的人力、物力和财力，需要提供各方面的保证措施。臧国全博士在《实时型网上参考咨询的效用分析》一文中，关于国外图书馆业已详细论述。即实时型数字参考咨询用户数量少，成本高昂。我们对于国内实时型数字参考咨询项目应慎重决策。图书馆在设计数字参考咨询台时应进行认真细致的成本和效益分析，对不同的投入部分及方式区别对待，以确定最佳的投入组合，最大程度降低成本。用户是数字参考咨询服务的基本角色，也是图书馆效益的最终体现者，失去了用户，数字参考咨询服务效率无从谈起。因此要在个别成功案例的基础上，逐渐推广，而不是急于贴标签，这需要从项目的调研、论证与试验等方面认真考虑。如上海市图书馆的网上联合知识导航站充其量也只是整合地区性资源，是少数咨询专家的简单合作，真正实施合作式数字参考咨询服务无论在技术条件还是在合作管理机制等方面还差甚远。建立一套方案合理、功能完备的 CDRS 系统，应有相应的规范和相关质量标准，建立多馆协作机制，完善专家合作与费用补偿机制等，这些都是发展合作式数字参考咨询服务的基础性工作。多馆协作机制的核心要求是充分开发利用资源，利益均衡，责任共担。每个成员馆都按责任和义务完成由咨询请求管理器分配的咨询；负责为知识库编辑数据记录，将问题和答案加工整理后录入知识库；可以对等使用各馆的专家资源。此外，除了加入该项服务时需交纳一次性启动费，其运转所需费用应由各成员馆共同承担外，由于各合作馆馆藏资源以及专家等方面的差异，费用补偿机制也是不可忽视的问题，有待制定解决的良策。

（四）强化合作式数字参考咨询的后台服务支持

后台服务支持包括系统软件、知识库的建设和共享、质量控制和评价、相关标准等。

系统软件主要是指主动发布信息技术。包括主动采集用户信息技术、对每个用户的每次提问和专家的解答自动入库技术以及异构数据库的互访和集成技术等。另外，提高网络运行速度，优化计算机配置和网络设施，选择稳定的基于 Web 界面的跨平台操作系统，以及图书馆硬件设施的相关标准化与协议技术也很重要。问答知识库是由若干组经过核实、标引、编辑的问答记录所组成的可供检索的数据库，知识库可为用户和咨询专家提供答案检索服务。知识库数据收录规则和各类数据著录标准，包括问题/答案著录规则、专家数据、成员馆数据著录规则等。全体成员馆院共享，由本地管理员管理本地知识库。完善咨询质量控制和评价，制定科学合理的系统评价方案和服务质量评分细则，明确规定服务质量评估范围与原则、质量评估程序与方法、指标体系及操作方法。这将对规范咨询服务过程，保证用户获得高质量、高效率服务，提升服务水平起到促进作用。相关标准包括系统标准、数据著录标准、服务规范等。

第四章 高校图书馆数字参考咨询服务平台的构建

第一节 数字参考咨询服务平台的原理

随着网络技术的发展，现代图书馆不断发现新的机遇，同时也面临着前所未有的严峻挑战。网络环境不但改变了图书馆多年来传统的收藏、使用和服务模式，而且打破了图书馆之间彼此独立、封闭的状态。集成服务——这一建立在网络环境下的基于用户需求、信息资源变化及信息技术发展三位一体的信息服务方式必将成为图书馆信息服务的发展趋势。

一、数字参考咨询服务平台的提出

现代用户信息需求需要集成化服务。目前，以网络为中心的计算机技术、通信技术、信息存储技术的相互渗透、连接，已形成全方位的信息服务网络。用户对信息的需求也不再是一种单一的形式，而往往是通过不同的途径来满足。用户关心的不再是获取信息的过程，而是获取的结果；他们往往要求图书馆能够围绕他们关心的信息提供一系列信息资料，而这种信息本身就是信息的集成，可能是纸质的，也可能是虚拟的、网上的。因此，能否提供用户所需的全方位信息逐渐成为评价图书馆的标准。信息资源分布的分散性和信息技术利用的分离状态使图书馆的重要作用凸显，图书馆集成化服务恰好可以按个性客观需求在网络环境下集中获取所需信息。

信息资源多样性需要集成化服务。信息资源多样性首先表现在载体上，图书馆馆藏资源的概念已不仅仅是纸质印刷品，还包括电子文献、光盘数据库、网络数据库等。其次是信息资料来源的多样性，网络的便利条件使用户所需的信息资料的来源不再局限于用户所在的图书馆提供的相关信息，而是呈现出多种态势。通过网络，可将服务延伸至其他图书馆、教育机构、学术机构等一系列实体。图书馆利用网络进行服务的广义概念就要求图书馆在为用户提供信息来源时也应该是多渠道的。这就需要通过馆际互借、文献传递、电子化文献网上获取等，将多种来源的信息资料集成后提供给用户。

信息技术的发展决定了集成服务的提出。虽然我国总体上信息自动化程度还相对较低，但近年来互联网的迅猛发展，带动和促进了许多本身就具有智能和集成性质的新技术相继出现。例如：利用采集服务器通过全息集成镜像的方式，把多个被选中的目标站点的所有可以访问的信息，以一种保持原有结构的方式采集到本地或本馆局域网中的信息转播技术；为用户提供良好查询机制，既可以使用户快捷地找到本专业的二次信息，还可以查询一次信息的指引库等。这些新的信息技术在图书馆得到逐步的推广和应用，为图书馆的信息服务，尤其是数字参考咨询提供了良好的服务平台。

二、数字参考咨询服务平台的定义

数字参考咨询服务是信息提供者和信息需求者双方之间以互联网为基础，按一定的协议或标准进行的信息交流活动。数字参考咨询关键要解决四个问题：一是沟通，即利用一切可用的技术和方法，强化人与人的交流；二是合作，团队作用能更有效地达成共识和获得支持；三是知识管理，主要是专家知识信息和图书馆的专业信息、用户信息、咨询提问和答案知识点、跟踪处理记录信息；四是标准，有序的参考咨询服务需要政策、协议、制度等规范服务行为。

数字参考咨询服务平台就是将图书馆参考咨询服务活动集成到一个信息管理平台之上，并以统一交互的界面提供给咨询馆员和用户，使图书馆可以快速建立参考馆员对用户进行参考咨询服务的接口，建立咨询馆员、用户与信息资源的链接，实现参考咨询服务网上管理，拓宽咨询服务的时空范围，以有利于获得咨询服务的最大效率。

数字参考咨询服务平台基本内容是利用现代信息技术、网络技术作为咨询服务工作的技术支撑，其基本要素包括计算机硬件和软件、根据咨询服务需求研制或购买的咨询服务系统应用软件、数字参考信息工具和信息源、咨询馆员和用户。数字参考咨询服务系统的工作内容包括系统规划、网络基础设施建设、系统软件的选择和购买、系统运作和实施、系统运行和维护、系统利用统计和评估。

三、数字参考咨询服务平台的作用

数字参考咨询服务平台是参考咨询服务工作网上业务的技术支撑,它使参考咨询服务突破了时空限制,实现了即时、高效、快速。

1. 统一咨询服务渠道

参考咨询服务一直是多途径服务,这就造成用户很难获得自己需要的服务。数字参考咨询服务平台可以把传统的阵地咨询服务和数字参考服务统一起来,可以把用户咨询问题、咨询馆员回答问题和参考工具资源链接起来,可以把异地的用户咨询需求、协作的咨询馆员和其他部门的信息资源协同交互,在一个相对集中的咨询服务平台上为用户开展更为广泛的咨询服务。

2. 开展不间断的参考咨询服务

参考咨询服务经常由于有限的开放时间,而限制了许多用户需要信息帮助的请求。数字参考咨询服务系统是 24/7 服务方式,咨询馆员轮流值班服务,实现了不间断的参考咨询服务。

3. 建立强大的信息内容管理

参考咨询服务需要丰富的信息内容为基础,但由于各馆经费和人力有限,很难满足用户提出的各种咨询问题。利用数字参考咨询服务平台不仅可以管理本部门信息资源,同时利用各种通用引擎和自建学科专业引擎,还可以检索本地区和国家的信息资源,当然也可以检索因特网上丰富的信息内容。

4. 实现个性化的应用服务

用户需求是多样的,数字参考咨询服务平台可以利用一些软件工具帮助实现个性化服务。利用定制服务机制,由用户自定义需要的信息资源类别、期刊、关键词、时间区间、语言等,系统按用户定义的需求从信息资源数据库中提取、归类信息,传递给需要的用户。同时还有根据用户科研需要,定期从新到的信息资源库过滤、选择适当的信息推送到用户邮箱里的信息推荐服务。

5. 与其他相关系统的集成

信息咨询服务是图书馆的服务窗口,在服务过程中,经常会与图书馆其他系统发生关系。早期的系统是利用关闭咨询系统，然后进入其他系统，现在可利用网络平台，直接与图书馆其他系统建立超链接或者集成，一次访问就可以解决多种用户信息需求。

6. 与其他咨询服务系统的协作和共享

任何一个咨询服务部门都很难解答所有咨询请求，常常会出现拒答现象。利用数字参考咨询服务平台可以共享同行帮助，与其他图书馆咨询部门建立协作关系，利用协同工作平台实现咨询请求和咨询答案的交流。

第二节　数字参考咨询服务平台的设计

一、数字参考咨询服务对平台的要求

数字参考咨询服务在网络环境下运行，要求咨询服务必须在任何时间、任何地方都能够利用。用户要求能随时咨询问题，访问时有合理的反应时间；能快速浏览常见问题，通过检索得到预期的结果；能便利地进入数据库信息查询链接，查出需要的信息；当遇到问题时，能有联机帮助、在线学习和咨询馆员指导。咨询馆员要求在数据库中增加资源描述时有合理的反应时间，回答用户的咨询问题时能链接相关的数据库信息和相关的电子工具。咨询服务管理者要求了解咨询服务工作情况，要求在合理的成本条件下运行，包括最初建立咨询服务系统的成本和运行咨询服务系统所需的硬件和软件支持费用。

要求目标：

（1）可靠性。要保证咨询服务系统运行正常，包括网络畅通、服务器和工作站可工作、软件模块可利用、用户日志记录清楚。咨询服务应该是安全的，即使在黑客攻击或磁盘发生故障或安全被破坏时也不会丢失资料。

（2）功能性。在咨询服务系统中，系统、资源和人的链接畅通，以保证信息咨询服务工作正常运作。有责任感的咨询服务是可以做到咨询、浏览、检索和管理的统一而不会延误用户的咨询问题，也不会影响新的信息资源更新和检索的。

（3）高效性。为更广泛的用户提供更多的资料和服务，最大化地利用可

利用的资源，包括利用的设备资源、网络资源和人力资源。本地咨询服务系统集成度高，与其他相关系统协作性强。

（4）可升级性。信息技术和网络技术发展很快，经常由于新技术发展带来参考系统滞后，系统规划和设计时应考虑到系统发展问题。升级服务可以解决用户数量的增长问题，并增加数据库大小和数量，拓展新的咨询服务项目。

二、系统总体框架

数字参考咨询服务平台的前端是用户群、咨询馆员和学科专家；中端是咨询服务系统，一般由系统表示层、功能层、资源层三层组成；后端是信息基础设施，包括网络设备群、网络信息通信、局域网和广域网。

咨询服务系统的模型：

1. 表示层

用户和咨询馆员的交互平台、咨询馆员之间的协作平台。

用户信息管理——用户登记、认证、收费、统计。

服务平台——电子表格、常见问题、询问馆员、文献传递、参考工具、学科门户。

电子学习——网上教室、数据库指南、联机帮助、网上辅导。

表示层主要是用户提出咨询请求，咨询馆员与用户或与咨询馆员之间的交流和协作，解决咨询问题，首先进行用户登记和身份验证，然后进行咨询问题提交，根据用户不同的需要，可以选择进入常见问题、电子表格、咨询馆员、文献传递、参考工具链接、学科门户服务等工作模块。

2. 功能层

问答知识库、专家库、咨询馆员库、日志管理库；咨询请求提交、分发、回答、传递、发布、存储。

功能层主要是各种参考数据管理，对所有参考工作流程进行控制。参考数据管理功能包括数据采集、标引、整理、发布、链接、统计；参考工作控制管理包括电子表格、常见问题、询问馆员、文献传递、参考工具、学科门户等功能模块的管理。

3. 资源层

本地资源——数据库、电子期刊、电子图书、电子工具书；网络资源——Web 资源、学科导航、学科门户、检索引擎。资源层主要是咨询数据源和咨询管理数据。咨询数据源包括书目、索引、文摘、手册、百科全书、词典、网络引擎、信息门户等，咨询管理数据包括用户信息、咨询馆员信息、合作单位信息、专家信息、咨询资源、咨询工作数据。

三、系统功能

数字参考咨询服务平台的系统功能主要有：

常见问题咨询服务实现咨询问题和答案人工采集、自动转换、文本编辑、检索标引、选择发布、保护隐私功能。

电子邮件咨询服务实现用户咨询请求登录、咨询馆员处理、咨询处理工作记录。

实时互动咨询服务实现及时上线、同步浏览、协同交流、交流历史记录、查询、编辑、入库。

文献传递服务实现文献传递政策发布、文献传递的登录、工作人员处理、文献传递工作记录。

网上用户教育实现用户教育计划发布、数据库指南、各类文献信息查找指南、联机帮助、课程点播、同步授课、交互辅导、作业管理、意见反馈。

参考工具源实现信息资源的采集、标引、转换、归类、链接、存储、发布、检索。

用户管理实现用户登录、认证、计费、统计。

咨询系统管理实现系统权限管理、运行管理、数据维护、日志管理、用户管理。

四、关键技术

数字参考咨询服务系统涉及计算机技术、网络技术、数据库技术和通信技术。其主要技术包括：Web 技术、引擎技术、内容管理技术、聊天技术、呼叫中心技术、远程会议技术和客户关系管理技术。

1. Web 技术

Web 技术是数字参考咨询服务系统支撑的主体技术。Web 技术包括 Web 浏览器、Web 服务器、Internet 协议等。其中 Web 客户机是客户端的浏览器，是 Web 服务器的前端；Web 服务器是多媒体资源存放的主机，是客户机的后台支撑。Web 客户机和 Web 服务器通过 HTML、XML 文件方式传递。中间件可以调用 Web 服务器中的数据库和其他应用程序，常用的中间件有 CGI（公共网关接口）、Web API（服务器应用编程接口）、JDBC（Java 数据库连接）。WWW Web Service 服务是 SOAP 协议在 WWW 网络协议下的应用。该服务方式通过使用 WS-DL、DIS-CO（Discovery）和 UDDI（Universal Description Discovery and Integration）标准，使服务客户可以使用客户端应用程序，通过 HTTP 协议访问信息内容。Web 通信的基本原理是：由浏览器向 Web 服务器发出 HTTP 请求，Web 服务器接到请求后进行相应的处理，将处理结果以 HTML，XML 文件的形式返回给浏览器，客户浏览器对其进行解释并显示给用户。而 Web 服务器要与数据库服务器交互，则必须通过中间件才能实现。Web 技术的成功在于它制定了一套标准的、易为人们掌握的超文本开发语言 HTML 和 XML、信息资源统一定位格式 URL 和超文本传送通信协议 HTTP。

2. 搜索引擎技术

搜索引擎技术是数字参考咨询服务工作过程中经常要利用的网络咨询主要工具。搜索引擎技术是由信息抽取系统和用户界面组成。在信息抽取系统中，由网络机器人获取互联网页面，经文本分析处理（通常为提取索引项、自动摘要、自动文件分类等）后建立索引库，系统利用文件相似性算法来完成相关文件的查找。搜索引擎通过用户界面接受用户的查询要求，按照特定的算法在事先建立的索引库中查找出满足用户要求的数据集合，经排序后返回给用户搜索结果，通常包含所查找出的文章的标题、简介（可以是在摘要、文本开头部分的文字、出现所查关键字的句子等）、文件创建日期、文件所在网站的链接等信息。按照习惯上的分类方法，搜索引擎可以分为索引搜索和网站目录搜索两种。目前大多数引擎实现了两者的结合，既可以进行网页级的搜索，也可以按照某一类别进行搜索。同时，也出现了多种新的搜索服务，比如产品搜索、新闻搜索、多媒体信息搜索等。

3. 内容管理技术

内容管理技术是管理咨询服务所有信息内容数据和工作运行数据的平台。

在咨询服务系统中有两类内容管理技术,一类是数据库技术,另一类是内容管理技术。

数据库技术主要研究如何存储、使用和管理数据,已成为咨询信息系统和应用系统开发的主要技术。它已由第一代的层次型和网络型数据库、第二代的关系型数据库发展到第三代数据库——面向对象的模型数据库。数据库技术与相关技术的有机结合,形成了知识库、工程数据库、模型数据库、演绎数据库、时态数据库、统计数据库、空间数据库、并行数据库和科学文献数据库等,它们都是用特定技术领域知识,通过数据库技术实现对特定数据对象的计算机管理,并实现对被管理数据对象的操作。数据库技术和网络通信技术、面向对象编程技术、并行计算机技术、人工智能技术相互融合、相互渗透,促进了数据库技术的发展和广泛应用,出现了对象关系数据库(ORDB)、数据仓库(DW)、实时数据库(RTDB)、Web数据库(Web-DB)、非结构化数据库。

内容管理就是要解决对信息的分析、过滤、阅读权限、内容安全等多方面问题,实现从内容采集、创建、传递到内容分析等整个产业价值链的完全整合。许多数据库软件纷纷推出内容管理系统,如 TRS 推出网上内容管理系统。随着多媒体信息的增加,多媒体咨询服务系统出现,需要数字内容管理技术。数字内容是指视频、音频、图像及文本在内的各种媒体资料。为了能够在任何时间、任何地点、采用任何格式递送到任何地方,数字内容管理技术应运而生。IBM 公司提出"数字媒体工厂"是将技术统一起来的开放式框架,包含了 IBM 的 DB2 数据库、中间件、IntelliStation 工作站、eServer 服务器、企业存储设备以及内容管理和发布软件,并配合 IBM 服务咨询支持。

4. 聊天技术

聊天技术是网上实时互动咨询服务的主要实现技术。聊天服务系统是基于客户机/服务器模式,可在网络中用的聊天服务软件。客户端将数据发送至服务器,并从服务器接收相应的数据。由服务器决定接收数据或拒绝接收,并将数据传送至目标客户机。服务器与客户都支持面向连接的 TCP 协议与无连接的 UDP 协议。聊天服务系统运行平台是 Windows XP 或 Windows2000,所使用的开发语言是 Visual C++(也有少部分用 DelPhi5 实现)。通常把这种软件技术分为两类:IRC(Internet Relay Chat)和 Web-basedchat。目前数字参考咨询服务系统商业站点占据主导地位的主要有 LSSI、Docutek 和 24/7 等。

5. 呼叫中心技术

呼叫中心是数字参考咨询服务系统选择与用户交流的技术平台之一。信息时代的呼叫中心是采用 CTI 技术（Computer Telecommunication Integration）的新一代客户服务系统，其不同于传统电话中心之处在于将计算机的信息处理功能、数字程控交换机的电话接入和智能分配、自动语音处理技术、Internet 技术、网络组网技术与实际业务系统紧密结合在一起，充分利用先进技术，为用户提供更亲切、周到、快捷、功能强大的服务。

现代呼叫中心系统主要是由 PBX 交换机、CTI 服务器、IVR 设备、应用数据库服务器、坐席系统等硬件设备和系统应用软件组成。它以电话服务为主要服务方式，结合计算机信息系统的资料数据，为客户提供全方位的服务。它将组织内分属各职能部门为用户提供的服务，集中在一个统一的对外联系"窗口"，最终实现一个电话解决用户所有问题的目标。呼叫中心为参考咨询服务提供智能路由选择、电话外拨、预计用户等待时间、屏幕弹出、呼叫和数据同步转移等先进功能，让用户感受到高质量的服务；同时，服务中心还提供业务统计和呼叫统计分析等功能，帮助实现用户智能和决策分析。如 eGain Internet 的 Web 呼叫中心系统为美国 24/7 地区联合参考服务项目的成员馆——南加利福尼亚州的公共图书馆和大学图书馆所使用。

6. 远程会议技术

远程会议技术是数字参考咨询服务系统选择与用户交流的技术平台之一。远程会议技术基于 PC 和 Internet 的软件视频会议系统。远程视频会议系统是视频会议技术与流媒体技术相结合的多媒体综合服务平台，它可向用户提供视频会议、数据协作、远程培训、产品发布和电子商务等个性化、全球化的综合商务活动服务，配置在笔记本电脑上可实现真正的移动商务交流。视频会议系统主要由会议服务器、会议客户机、会议管理系统和用户数据库组成。系统实现需要配置一台装有视频会议软件的服务器，并且拥有公共的 IP 地址，同时还可位于防火墙之后，用户通过运行 PC 机上的视频会议系统客户端软件参与视频会议。

7. 客户关系管理技术

客户关系管理技术是数字参考咨询服务系统选择与用户交流的技术平台之一。客户关系管理的目标是通过管理与客户间的互动，提高客户价值、客户满意度、客户忠诚度，并发现市场和销售渠道，发现新的客户，提高客户利润贡献率，最终实现企业的社会效益和经济效益的提高。数字参考咨询服务系统应用 CRM 的目的是改善图书馆与用户之间的关系，其本质是对于图书馆的信息服务进行管理和协调，适应用户需求，对图书馆信息服务决策提供支持，同时对参考咨询服务环节加强管理，以提高用户满意度。

第三节 数字参考咨询服务平台的实现

一、数字参考咨询服务平台的实现模式

数字参考咨询服务的发展不单纯是一个技术问题，它还是一个复杂的"社会—技术"系统工程。数字参考咨询服务的组织建设是离不开技术支持的，所以数字参考咨询服务研究开始就是以信息技术和信息基础设施为基础进行数字参考咨询服务的活动。数字参考咨询服务平台一般有三种实现模式：

1. 自研数字参考咨询服务系统

这种数字参考咨询服务系统是以图书馆为主，根据本馆咨询服务的需求，在网上实现咨询服务。如美国因特网公共图书馆系统的数字参考服务系统 1995 年使用的是自研的 QRC 系统，后来系统更新，研制 HyPatia 新软件。

自研系统比较适合具体图书馆用户的需求，系统研制费用低，但系统水平较低，开发周期较长，信息交换和参考协作不畅通。

2. 商业性的数字参考咨询服务系统

随着各种类型图书馆面临着构建数字参考咨询服务工作、寻找自己图书馆合适的数字参考系统需求的增长，计算机公司推出了各种咨询服务系统，如美国图书馆系统服务公司推出了虚拟参考系统软件，美国图书馆合作组织推出了 24/7 实时参考软件，我国清华同方光盘股份公司推出数字图书馆管理与建设平台，其中包括数字参考咨询系统和网上用户教育系统。这类系统平台使咨询服务系统建设速度快、系统维护服务有保障、咨询服务效率提高，但这类系统需要支付较昂贵的费用，包括购买费、维护费和升级费，系统也不能满足个性咨询的需求。

3. 计算机公司与图书馆合作开发的数字参考咨询服务系统

这种建设模式比较流行，图书馆提出咨询系统的需求，计算机公司在现有的软件产品基础上进行二次开发，多次试用修改，推出适合图书馆需要的对路产品。图书馆利用这种按需开发的咨询服务系统，比较适合开展数字参考咨询服务工作，同时各图书馆数字参考咨询服务既有自己的咨询服务特色，同时又具有通用的数据接口和接纳其他系统的互操作性能。

二、数字参考咨询服务平台的实现步骤

1. 调研需求

数字参考咨询服务系统是根据读者不同的信息咨询需求、根据信息技术的性能及数字参考咨询服务系统的投入多少决定。不论是采用自研系统、合作研制系统、还是购买商业化的数字参考咨询服务系统，首先要进行需求调研和可行性研究。需求调研和可行性研究可根据调查情况明确咨询服务的战略目标、组织改革、工作流程调整等重要项目。

2. 系统设计

数字参考咨询服务系统一旦需求明确，就可以设计咨询服务系统整体结构。在设计系统结构时，可以参考国外已有的数字参考服务系统和虚拟参考服务系统结构。一般系统都设置有常见问题咨询、电子邮件咨询、实时咨询、文献传递、参考工具源、系统管理等模块。系统性能设计主要考虑与计算机和网络环境连接、多种技术平台的适应、多种标准的符合、系统使用特征。如 IPL 数字参考服务系统的 HyPatia 设计内容包括：易构造和维护 Web 接口，能适用 Linux、Unix 和 Windows 操作平台，多语言接口，服务与信息内容连接，符合元数据标准和数字参考服务标准，同步浏览，数据库管理等。

3. 选择技术

网络信息技术发展很快，网上咨询系统的功能设置包括常见问题咨询、电子邮件咨询、实时咨询、文献传递、参考工具源、系统管理等模块，这些模块经常会有多种技术选择。一般需要选择通用的、易用的、有发展前景的、投资经费较少的软件工具来制作。系统在平台选择、语言选择、工具选择方面都参考了当今计算机技术应用领域的最新进展。

4. 编程制作

编程制作即利用较通用的软件工具进行咨询系统功能模块的编程工作。主流 Web 服务技术包括 IBM 的 WebSphere，Microsoft 的 IIS，BEA 的 Weblogic 和 Apache 服务器。如中国科学院文献情报中心研制的网络智能知识服务系统选用了 Pure Java 解决方案和 Apache+Catalina tomcat 方案，充分发挥了 Apache Web Server 的静态页面调度能力和 Catalina 的动态解析 JSP 页面的能力，同时克服了平台移植问题。资源采集、处理和存储方面则选用 Windows2000 Server 操作系统平台和 SQLServer2000 数据库管理系统平台。开发工具选用了 Microsoft Visual Studio 6.0 中的 Visual C++ 和 Visual Basic Java 以及 JDK1.3.2Fore For Java。

5. 发布构建

数字参考咨询服务是在因特网上运行的，系统需要有合理的信息构架，同时系统更需要友好的用户界面，咨询服务系统的网页设计又很重要。咨询服务系统网页可以分为几个区，一般包括用户信息管理区、功能管理区、资源链接区、相关链接区和网页说明区。用户信息管理区内容有用户注册、使用记录、权限认证、收费管理、利用统计；功能管理区内容有电子表格、常见问题、询问馆员、文献传递、参考工具、学科门户、网上教室、数据库指南、联机帮助、网上辅导；资源链接区有本地资源和网络资源；相关链接区负责与其他图书馆系统链接，与其他数字参考咨询服务系统链接；网页说明区包括制作单位的版权声明、制作时间和联系方式。咨询服务网页设计和实现的关键是信息结构清晰，用户访问方便，与咨询馆员交流畅通。同各种参考信息源同步查询和交叉浏览，同时要求咨询过程功能使用联机导航，机器工作过程显示和提示，网页级不超过三级，使用 Java 开发工具、HTML 和 XML 网页编程语言，以及其他网页编制工具。

6. 系统调试

对研制的咨询服务系统进行试运行，可以选择具体图书馆应用开发的咨询服务软件，以便发现问题，修改系统的程序，增加新的功能需求。清华同方公司的数字参考服务系统就是在清华大学图书馆试用的。

7. 运行评估

即对咨询服务系统的投入成本、功能实现、利用效果、推广效益、升级可能与其他图书馆应用系统接口进行评估。

第五章　高校图书馆数字参考咨询服务管理创新

开展DRS是一个复杂的过程,有许多问题需要考虑,如人员配备、技术配置、制订培训计划、宣传推广、成本与质量问题、营销、隐私、版权及许可等。不同图书馆面临的问题可能是不同的,但都需要建立一个完整、清晰的工作方案,解决管理、技术、人力及法律等方面的问题。因此,DRS与其说是技术问题,不如说是管理问题。

第一节　数字参考咨询服务知识管理

现阶段国内外图书馆开展DRS进展很快,但同时也面临着高投入与低用户、人员短缺、服务质量保障、商业性咨询竞争等问题,需要理论研究提供宏观上的引导与新理念的导入。从上述图书馆知识管理的含义及其实施内容可知,图书馆知识管理实施的内容包括显性知识的生产与组织管理、馆员隐性知识资源开发以及建立知识库与知识联盟等,这正好对应了DRS中的数字资源"参考"、参考馆员通过网络手段与用户的交互"咨询"以及"问答知识库"与"合作咨询"的建立。所以,将知识管理理念导入图书馆DRS是有理论依据的,也是可行的。

一、显性客观知识的生产与组织管理

显性客观知识的生产与组织管理在这里是指数字参考信息源的建设方面。数字参考信息源是经过组织整理的序化的显性知识资源,可作为参考信息源供参考馆员检索利用(如各种数据库、问答知识库),也可供用户浏览参考(如FAQ、学科导航、学习中心、网上工具书等)。无论知识多么丰富的参考馆员,他在提供咨询解答时也要依据各种各样的参考源工具,特别是数字参考工具。在现在网络环境下,越来越多的词典、百科全书、年鉴、名录、手册等以光盘

或网络版的形式出版，网上参考源为 DRS 提供了丰富的信息来源和可靠的保证。如果把这些丰富的数字参考源经过筛选、著录、标引后整合到一个网站提供给用户，而不是由用户自己随便查找或参考馆员代为查找，无论对用户还是对图书馆，都是一种物超所值的服务形式。与实时互动咨询服务相比，这种服务形式尽管缺失了服务行业应当具有的人性化和个性化，但对于那些通用性强的服务产品（如 FAQ、学科导航、学习中心、网上工具书等），可以减少大量的交互成本和重复劳动，确实是一种较为经济有效的服务形式。正如美国两位资深 DRS 专家 Steve Coffman 与 Linda Arret 所说："如果我们把用在 Chat 服务上的时间与投资花在网站建设与信息资源组织系统方面，DRS 效果与成本都将大大改观。"他们以 google 与 Amazon 致力于搜索引擎、界面、合作过滤和个性化方面的建设与服务为例，倡议图书馆界把其有限的资源投入到馆藏数字资源的序化、整合与有效获取上，以方便用户自己去发现并获取所需的信息资源，完善与优化用户自助服务，作为 Chat 服务的替代性选择方案。

上海交通大学图书馆的参考咨询服务台除提供实时解答服务外，还包括：常见问题解答、中图法简表、学习中心（电子资源使用指南）、图书馆常用软件、网上参考工具书等，最有特色的是"数字参考咨询服务论坛"，主要介绍相关的技术、标准、研究站点，并报道 CVRS 项目及国内外最新进展，主要包括信息速递、研究站点、实时技术、相关标准、成果汇编与其他链接。CALIS 分布式联合 DRS 系统（CVRS）建设项目将在一期中完成学习中心的内容建设。学习中心的系统平台将是一个学习管理系统，为图书馆的用户培训提供一个内容发布、实时授课、课外自学的平台。

国外图书馆非常重视数字图书馆、学科导航、网上工具书等数字馆藏资源的建设。例如，位于美国南加州的 MCLS（Metropolitan Cooperative Library System）的 24/7Reference 数字咨询服务，可在实时交互的等待间隙浏览该馆自建的数字图书馆、学科导航等数字资源。外文网上参考源更是不胜枚举，主要分三类：第一类是数字图书馆网站，提供链接标准的综合性咨询工具的便捷参考页面，可以查找词典、年鉴等；第二类是图书馆自己收集、整理或购买的网上参考源的链接，如 SanMarino Public Library 将所搜集的网上参考源分为 15 个大类目，并下载到本地网站上作为数字馆藏的一部分向用户提供 DRS；第三类是专门为参考咨询开发的数字参考咨询网站，如 xreferplus 收录了在高质量的参考图书馆中能够见到的所有类型的参考工具书，它们是世界上享有盛誉的 21 个工具书出版商提供的，其内容质量最高。

无论从丰富程度还是从组织整理的序化深度看，我国在数字参考资源的建设方面都逊色于国外图书馆。所以，考虑到我国在咨询馆员、经济实力与实时咨询软件开发技术方面的弱势，重视客观显性知识的生产与组织整理，加大对数字参考源收集、深加工与展示的力度，在用户教育与学习中心建设的基础上大力开展用户自助式服务参考咨询，应当是目前我国图书馆开展 DRS 较为经济可行且值得推广的服务内容。

二、隐性知识资源的开发与激励

（一）技术层面

图书馆 DRS 中隐性知识资源开发的实现手段充分体现在交互形式的不断改进过程中。从电话、邮政，到基本电子邮件咨询、网络咨询表单、网络实时参考咨询（Chat），都是为了实现异地交互的有效性与便捷性。咨询接洽的过程也是问题澄清的过程，咨询的过程也是问与答互相回馈的过程，这一过程的成效一方面取决于参考馆员的知识积累与交流技巧；另一方面取决于交互手段的先进与否。所以对网络实时参考咨询技术的改进与功能的不断完善，一直是近几年国内外图书馆界不懈的追求，从文本交互到同步浏览、网页共享、网页推送、应用共享，再到视频会议，都是在借助于网络进行远程模仿面对面交互的立体感和时效性。

至于采取何种参考咨询模式最有利于充分开发参考馆员和用户的隐性知识资源，从国外图书馆 DRS 发展来看，一方面寻求集成的技术解决方案，如利用商业上的网络呼叫中心；另一方面将各种咨询整合为有机联系的服务体系，向用户提供基于多种模式的参考咨询服务。网络呼叫中心将电话、电子邮件、聊天、视频等输入在一个强大的工作站内集成为一体，信息专家可以利用 FAQ、语音识别数据库、便捷参考馆藏、电子参考和其他信息源、各种通信协议、客户关系管理软件，以电子预约、电话、传真、交互视频、电子邮件的传递方式向用户提供信息服务。基于多种模式的参考咨询服务是将传统的和网络的参考咨询融为一体，从而形成优势互补的咨询服务模式，包括：到馆咨询、电话咨询、普通邮寄咨询、传真咨询、电子邮件咨询（基本邮件、网络结构表单邮件)、BBS、ICQ（OICQ）、实时咨询（即时讯息、网络聊天室、网上联系中心、视频会议)。科罗拉多大学健康科学中心纪念图书馆的服务,包括三个方面:立即得到帮助(包括联机实时问答、电话咨询)、很快得到帮助(电子邮件咨询、面对面咨询、研究性咨询)、自我帮助(教学与信息、辅导材料、图书馆课堂)。每项服务都有简短的介绍,并通过超链接与相应的服务页面相联。美国亚利桑那州立大学图书馆参考咨询页面就提供了电子邮件、实时、电话和面对面四种选择。

从目前情况看,我国图书馆的DRS既要借鉴和学习国外图书馆的实践经验,又要立足于本国的服务主体与各馆的具体情况。在实时咨询方面,我们应更多地善待电话咨询;在异步咨询方面,我们要继续完善并推广 E-mail 和 Web 结构表单咨询,优化咨询环境。与国外图书馆相比,国内参考咨询,使用电话的并不多,如果在开展DRS时有效运用电话这一手段,可大大增强问题澄清的效果,并能有效地辅助同步浏览等咨询形式,我们不应该因其不时髦就弃之不用或少用。相对于实时DRS而言,电话咨询具有独特的优势,如电话的普及性好,电话咨询无须用户下载软件,图书馆无须担心用户终端的机型和操作系统兼容性方面的问题,无须购买DRS软硬件,咨询员也无须特别培训等。对于异步咨询,最困难的一个过程是了解用户的真正需求,由于咨询接洽失败而未能准确沟通和产生误解的情形并不鲜见。面对面咨询最大的好处就是沟通的便捷,普通电子邮件咨询最大的不足就是难以进行这种沟通。网络表单在一定程度上克服了普通电子邮件咨询的不足,它利用结构化的格式,要求用户填写咨询人员希望获得的有关信息,从而有助于分析用户的咨询请求,并做出合理应答。Steve Cofrman 与 Linda Arret 说,许多情况下,大部分用户提的专题性问题是希望当时提问稍后回答的,但 E-mail 的回复必须及时,最好是以 3~24 个小时为一个问答周期,以使答案既完善又能在时间上让用户接受。实际上,国外利用 Web 结构表单邮件开展咨询服务的图书馆比实时的 Chat 服务更为普遍。对国内图书馆而言,不论从技术软件与人员、用户素质,还是从成本因素的考虑,电话咨询与网络表单咨询既经济实用又适合国情,应当是我们的首选。

(二)管理层面

咨询的成效一方面取决于交互手段的先进与否;另一方面取决于参考馆员的知识积累与交流技巧,以及用户的信息素养。参考馆员与用户之间的交互是整个咨询服务流程的主体因素,从中可充分展示出参考馆员检索知识与咨询技巧方面的"隐性知识资源"。可以说，显性化数字资源与虚拟化网络交流手段都是以参考馆员与用户的存在为基础的，唯有参考馆员与用户有效利用数字资源并熟练掌握网络操作手段，才能实现整个虚拟参考咨询服务的效益最大化。这也是国外研究者多把研究重点转向参考馆员培训与用户调查的原因。对参考咨询馆员的知识固化、培训、激励与管理正是目前图书馆管理与服务研究的薄弱环节。在人员管理方面，2003年VRD会议上有国外学者撰文认为，当前图书馆DRS领域的文献没有对管理、领导和团队合作等技能的重要性给予足够的强调。

图书馆参考咨询服务之父Green在1836年将图书馆参考服务界定为"建立图书馆与读者之间的个性化联系"，这要求参考馆员不仅要了解馆藏，还要了解读者，并要有丰富的知识储备与交流技巧。

相对于图书馆其他部门，参考咨询服务部门是最能体现馆员隐性知识资源即"Know-how（知能）"的地方。随着传统参考服务向DRS的发展，参考馆员除了原来参考馆员所需的专业知识外，基本的电脑和网络常识，尤其是对电子资源的了解，也是其需要具备的；此外他们的打字速度要快，思维要敏捷，能及时回复用户的问题，以避免让用户等待。所以，如何通过知识管理保证有一支稳定的高素质咨询队伍，将成为影响图书馆DRS的主要因素。目前的当务之急应从三个方面着手：①确认参考馆员的知识产权与法律地位。在欧美国家，自1850年以来相继制定的图书馆法中都确定了图书馆员的专业地位，有专门的图书馆员资格认定制度，把图书馆参考馆员列为与律师、会计师和医生同等的专业人员，享有稳固的社会地位和福利待遇。②强化图书馆知识管理双重任务中的组织自身知识的管理任务，促进全员参考咨询意识的形成。提高参考咨询意识，要求图书馆管理者在图书馆改革、可持续发展计划和人力资源管理等方面体现知识管理与服务第一的理念，馆员要把为读者解决多少问题的咨询能力作为是否称职的主要标准。③关注参考馆员情感知识的满足与技能知识的更新。"粘在了咨询台旁"常出自美国一些非常优秀的参考馆员之口，一线参考馆员时常感到他们的意见被怠慢。这一描述告诫我们，必须重视一线参考馆员的心理压力及情感需求，建立合理、有效的参考馆员工作制度和人事管理制度，给参考馆员提供全面持续的培训和发展机会。

三、显性知识与隐性知识的互动转换

包括隐性知识的固化与显化，以及显性知识的提取与内化。这是功能比较完善的标准虚拟参考咨询软件所具有的高级功能，也是最能体现知识管理系统的特点与优势的方面，主要通过技术手段来实现。

1. 隐性知识的固化与显化

隐性知识的固化与显化主要体现在软件的问答知识库功能，以及统计报告功能。问答知识库功能是从用户的提问中选择有普遍意义的问题，以及参考馆员的优秀答案与咨询技巧，经过筛选、分类与标引组织后，形成检索、浏览的参考源，既方便了用户又减少了馆员的重复劳动，可以节省与优化人力资源。问答知识库功能在合作虚拟参考咨询系统中更是不可或缺，需要有"本地知识库""总台知识库""中心知识库"等的支持。LSSI 公司的 Virtual Reference Toolkit（VRT）软件以及图书馆 DRS 集成管理系统（IRMS）可称为这方面的佼佼者，其功能可以说融合了知识管理的所有核心理念。它在隐性知识的固化与显化方面所具备的特点有：①没有完整回答的问题，无论来自网上、面对面咨询台、电话还是电子邮件，都可以记录下来并加以分配，以免遗忘或丢失。②拥有一个完整的可检索的知识库，记录所有标准的咨询问题的答复，且检索方便，不需要每个参考馆员再重复提供答案。③所有的参考咨询人员都可以推荐存放在知识库中的信息。④系统可灵活地查询正在开展的工作和知识库，具有剪切和粘贴功能，提供有效的手段重复使用以前的答案。⑤图书馆员可以选择合适的问题收录在数据库中，所选择的问题将提交给一位编辑进行检查和核实。⑥所有的服务点均自动维护咨询统计报告，可从中获知咨询系统利用特点、服务质量和利用馆藏解决问题的效益，作为咨询服务质量的评价依据。随着标准实时咨询软件的开发推广以及 DRS 进一步发展，聊天软件与客户关系管理软件必将由标准实时咨询软件所代替。知识库功能与核心理念将得到充分展现。

2. 显性知识的提取与内化

显性知识的提取与内化是指对客观显性知识（即结构化信息）的获取与吸收，它的实现一方面取决于显性知识的结构化程度，即对信息资源的组织是否方便检索与获取；另一方面取决于使用者投入其中的隐性知识（即经验、技巧、才智等）。对显性知识提取与内化的知识管理思想体现在图书馆服务中，就是对馆藏文献信息（包括传统馆藏与数字馆藏）的优选与检索，以及图书馆员与用户的信息检索技能。前者可通过图书馆自动化系统中的文献加工与检索系统来实现，后者可通过参考馆员检索咨询服务以及用户教育来实现，但这种各自孤立的服务体系人为割裂了显性知识与隐性知识之间的天然联系。所以，如何把参考馆员在检索经验与技巧方面的隐性知识无缝整合到图书馆自动化系统的文献信息检索服务中去，从而实现馆藏显性知识向用户隐性知识的渗透与内化，是DRS软件功能设计时应当涉及的技术思路。LSSI是目前唯一的与图书馆自动化系统完全嵌入的DRS软件，它能使用户在检索过程中无须登录，就可在任何地方利用图书馆DRS。将"实时帮助"嵌入查询服务中，是DRS最成功的因素之一。可见，作为显性知识与隐性知识的互动过程一部分的显性知识的提取与内化，是DRS最成功的表现之一，也是当前图书馆DRS软件功能的薄弱环节。所以，在今后的DRS软件功能设计中，需注意知识管理思想与理念的渗透与导入。

四、知识管理在数字参考咨询业务流程运用

知识管理者既可以是组织，也可以是个人；知识管理的对象是知识，但不是单纯的知识，它是对物的管理与对人的管理的有机结合，其核心是对知识本身的管理。尤其侧重对隐性知识的管理，其直接目标是提高组织或个人的知识生产力、知识增值率、知识共享率和知识创新能力。知识管理的实施过程是一个知识创造（或获取）、知识确认、知识组织、知识传播和知识应用的综合过程。从参考咨询个案执行过程看，只要参考服务主体接到用户提问，就马上运用其个性知识分析提问，结合参考资源给出相关信息检索途径，而成功地满足用户的信息需求。从知识管理角度分析可以发现，分析提问和查找知识缺口就是知识的应用；给出信息检索途径则是知识创造（或获取）；而用户成功获得所需信息后的反馈是一种知识确认。其中参考源既包括参考工具书等文献资料，也包括网络信息资源，还包括参考咨询成果档案。由此，参考资源的有序化、知识库的建设以及将有价值的咨询答案提交到知识库的过程都是知识组织过程，而每一次参考咨询个案的实施都是参考咨询工作中的知识传播过程。

（一）知识库

知识库包括参考咨询基本信息库、服务与信息产品库、常见问题库、参考信息源库、图书馆信息资源库、事实型参考咨询库、参考咨询经典案例库、参

考咨询专家及合作单位库等。其中既包括与参考咨询工作有关的显性知识，又包括知识创新过程中非常依赖的隐性知识。图书馆知识库的建设中，要充分考虑知识库的递增、关联、检索等要求，要以高效的入库机制、合理的设计方案，实现知识的高效服务。专门用于图书馆的知识库有 Refquest、CKDB（Common Knowledge Database）、Reference Desk Manager 等。Refquest 支持对图书馆 FAQ 等数据库中 200 多个问题的自然语言检索，检索出来的答案包括对提问的简要概括、注释、参考资源列表、相关网络资源、它馆馆藏线索指引以及相关信息组织和信息专家的联系方式等内容。CKDB 的主要目的是促进各学校图书馆参考馆员之间的知识共享。The Reference Desk Manager 支持网络关键词检索，其内容包括 FAQ、与课堂作业、重要政策相关的信息资源，通讯录列表，常用的本地资源网址等。

（二）知识地图

知识地图的特点是指出拥有知识的人，并指出记录知识的文件和数据库。它是整个知识管理软件的知识索引，不仅能够以知识树的方式展示知识管理软件内部的知识、文档分类结构，还能以知识网的形式展现相关主题知识之间的联系，并对文档的动态链接进行管理，确保文档链接的一致性。知识地图的基本目的是不仅告诉组织中的人们，当他们需要专门知识时到哪里去找。组织如果拥有一幅好的知识地图，员工们就可以方便地找到知识源，而且能够使用户依靠知识地图快捷、方便地查询信息。知识地图应包括本馆所拥有的知识指引，馆外各合作单位所拥有的知识指引，馆内外参考咨询专家指引，馆内外各专业专家指引等，如 LAS-Reference Desk（北京总馆站点）设计美观大方，图文并茂，一目了然，包括图书馆员、实时咨询、电话和 E-mail 咨询、咨询馆员列表、常见问题（FAQ）、问题浏览检索等，一旦遇到参考咨询疑难杂症，可以通过知识地图迅速找到合适人选进行请教。其中咨询馆员列表一项对参考馆员有一个明确的定位：谁是某些学科、主题领域的真正专家；谁愿意与大家共享知识；谁的知识应该被编码化/显性化。他们也是国家科学数字图书馆的认证咨询专家，具备 CSDL 认证咨询专家。这样，知识与专家的关联地图定位知识与专家之间的联系，使得用户在阅读某一主题的文档时，可以通过关联地图定位拥有相关领域知识的专家，然后通过专家定位系统与专家取得联系。此外用户还可以通过专家定位某一领域的关联文档，从而实现知识在专家和用户之间的自由流动。

（三）知识链

知识链是指基于知识管理的参考服务，包括知识点采集加工、知识的存储积累、知识传播共享和知识的使用创新等环节，知识在这些环节的流动和更新形成一条价值链。知识链是 DRS 活动中以人为本的业务流程之中的知识流动。DRS 中实施知识管理，就是要对价值链中的各环节进行管理优化，加快知识的流动速度。DRS 知识价值的实现主要集中在知识链中那些知识点比较密集的环节如知识的识别、知识的开发、知识的共享等知识驻点上，知识在 DRS 内部各知识驻点之间为创造价值而形成的一系列积累、共享、交流的过程就是 DRS 知识流程。知识链包括参考服务的组织模式、制度、沟通方式等隐性部分，因此，以知识链统一 DRS 业务流程和管理流程，以知识驻点凝聚参考服务核心知识和参考服务专家，可以实现 DRS 内部知识交流与共享的畅通无阻，促进 DRS 组织流程的有序、高效。

（四）知识资产

达文波特等认为知识管理活动的目标有四个主要方面：创建知识库、提高对知识的存取能力、改善知识环境、把知识作为一种财产来管理。而大多数知识管理在参考咨询中的应用只涉及前三个目标，即创建知识库，提高对知识的存取能力及改善知识环境，只有极少数图书馆把知识当作一种可以增值的和投资后会有收获的财产来进行管理。知识管理中的一个重要观点就是隐性知识比显性知识更完善、更能创造价值，隐性知识的挖掘和利用是个人和组织获得成功的关键。图书馆 DRS 应重视对参考馆员隐性知识的挖掘和利用，并将那些社会应用性极强的知识成果，借助知识产权保护法保护起来，使之进入市场化的操作程序，这样一方面可以使知识的创造者获得相应的经济利益；另一方面也可以使图书馆的专业化地位获得社会的认可。

（五）学习型组织

知识管理在本质上是寻求一个自由思想的空间，让具有专业技能的"人"进行平等交流与公平竞争，使图书馆的工作组织真正围绕着专家及其"服务产品"来运作。参考咨询馆员必须认识到 DRS 是图书馆的新使命，而且将成为最具影响力的参考咨询服务手段。参考咨询馆员应该确立 DRS：不是一个附加服务，而是一个核心服务的观念。要鼓励参考咨询馆员把个人的技能、经验加以整理，使之成为系统化的知识，提供给所有图书馆工作者"知识共享"。广东省立中山图书馆网络参考服务的"馆员交流园地",为参考服务内部人员提供了一个交流与讨论的平台,好的咨询经验被提出来大家共享,对于咨询过程中遇到的问题参考咨询馆员各抒己见,一方面有益于问题的解决;另一方面提高了咨询员的业务水平。要定期对参考咨询馆员进行培训,鼓励馆员在参考服务实践中不断学习、创造新的知识。

五、数字参考咨询服务知识管理实现的保障

(一)转变思想观念,强化知识管理

知识管理的实现不应局限于创建图书馆信息存储和业务流程的范围内,而是要进一步通过这一平台更好地组织知识资源,要解放思想、开拓创新,并把知识资源转化为馆员个人、整体和图书馆发展的可用知识,从而促使馆员具有不断创新和运用新知识的能力,在整个管理过程中力图最大限度地调动和使用知识资源,达到提升整体活力,运营好知识管理,以提高人的工作效率和技能素质,提升团体创新的响应能力。运用知识管理体系管理图书馆工作,运用知识管理思想指导图书馆服务。前者是知识管理机制在图书馆内部管理中运用,包含了对人和信息的管理;后者则是图书馆服务理念的发展和服务管理。

(二)加强人本管理,培养知识型馆员

知识管理理论的一个重要思想就是强调人在管理过程中的核心作用。管理知识的人应该具有更多的知识,知识实时更新,馆员必须终身学习。面对快速变化的环境,现有的知识会快速老化和贬值,知识只有在不断地共享、利用、补充的前提下才能得到创新和呈现出新的价值。参考服务过程中,馆员的信仰、价值观、经验、技能等对于服务质量、服务效率有着巨大的影响,他们关于信息和知识的获取、传递和应用方面的经验和技巧是图书馆开展参考服务所需要的核心知识。要针对知识型馆员的特点,综合运用薪酬制度、激励机制、绩效考核与评价机制、团队授权机制,充分调动其积极性。

(三)加速本土化技术系统研究,提升服务质量

软件技术是实现知识管理的重要工具。目前国外 DRS 实践考察,对系统的类型有 3 种选择:一是自己建立和运行一套系统,由本馆的参考馆员独立回答用户的提问,不与其他图书馆的咨询服务发生任何联系。二是参加某一咨询

服务网络，作为成员馆，履行自己的分工与职责。三是既自己提供服务，也参加某一网络。鉴于实时型服务的成本相对较高，芝加哥大学图书馆关闭了 Chat 解答，采用高效经济的 Question Point 系统的 E-mail 管理系统解答。一些图书馆转向合作开发系统并联合开展服务，以分担服务成本，提高服务效益。中国科学院文献情报中心在设立国家科学数字图书馆参考咨询台的同时，又参加了国家科技图书文献中心（NSTL）的"专家咨询系统"。同时，数据挖掘和数据仓库技术逐渐被用于参考服务工作中进行网络资源开发、数据库建设、用户类型及行为研究、参考服务评价等工作。但是迄今为止这些技术尚未被应用于系统地收集、分析参考服务的模式、过程、显性知识的积累和隐性知识的开发与共享等方面。这说明信息技术在图书馆知识管理中尚未真正发挥其重要作用；其应用潜力尚待进一步挖掘。我们只有借鉴国内外开展 DRS 图书馆成功经验，结合本馆的实际情况，立足自我，开发适合本馆经济实用的 DRS。

（四）重视对隐性知识的获取，实现知识共享、共知

知识管理系统既要努力获取显性知识，又要尽可能地获取隐性知识。大多数知识管理系统主要是获取咨询馆员的显性知识，进而把它们当作有代表性的信息以书目或列表的形式进行编辑，并添加到可供查询的计算机或以 Web 为基础的数据库中。这些知识管理应用并不能充分系统地对馆员的隐性知识进行获取和编码，并不知道该怎样去查找这些信息，不知道如何挑选正确的信息资源、什么时间去使用某个信息源及怎样根据一系列提示去获取正确的信息等。同时，知识共享、共知不但存在于馆员与馆员之间，也存在于馆员与用户、用户与用户之间，形成一个范围更广、知识面更深的学习氛围。把用户融入到知识管理系统中去，应该开展用户教育，即帮助用户认识当前的信息环境，了解信息化的发展情况，帮助他们使用新型的参考咨询服务技术。用户教育不仅仅是对现实用户的培养和培训，对潜在用户的培养也是很重要的。如何把潜在用户发展成为现实用户，是参考咨询部门必须面对的问题。面向用户的宣传可以帮助图书馆扩大影响，可以使图书馆的资源与服务为世人所知，加大对用户的宣传力度是用户教育实现创新的又一个重要方面。

（五）加大知识资源的组织，提供丰富的知识服务保障

知识管理中的知识单元不仅包括图书馆传统的信息工具（目录、文摘、索引等），也包括各种数据库、搜索引擎工具和馆藏数字化文献信息资源。目前，大多数图书馆已连接了因特网，利用现代信息技术搜索引擎，将网络资源进行

分类、采集、整理、组织及利用，建立一个管理严格、查询方便的信息利用平台。数字化参考源是 DRS 工作开展的基础，研究数字化参考源的特征、分布规律、使用方法、馆藏建设策略、网络参考源的组织与导航服务等方面是 DRS 创新研究的重要内容。尤其是参考源采选，首先需要全面掌握网络信息资源的类型和分布现状。网络信息资源包括网站、网页、邮件列表、个人主页、搜索引擎等类型的资源；其次从内容组织的形式上看，联机数据库、联机馆藏目录、网络图书、网络报纸、网络杂志等类型的资源；在网络信息资源作为一种参考源存在时，新的采集方式得以形成，例如网络信息资源有购买、链接、镜像、导航等途径。参考源采选也应该有一定筛选原则和选择标准。许多图书馆已经形成了成文的电子型、网络型参考源的采选标准，这对于正确发现、识别、评价、选择电子信息资源，建立起一个科学、合理、适用、高水平的电子参考源体系至关重要。

第二节 数字参考咨询服务互动管理

互动管理是一种全新的管理理念，是对传统互动思想的升华，超越原有的传统的管理思想，其核心是"以客户为中心"，通过先进的管理思想和软件技术，实现企业从内部到外部、从后台到前端，以及包括其客户在内的各种资源的智能互动、信息交流和管理，从而使企业获得新的价值。互动不是空洞的概念，建立起互动平台仅是互动管理的开始。最重要的是通过平台和客户真正做到互动，把交流得来的信息用于企业实践。互动是信息的交流，因此需要信息是流动的。互动管理使互动的信息交流向着有序的方向流动和发展，从而形成一种工作程序。互动管理是必然存在的，通过现代化的手段可以使得互动管理信息化，即数字化媒体的互动管理。DRS 提供了良好的技术平台，也大大拓展了图书馆与用户互动的空间和互动的方式。图书馆和用户的互动从一维变成了二维，可以在实体和虚拟两个环境之间自由"切换"，使图书馆和用户的关系获得进一步的延伸。

一、在数字参考咨询服务中体现互动

DRS 一般流程即在客户端，读者首先可以注册一个普通用户，然后登录系

统，即可向咨询员提出问题，也可查看咨询员给出的咨询解答。在咨询员端，咨询员登录后，可以对读者提出的问题进行解答，还可以管理读者的注册账号，调整账号的级别（不同级别的用户，系统提供的服务也不相同）。咨询员通过邮件发送模块可以将咨询结果和重要通知以 E-mail 的形式及时通知读者。系统应该为咨询员提供一些统计功能，用来统计某个时间段中 DRS 系统的使用情况。其核心是"以用户为中心"，通过先进的管理思想和软件技术，实现 DRS 从内部到外部、从后台到前端，以及包括其用户在内的各种资源的智能互动、信息交流和管理，从而使 DRS 获得新的价值。其间体现图书馆与读者互动的方式主要有电话方式、E-mail 方式（包括咨询表单在内）、实时在线方式、联络馆员、留言板等服务方式。

（一）电子邮件

电子邮件最早、最简单，也是最流行、最容易实现的模式。这种参考咨询一般在图书情报机构网站主页或某个网页上设立"参考咨询"或"询问图书馆员"链接，通过该链接可将咨询问题以电子邮件方式发送给相应咨询人员，咨询人员以电子邮件方式将答案发送给用户。用户可根据咨询问题的难易程度，选择简单电子邮件界面或专门表格提出咨询。一般提倡用户按照专门表格各栏目细致表达咨询问题及相关要求，然后由系统将表格内容转为结构化的邮件内容。采用该模式，可在参考咨询界面设置 FAQ（常见问题解答）、常用参考工具或网络参考资源、服务政策等链接，方便用户直接链接和利用这些资源来解决其问题，从而减轻参考咨询服务的压力。不过，电子邮件在互动上也有一定的缺陷。一方面，E-mail 服务有一定的不确定性和延时性。也就是说，用户要清楚表达他真正需要的信息，以及图书馆员明确读者的真正需求，可能要建立在多次 E-mail 来往的基础上，这就比较费时；另一方面，E-mail 式的"静态服务"使馆员无法获知与用户面对面时可捕捉到的"动态信息"。但 E-mail 仍以其便捷、高效、经济等优势被许多用户采用。

（二）电话

这应该是比较传统也是我们很熟悉的一种方式，是网络出现以前最能体现图书馆与读者之间的互动的一种方式。通过电话，用户可以与咨询馆员进行直接、即时的交流，传达信息快，双方可以表达得比较清楚。不过，由于电话要支付一定的费用，而且有很多问题咨询馆员也不可能一下子就给出答案，所以一般来说，电话方式比较适合咨询较为简单的问题。

（三）BBS

BBS 即电子公告牌系统，是一种电子信息服务系统。它向用户提供一块公共电子白板，每个用户都可以在上面发布信息或提出看法。将 BBS 应用到参考咨询中，使得咨询馆员能够通过聊天等实时交流和 BBS 讨论组、电子邮件等非实时交流方式，建立咨询馆员与用户之间的网上联络通道，及时解决用户在利用图书馆过程中出现的各种问题。利用 BBS 开展参考咨询的主要内容包括：图书预约、续借、新书推荐、专题服务、信息推荐服务、建立信息公布栏、建立咨询讨论组等，如清华大学图书馆。有的图书馆则公开各种留言与咨询馆员的回复，这就可以供更多的用户作为参考，如中国人民大学图书馆的留言板、中国农大图书馆的回音壁等。我们认为后者更实在些。对于这种方式，应该强调的是咨询馆员的回复应尽可能及时。

（四）实时咨询

实时交互参考咨询服务采用的主要技术有：网络聊天室，网络白板、网络视频会议、网络寻呼中心等。主要方式包括：在线交谈，主要限于用户与咨询馆员的在线文字交谈；网页推送，允许咨询馆员把一个网页推送至用户桌面，向用户提供推荐的信息资源；共同浏览，咨询双方一起浏览网页，由咨询馆员指导用户利用网络资源。目前最广泛应用的是 Chat 软件技术，全世界约有 500 多家图书馆提供 Chat Reference 服务。一些较好的软件已趋于使用基于 FAQ 数据库管理的 NRS 服务，每次的提问和解答过程都依靠后台数据库的支持，系统管理员或咨询馆员在经过筛选后将有价值的问题及其解答加入其 FAQ 数据库中，以不断增加 FAQ 的数量，并提供用户在咨询员非在线时查找相关问题的解答。开设不同学科的小聊天室，以参考咨询馆员作为每个小聊天室的主持人，并对系统有一定的管理权限。用户通过图书馆网页直接进入该实时咨询系统，双方进行文字形式咨询交谈和传递咨询结果。利用网络共享白板或网络会议技术可以让用户与咨询馆员通过图像和声音实现面对面的有声交流。在咨询过程中，双方可以实时传输各种格式的文件，咨询馆员可以通过系统同时向多个用户演示和讲解信息检索过程，实现互动服务的模式。

（五）网络合作式

图书馆之间合作成立网上咨询中心，各成员图书馆咨询界面均可链接到共同的请求管理器。用户通过所在图书馆网页上的咨询服务链接，按照统一表单填写并发送咨询请求；该问题被送至请求管理器，请求管理器根据问题性质和用户情况自动检索成员馆数据库，根据工作时区、地理位置、资源特点、用户类别、接受问题数量限制、特别服务项目等，选择最合适的图书馆，将咨询问题以电子邮件形式传给该馆；咨询问题得到解答后也将通过请求管理器传送回最初接受咨询的图书馆，并通过它传给用户，与此同时咨询问题和相应的答案被存放入 Q/A 数据库。请求管理器还跟踪咨询解答过程，掌握问题得到回答的程度。咨询的有关数据可用于统计、管理，甚至自动回答用户查询。这种合作模式充分利用了各图书馆在人力资源和信息资源上的优势，将参考咨询服务模式引入更高的层次。

二、数字参考咨询服务互动管理的内容

角色与服务的互动网络的交互功能和非线性的、发散的超文本阅读方式，使得咨询馆员与用户在线双向传播乃至多向传播替代了传统单向性的阅读，优化了传统的阅读行为。网络使用户可以就某一信息在线发表自己的看法、相互交换意见和共同探讨，同时网络的即时多向交互功能，使用户不只是阅读和接收信息，同时还是信息的传播者。图书馆与用户都成为网络空间的一部分，使图书馆和用户获得了双重身份，这种角色的实时互动，实现了信息的双向和多向性互动，也需要互动管理加以规范。

（一）网络资源选择

因特网是一个极度开放的网络，任何人都可以随意发布、出版和传递信息，信息种类庞杂，变化频繁，缺乏稳定性和可靠性，且充斥着许多虚假或有害的信息，给人们使用信息带来了困扰和障碍。因此，图书馆要解决网上信息资源上的搜索精度差的问题，保证信息稳定性、可靠性，必须开展网上信息资源专业评价、鉴别、过滤、分类和组织工作。由图书馆发挥技术优势，制定高质量的网上信息管理方案，选择核心检索系统，匹配检索策略；高校用户发挥鉴别知识优势（专家用户）和鉴赏能力优势（教师和学生）对网络信息质量进行评估、推荐。图书馆和用户两者优势互补，形成图书馆与用户之间的互动双赢伙伴关系，则可有效地选择、鉴别网络信息资源的质量和可靠性，净化信息环境，保证信息的畅通，提高用户网上信息的利用率。

（二）用户话语权

用户的意见和建议是促进咨询馆员与用户之间良好互动的重要途径。网上互动交流迎合了用户广泛参与，不受限制，充分表达，无所顾忌的心理需求，较好地体现了无障碍沟通的设计初衷。用户作为服务的对象，在互动上最具有发言权，用户评价所占的权重应当较大。国外咨询网站都有反馈功能，在用户提交咨询表单后，就会出现填写反馈表的对话框，由用户选择填写与否，即使不咨询只浏览，也可以通过网站上设置的反馈表来进行意见反馈。设立专门的数据库和管理人员，对用户的反馈意见进行收集和分析整理，组织专家对问题进行分析，寻求解决的方法，有效排除影响咨询质量的障碍，以进一步改进服务质量；建立一个服务跟踪机制，以便对咨询馆员的问题解答的全过程进行监控并且可及时向咨询馆员提供反馈信息，提醒其工作中的不足，以保证整个参考咨询服务高质量完成。

（三）行为互动

行为互动包括咨询馆员行为与用户行为。（1）咨询馆员行为。用户对DRS馆员的行为评价，主要包括向用户提供什么样的服务、如何提供、提供的质量如何等的满意程度。DRS馆员应有欢迎辞；答复要及时；必要时对问题进行调查或澄清；咨询馆员要对要点予以强调；提供的答案具有信息增值性；要有引用文献；在结束交流时要有结束语。不得对用户进行批评和说教，不能携带个人情绪，咨询馆员必须使用咨询规范用语。咨询响应，要求咨询馆员必须快速响应用户的咨询，咨询馆员应该在规定时间内回答问题。同时严格咨询纪律，各个图书馆根据服务对象与内容可制定相应的纪律。DRS馆员行为属于内部规则，表现于显性化服务政策——对于不相关的问题，咨询馆员有权不予回答；可以提供相关主题的线索和导航，也可以提供和指引相应服务项目的联系方式。（2）用户行为。检索行为是用户实现自身信息需求的最直接、最明确的方式。用户在进行信息检索时，都会按照自己的习惯行事，所用的检索工具、检索途径以及结果排序方式都具有相当的稳定性。浏览行为是网络环境下用户另一种行为方式。用户不可能对涌现到面前的所有信息浏览到，省时省力是他们进行选择的标准。因此，在设计检索系统时，可以将用户的习惯模式设置成系统默认值，以减少他们的工作量，也应尽可能减少用户获取所需信息的步骤和时间，充分利用其有限的注意力资源。用户行为一般体现在"用户须知"或"服务声明"，用户依照指引说明，才能及时获取准确的咨询信息。

（四）人员管理

人员管理主要体现在对咨询馆员的管理。咨询馆员与用户之间的交互是整个咨询服务流程的主体因素，唯有参考馆员与用户有效利用数字资源并熟练掌握网络操作手段，才能实现整个 DRS 效益最大化。咨询馆员除了原来参考馆员所需的专业知识外，基本的电脑和网络常识，尤其是对电子资源的了解，也是其需要具备的；此外他们的打字速度要快，思维要敏捷，能即时回复用户的问题，以避免让用户等待。所以，如何通过知识管理保证有一支稳定的高素质咨询队伍，将成为影响图书馆 DRS 主要因素。张会珍认为当务之急应从三个方面着手：①确认参考馆员的知识产权与法律地位。在欧美国家，自1850年以来相继制定的图书馆法中都确定了图书馆员的专业地位，有专门的实施图书馆员资格认定制度，享有稳固的社会地位和福利待遇。②强化图书馆知识管理双重任务中的组织自身知识的管理任务，促进全员参考咨询意识的形成。提高参考咨询意识，要求图书馆管理者在图书馆改革、可持续发展计划和人力资源管理等方面体现知识管理与服务第一的理念，馆员要把为用户解决多少问题的咨询能力作为是否称职的主要标准。③关注参考馆员情感知识的满足与技能知识的更新。重视一线参考馆员的心理压力及情感需求，建立合理、有效的参考馆员工作制度和人事管理制度，给参考馆员提供全面持续的培训和发展机会。我们必须重视咨询馆员的全面发展，需求在一线、服务在一线、效果在一线，一线的能力就是系统的能力，参考咨询服务要在提升一线服务能力中发挥作用。参考咨询服务的定位要从"我能干什么"转变为"我能为你干什么"从"为图书馆服务"到"为一线服务"转换。"我不能回答你的一切问题，但要为你找到解决一切问题的途径"。参考咨询服务应该协同学科馆员服务机制、协同学科咨询、协同特色分馆服务等，达到帮助用户使用现有资源、挖掘潜在资源、集成组织特色服务、协助进行深层次服务的目的。营造"一线咨询服务"品牌意识，才能把信息资源推送于用户，与用户形成良性互动，才能取得社会效益和经济效益的双赢。

（五）服务质量评价

（1）参考源质量评估。参考源应具有一定的规模，是否够用，学科分布是否合理，类型及分布比例等是否具有权威性、时效性、稳定性、实用性、经济性等。同时也要结合各图书情报单位自身的地位、特点、任务、实力以及用户需求情况，建设有特色的参考源。（2）参考服务质量评估。数字参考咨询服务不应局限于在网上开展问答形式,而应最大限度地利用网络优势,对用户进行全方位的主动服务。包括服务内容、服务方式(实时型或非实时咨询)、服务管理(服务组织和人员配置、资源、经费、技术等)。(3)咨询馆员质量评估。咨询馆员的配备、个体素质、服务水平等。服务水平的评价可参考如下标准:可靠性,可靠而准确地开展承诺服务的能力;反应性,帮助用户并提供快捷服务的意愿;保障性,工作人员的知识和礼貌及其传达信用和信心的能力;移情性,对用户给予关切和个别的关注。

第三节 数字参考咨询服务政策

一、数字参考咨询服务政策的概念

随着 DRS 发展,其政策的重要性将日渐凸现。无论打开哪一个 DRS 界面,我们都可以找到其服务政策,正如明确的产品说明,可以促进使用者了解产品的特质,促进使用者和产品之间的沟通。政策(policy)是一种原则的确定,是理念明确化的过程,属于理念决策的层次。具体到实践表现为一种工作手册,是实际工作时的指引,即准则,属于实务工作的层次。DRS 政策是指 DRS 机构为开展 DRS 工作而制定的行动准则。在 DRS 项目运行过程中其显性化服务政策呈现为"服务条款""服务公约""用户须知""服务声明"等。这些显化性服务政策的内容没有统一的标准规范,咨询服务的水平、质量不一,影响了用户群的扩大和咨询工作的进一步发展,因此,迫切需要对显化性服务政策进行补充与完善,制定一部内容更全面、更系统的 DRS 政策。DRS 政策只有建立在相应标准行为规范的基础上,咨询馆员才能在广泛的网络环境和复杂的技术条件下与用户无限制地沟通与交流,在最恰当的时候,把最恰当的知识,传送给最需要的人。

二、我国数字参考咨询服务的政策实例

Jana Ronan 在《问答服务:实时虚拟参考咨询服务指南》中提出了"最佳实践,最佳政策"的口号,并以案例形式对用户、服务、信息素养、用户行为、

客户服务方针、隐私、版权等政策的主要组成要素进行了较为详细的分析和论述。从国内情况来看，目前主要的图书馆都已经开展或正在开展 DRS，也都相应制定服务政策，这些服务政策或多或少涉及上述若干内容，但通过对 5 个"最佳实践"虚拟参考咨询项目服务政策的对比分析，在重视程度、内容范围、应用研究方面存在明显差距。

（一）问题界定

为保证问题得到理想的答案，就要对用户提出的问题加以限定。CALIS 数字参考咨询系统、国家图书馆网上咨询台和北京大学图书馆咨询台为用户提供馆藏服务利用和资源检索方面的问题。国家科学图书馆网上咨询台对问题的界定更详细全面，网上联合知识导航站更着重学科知识的咨询。前者解答便捷参考性的咨询就会疏远大量潜在用户，后者不拒绝学科或不是很深的研究性问题，应该具有很强的生命力，是一个重要方向。内容越详细，咨询问题和咨询服务的针对性就越强，相应提高用户的满意度。

（二）服务对象

用户是服务的对象，也是服务的客体，他们的信息需求是推动参考咨询服务发展的动力。服务对象范围的大小与 DRS 项目运营规模和运行成本有着直接的关系，因此，在制定政策时，需要根据实际承受能力及不同 DRS 方式的特点，明确服务对象范围。国家科学图书馆网上咨询台依据不同 DRS 方式的特点，细化了中科院用户与社会用户的不同。北京大学图书馆咨询台根据实际承受能力，目前本服务只面向北京大学的师生。如果图书馆人力、时间允许，可酌情扩大用户范围，体现图书馆为社会服务的宗旨。

（三）服务时间

服务时间包括开放时间、处理时间与答复时间。开放时间取决于图书馆的人力、财力，也取决于用户的利用习惯。实时咨询通常是在正常的开馆时间内，从周一到周五的工作日。CALIS 数字参考咨询系统与网上联合知识导航站没有规定具体的开放时间，仅标明答复时间；国家科学图书馆网上咨询台延长了开放时间。每个问题处理时间是指实时在线问答之间交流的最长时间。只有 CALIS 数字参考咨询系统与北京大学图书馆咨询台显示了笼统的处理时间，即对于实时问答咨询的问题，将尽力在线解决；如无法解决，保证通过其他途径在规定时间内予以回复。答复时间是指在收到用户提问之后答复用户提问的最长时间，一般适用于非实时型参考咨询，2个工作日内回复。上述5个"最佳实践"都没有显示法定假期是否服务的问题，在服务政策中需要说明服务时间是否包括法定假期这一时间。

（四）用户行为

用户行为一般体现在"用户须知"或"服务声明"，用户依照指引说明，才能及时获取准确的咨询信息。对进入DRS系统的用户采取主要的认证方式包括：（1）用户认证。在DRS的实际运行过程中，用户认证的方式一般分自由注册和读者证号绑定注册两种。采用用户认证一般是出于以下几方面的考虑：一是锁定服务用户范围。因为没有一个图书馆有足够的资源和人力服务于网络上所有的用户，所以必须通过认证把服务限制为自己的用户群。二是对资源利用许可权、用户个人隐私和信息安全的有效保护。三是免去用户下载或安装客户端软件。用户资格认证是通过填写表格获得用户资格。打开主界面，点击用户注册，打开注册资料，依照要求填写，然后选择提交，登录成功后即可使用。注册成功的用户再次进入时，直接填写用户名、密码即可成功登录。如CALIS数字参考咨询系统与国家图书馆网上咨询台，用户注册成功后，即接受服务条款，用户行为必须服从于服务条款，超越服务条款的不良行为将导致服务中断，情节严重者，将送交司法部门处理。（2）不认证。由于用户认证多少会给用户带来使用系统的某些不便，因此DRS系统也可以在服务政策或条款透明的情况下，给自由用户提供免注册直接登入系统获取一般性服务的途径。如国家科学图书馆网上咨询台与网上联合知识导航站。

（五）馆员行为

馆员行为服务政策属于内部规则，表现于显化性服务政策——对于不相关的问题，咨询馆员有权不予回答；可以提供相关主题的线索和导航，也可以提供和指引相应服务项目的联系方式。

（六）隐私问题

一句话，"最佳实践"都承诺严格保护用户的隐私权。网上联合知识导航站又进一步做了提示说明，即"您应该意识到互联网的电子邮件并不是一个安全的通信手段"。

（七）知识产权

知识产权问题是知识经济环境下图书馆开展网络信息咨询服务中不可回避

的问题。除国家科学图书馆网上咨询台显示遵守国家有关知识产权的各项规定外，CALIS 数字参考咨询系统、国家图书馆网上咨询台和北京大学图书馆咨询台片面地涉及一些知识产权问题，从图书情报机构的角度看待知识产权的利益，如知识库中，版权归本图书馆所有、用户不得将从本咨询台获得的信息用于侵害他人版权或其他权利的各种违法活动，也不得利用本咨询台的服务直接或间接地获取商业利益等。较少考虑在开展数字参考咨询服务时，咨询馆员采取将馆藏文献数字化、利用网络传递文献信息、在图书馆主页之间设置链接等行为涉及对作品的复制、发行、传播，若使用不当会引起侵犯作者著作权的问题。而网上联合知识导航站服务政策中没有显示关于知识产权问题的声明。

三、数字参考咨询服务政策的基本内容

国际图联为在全世界范围内推广 DRS，制定了"虚拟参考咨询指南"，其目的是在"全世界推广完善虚拟参考咨询服务"。其他图书馆事业比较发达的国家，DRS 政策的制定也有较为规范的做法。结合我国的具体情况和国际图联的规定，DRS 政策的基本内容框架应该包括以下内容：

1. 总论：将 DRS 列入服务方式之中，明确服务的目的和准则。

2. 定义服务对象：在开展 DRS 之前，有必要明确服务对象。由于网络是跨越时空的，DRS 可能会面对更大范围的读者，哪些服务可以提供给所有读者，哪些服务不能提供给所有读者必须明确指出。

3. 规定服务项目和服务时间：明确 DRS 项目。应该尽力开展多种形式的数字参考服务，包括 E-mail 为基础的服务、实时交互服务、多馆联合开展的解答咨询以及资料传送服务等。在时间上，依靠网络获取资料的读者可能要求更长的服务时间，这一点必须做出明确规定。例如，一些图书馆已经将服务时间延长至 24 小时。

4. 规范服务行为：定义最佳的服务行为，明确行为准则和违反准则的后果。明确解答问题的范围。例如"我们回答事实性或者及时参考咨询问题，我们不回答有关法律咨询、医疗咨询等问题。"

5. 日常工作的程序化规定：例如，在邮件服务中规定每天开邮箱的次数和时间；规定回答读者问题的时间限制等；E-mail 中的礼貌用语等。

6. 对于 DRS 服务人员的有关规定：从事 DRS 人员的必备条件；DRS 人员

的培训和进修规定；数字参考人员的后备队伍安排等。

7. 规定和规范读者培训：包括内容、范围和时间等。

8. 对图书馆网页的规定：如界面友好的具体细节；有关内容更新的时间限制；"常见问题解答"等有关内容。

9. 指出图书馆员有保护读者隐私和维护著作权的责任。网络环境中，读者隐私以及版权保护比传统图书馆条件下更加敏感，必须做出明确规定，以保护读者并维护图书馆形象。

10. 明确公布 DRS 的收费标准。

11. 有关 DRS 宣传的规定：由于读者对这种服务相对比较陌生，所以要在规章中规范宣传工作，包括宣传的项目、次数以及鼓励宣传的政策等。

12. 有关馆际合作的规定：公布 DRS 合作馆，并承诺对合作馆的义务等。

13. 定义读者的不当行为：指出读者必须遵守的规定，并告知读者违反规定的后果等。

四、数字参考咨询服务政策的实现保障

（一）规范化研究

《CALIS 虚拟参考咨询服务规范》由 CVRS 项目组制定。（1）服务对象和服务内容。明确咨询服务的范围、对象和内容。包括承诺提供的服务和约定不提供的服务内容。（2）素质规范。包括计算机应用能力、咨询业务能力、专业知识能力、交流技巧、处理多任务能力、工作态度。（3）行为规范。明确咨询馆员在从事 DRS 中应当遵循的通用规则以及在 DRS 中的咨询态度、咨询响应、咨询纪律和注意事项等。（4）咨询流程规范。明确咨询的工作流程和操作规范，包括将 DRS 流程区分为咨询准备和问题回答流程两个部分。（5）答案质量规范。明确咨询答案引用的参考信息源的选择和评价标准；明确咨询答案内容的基本要求和质量规范原则；明确咨询答案的格式规范以及知识库数据规范等。

（二）人性化设计

（1）DRS 人性化的设计，如国家科学数字图书馆参考咨询系统：中国科学院文献情报中心站点网上咨询台服务方式采用了图文互动，包括"提新问

题""电话和 E-mail 咨询""FAQ""实时咨询""咨询馆员"与"浏览检索",耳目一新,吸引与方便了用户。(2)创造人性化的交互氛围。VRD 人性化的设计不但具有浓厚的学术气氛,体现庄重、淡雅的风格,而且更要有人性化的氛围,慎重使用一些苛刻或中性的用语,多使用些充满温馨的文字。如 DRS 界面上的"用户须知"更正为"温馨提示"、在软件中显示"图书馆员",显得非常冷酷和缺乏人情,建议使用"姓名",这样用户感到亲切舒服。(3)优化 Web Form 的设计。DRS 环境下许多图书馆主页都设有"网上咨询"栏目,用户与咨询人员之间交流可通过图书馆设置的 Web Form 来进行的。用户根据 Web Form 设计的项目填写自己的要求及个人资料,咨询馆员通过对提问表内容的收集来了解用户和提问的信息,并经过与用户之间多次的交互来澄清问题,把握用户真正的需求。所以提问表项目的设计要便于用户对问题的澄清表达,有助于咨询人员对问题的实质与范围的把握。

(三)隐私权与知识产权保护机制

1. 隐私权政策问题

隐私权包括适用范围、信息收集与利用、信息公开与共享、安全保障、隐私权政策的修订等。DRS 隐私权政策包括如何处理用户在登录其网站和服务器时留下的个人身份识别信息。在用户注册 DRS 账户,或访问 DRS 网页,DRS 收集你的个人身份识别资料。如用户的姓名、电邮地址、出生日期、性别、邮政编码、职业、所在行业和个人兴趣。只要用户在 DRS 成功注册并登录服务器,DRS 将可以识别用户。同时 DRS 会自动接收并记录用户的浏览器和服务器日志上的信息。DRS 不会将你的个人识别信息出租或出售给任何人。用户的账户具有密码保护功能,以确保你的隐私和信息安全。最后,DRS 保留对隐私权政策进行修改的权利,并及时通知用户。

2. 知识产权保护机制

首先在充分考虑参加 DRS 机构所属国家、地区的知识产权保护法律法规立法情况和知识产权保护状况的基础上,制定 DRS 的知识产权保护联盟协议,特别是合作 DRS,促使合作各方在共享信息资源、服务网络互联、保护用户隐私等方面达成共识,形成知识产权保护合力。其次,开发、应用 DRS 条件下的知识产权保护技术,如数字标识技术、数字安全和加密技术、存储技术等,为保护知识产权提供有力的技术支持。第三,明确知识产权范围,凡涉及利用信息资源的知识产权问题,DRS 及其用户都不能侵犯相应的知识产权。包括各种参考源、专家知识库、用户所提问选人知识库的信息，在知识产权保护机制环境中适当使用。

（四）质量评估

1. 参考源质量评估

参考源应具有一定的规模，是否够用，学科分布是否合理，类型及分布比例等是否合适；是否具有权威性、时效性、稳定性、实用性、经济性等。同时也要结合各图书情报单位自身的地位、特点、任务、实力以及用户需求情况，建设有特色的参考源。

2. 参考服务质量评估

DRS 不应局限于在网上开展问答形式，而应尽可能最大限度地利用网络优势对用户进行全方位的主动服务。包括服务内容、服务方式（实时型或非实时咨询）、服务管理（服务组织和人员配置、资源、经费、技术等）。

3. 咨询馆员质量评估

咨询馆员的配备、个体素质、服务水平等。服务水平的评价可参考如下标准：可靠性，可靠而准确地开展承诺的服务能力；反应性，帮助用户并提供快捷服务的意愿；保障性，工作人员的知识和礼貌及其传达信用和信心的能力；移情性，对用户给予关切和个别的关注。

4. 用户评价质量评估

用户作为服务的对象，在评价上最具有发言权，用户评价所占的权重应当较大。用户反馈功能可以使 DRS 从用户的角度认识自己的不足，不断改善自己。国外咨询网站都有反馈功能，在用户提交咨询表单后，就会出现填写反馈表的对话框，由用户选择填写与否，可以通过网站上设置的反馈表来进行意见反馈。设立专门的数据库和管理人员，对用户的反馈意见进行收集和分析整理，组织专家对问题进行分析，寻求解决的方法，有效排除影响咨询质量的障碍，以进一步改进服务质量；建立一个服务跟踪机制，以便对咨询馆员的问题解答的全过程进行监控并且可及时向咨询馆员提供反馈信息，提醒其工作中的不足，以保证整个合作参考咨询服务系统的高质量服务。

第四节 数字参考咨询服务标准规范

规范化是分工协作的前提和基础,各个图书馆和信息服务机构要在统一的标准规范框架下,发挥各自的优势,进行国际范围内的合作,共享信息资源、知识产品、咨询专家和服务经验,真正实现为全球用户提供不间断、高质量、跨语种、跨地域、跨学科的参考咨询服务。

一、数字参考咨询服务标准规范制定遵循的原则

(一)借鉴性原则

一个规范或标准要想制定得科学、合理、实用,那就要除了对自身的系统与服务特色有着深入了解与认识之外,还需在正式制定前对业内同类规范进行深入研究,包括其框架、内容、出发点、侧重点、思路等。这一前期工作是非常必要的。它可加深我们对参考咨询服务的认识,开拓思路。在前人工作的基础上再向前发展,避免盲人摸象的局限性及只低头拉车不抬头看路的盲目性。

以 20 世纪 80 年代美国密西根大学 Afred Taubman 医学图书馆的参考咨询服务为例,规范重点放在考察具体某一参考咨询的处理上,对咨询馆员的知识广度、深度、技能方面做出了要求。到了 20 世纪 90 年代,美国图书馆协会(ALA)在制定自身的参考咨询服务规范时发现,以往的参考咨询服务规范着重强调了对咨询解答的准确性,而忽视了另一个方面,即服务过程中所表现出的咨询员行为。因此在 1996 年发布的 "参考与信息服务专业人员行为指南" 中加入并细化了 "可近性" "兴趣" "询问" "查询" "跟踪" 等指标,并为每一个指标提出了几个到十几个不等的行为准则。所有这些,无论从内容上,体系上,思路上都有许多值得我们借鉴之处。所以在真正着手开始制定咨询员参考咨询服务规范前,这一项工作是不可或缺的。

(二)全面性原则

1. 规范的范畴必须涵盖咨询服务的整个流程

DRS 作为一种信息问题解答模式,咨询馆员在服务中就要注意,完成一个咨询的行为流程应当以成熟的信息问题解决模型为依据。以 Big6 模型(它是

一个为满足特定的需求和解决特定任务，利用信息检索技巧来搜索、利用、应用和评价信息的系统化过程）为例，它包括6个步骤，分别是：任务的界定；信息搜索策略；锁定与检索信息；利用信息；综合；评价。这就要求，规范的内容要对这一完整咨询过程做到全面的覆盖，不能忽略其中任何一个基本步骤。否则规范作为咨询服务的指导依据本身就存在缺陷。

2. 规范必须涵盖所有 DRS 方式

因为随着技术的进步，多种多样电子形式的服务手段不断出现，以国内现有的咨询服务方式为例，除了表单咨询、实时咨询，联合参考咨询网还开始借助短信方式开展服务，相信随着科技的不断发展，还会出现更多类型更便捷的咨询方式。这就要求我们的规范不仅要针对读者常用的表单咨询方式对咨询员的服务做出规范，还要根据其他不同服务形式的特征制定出符合其特点的相应规范内容，对所有类型的咨询方式都做到全面覆盖，至少是目前已有的咨询方式。

（三）全员参与的原则

以往常被认为这应该是部门领导或是个别人的事情，与全体咨询馆员无关。这种思想指导下制定出来的规范，其可操作性、实用性、价值性值得怀疑。有两个原因，其一，部门负责人不可能像全职咨询馆员一样，不一定会参与虚拟咨询服务的实际操作，或者说至少不会全天候地参与。这样一来，他对咨询服务中可能出现的各种各样的情况就没有完全的、感性的认知，经验、体会都不如专职咨询员丰富，由他独自制定的规范必然会片面，或者脱离实际，形成了外行指导内行的局面。其二，就算是由个别咨询水平较高、经验丰富的咨询员起草制定的话，仍然会出现某些问题，因为毕竟个人的认识不会面面俱到，会有疏忽或错漏。所以制定规范的时候必须坚持全员参与，这既是一个统一认识，共同提高的过程，同时还能充分调动广大咨询员的积极性和主动性，使制定出的规范更有价值，更具生命力。

（四）动态性原则

就是在实践中，随时随地对规范中合理的内容加以补充完善，对不合理的内容进行剔除。始终使其在动态中不断进步。即规范的制定工作不是一劳永逸的行为，而是一个不断更新、不断调整的过程。

（1）根据咨询软件系统的改进，做出相应的调整。随着 DRS 的深入与合作范围的扩大，原有功能较简单的软件系统需要升级或改版；或将不够完善的某些功能进一步完善。那么，这个时候，就必须要对原有的规范做出相应的修改，要注意及时对其进行补充或加紧新规范的制定工作，使咨询馆员的工作有据可依。以联合参考咨询网软件系统为例，原本设计程序是，系统自动按在线咨询员顺次轮流分配咨询问题，同时也可以由读者自己选择咨询员提问，但在实践过程中发现，这一功能并不完整，因为根据我们的服务承诺，所有的咨询提问必须保证读者在 24 小时内收到回复，但如果读者没有注意到咨询员是否在线而选定了的话（即选定了不在线的咨询员），碰到咨询员休假，就无法在 24 小时内回复咨询，这段时间内的咨询就变成了死咨询，别的咨询员想帮忙解答也爱莫能助。这虽然不是咨询员的责任，但会影响读者对我们服务的信任。所以之后补充了人工调题功能。这一功能的增加就需增补一个调题员的岗位工作规范，保证其工作能得以顺利实施。

（2）定期组织全体咨询员开展工作交流。随着工作的不断开展，必定会有一些新问题出现，一些原本理论上是合理的内容，在实际操作中可能会由于各种各样的原因变得不合理，这些都需要因地制宜地做出适当调整。比如，一条咨询被解答后，考虑到该咨询员在完成回复后，又想到还有其他内容要补充的，或是其他咨询馆员可能发现有更准确、更合适的答案进行追加回复，系统设置了一个追加回复功能，同时在规范中也对"追加回复"做出了相应的要求。但由于现在参考咨询服务合作化的进程不断地加快，参与合作的成员馆越来越多，有些咨询员为了增加可统计的工作量，将本来可以一次性回复的内容，分成多次追加回复，使得工作量虚增。同时，又会给读者在查看咨询结果时造成麻烦。在这种情况下，就使系统不得不对原本能更有效提高服务质量的"追加回复"功能重新考虑，做出调整，并同时修改规范中对"追加回复"的内容。

（3）根据国内外同业的发展，调整 DRS 作为一种朝阳服务方式，它的发展前景非常广阔，变革得也非常快。所以，我们应在开展服务的过程中随时关注本行业的国内外最新动态及发展方向，及时跟进。

（五）配套性原则

规范作为一种行为准则被制定出来后，就面临一个如何保障其能被有效遵守的问题，即相应的履行监督机制。这种机制作为一种配套措施起着强化与保证规范实施的作用，这也就是 DRS 的质量控制体系。该体系应从以下两点出发着手制定。

1. 评估指标科学性的原则

首先，针对不同的服务方式制定不同的评价指标，当然某些指标应该是共通的。如对咨询提问主题的理解力；检索表达式构建的准确度、查全率、查准率及服务交流过程中用户可感知的友好程度等。而对短信咨询由于受系统回复字符数的限制，还要将回复的"简洁明了"作为其特有的评价标准纳入规范。对实时在线咨询还要突出强调响应的及时度等，这里不一一列举。其次，针对整个服务流程中的各项步骤制定全面的评价指标。服务流程的完整性是一项重要内容，按照 Big6 模型，它作为解答信息咨询服务的一套完整的思路，其中任何一个环节的缺失都会影响服务质量。

2. 坚持用数据说话的原则

评价 DRS 的质量，在评价指标制定好了以后，就要对每个指标进行量化，对不便于量化的，也要按优劣给予定性，最后结合对所有指标给出的评定结果进行综合评分。也就是本着用事实和数据说话的原则，而不能凭经验、凭感觉。制订出一套量化的评价体系后，对所有咨询馆员的各类服务数据进行统计分析，这样，既可以从数据的分析中得出反映整体服务质量的变化特征和规律，又能使每位咨询员对自己的努力方向做到心中有数。

（六）文档化原则

当完整的规范及相配套的体系全面建立起来后要制成文档。一方面便于咨询员在开展工作时有一个成形的、体系化的依据；另一方面，也是部门对咨询员服务质量考核与管理最准确、最客观的评价标准。

二、国内外数字参考咨询服务标准规范

（一）国外数字参考咨询标准规范

1. IFLA 数字参考咨询指南

由 IFLA 参考咨询专业委员会于 2003 年 11 月发布，指南分为数字参考咨询服务管理和数字参考咨询工作两部分：第一部分主要从参考咨询规则、计划、人员、培训、界面设计、法律问题、宣传、评估和合作等 9 个方面规范了服务的管理；第二部分则阐述了通用指南、内容指南、实时参考咨询指南和实时问答指南等，对 DRS 馆员的咨询原则、回答流程和行为、格式等方面进行了规范。

2.DRS 实施与维护指南

由美国参考咨询与用户服务协会（简称 RUSA）于 2004 年 6 月正式核准发布，指南包括三个部分：DRS 准备、服务对象和内容、服务的组织。该指南主要关注 DRS 的保障和管理，例如经费支持和资源保障、管理者的支持和其他人员的参与、服务的整合、评估和改进等。

3.Question Point 成员指南

2002 年 6 月发布，分为六个部分：通用指南、质量与准确性、响应时间、得体的回答、有效的监控及期望的行为。规定了参考咨询馆员的资质、咨询程序和问题分配机制等；规定了问题回答的时间、格式和质量，并规定了质量监控的办法；规定了 DRS 涉及的法律问题、隐私政策、知识产权保护，包括咨询规则等原则。

4.K-12 数字参考服务信息咨询专家指南

由美国教育部及其所属的教育资源信息中心合作开发的 DRS（Digital Reference Service，简称 DRS）项目组于 1999 年制定，该指南主要提出了解决参考咨询问题的六个步骤：明确任务、制定和修正信息检索策略、查找和获取、信息的利用（评价信息并把信息转化为答复）、综合（为用户提供答案和参考信息源，对用户提供指导）、评估（参考咨询的整个过程和结果）。

5. 问题/答案流程处理协议 QUIP Knowledge Bit 和 Ask ERIC 网络资源选择标准问题/答案流程处理协议

由美国国家信息标准组织（National Information Standards Organization，简称 NISO）于 2004 年 3 月发布。该协议包括数字参考咨询中信息交换的事务处理过程，定义了一套关于这种信息交换的语法和语义的信息及其规则，支持对问题和答案的处理和跟踪以及包装其他需要交换的信息。该标准定义的协议支持数字参考咨询服务的跨领域相互沟通问题。由 DRS 项目组于 1999 年发布了 1.01 版，即 QUIP 是一种线性元数据格式，用于 DRS 的数据（问题和回答）存储、更新和交换。

此外，美国图书馆协会的参考咨询和用户服务协会为了促进 DRS 的正式化和规范化，提出了一个指导性的规范。该规范对 DRS 的含义做出了界定，并从 DRS 的准备、提供、组织、隐私政策等方面提出了规范化的要求。

（二）国内数字参考咨询服务业务规范

（1）国家科学数字图书馆全院网络参考咨询联合服务是由国家科学数字图书馆运营和管理的一项非营利性网上参考咨询服务。《国家科学数字图书馆全院联合参考咨询服务规范及工作条例》明确规定了网络参考咨询系统服务对象、服务内容与方式、服务流程与规范、用户管理与承诺、用户隐私维护与知识产权、免责条款；咨询工作条例着重明确了时间规定、咨询问答与答案构建、知识库维护、人员职责与任务、专家任职要求等。

（2）由北京大学图书馆起草《CALIS 虚拟参考咨询服务规范》明确合作 DRS 对象、内容、DRS 馆员的素质规范、行为规范、咨询流程规范和答案质量规范等，该规范于 2005 年 5 月开始试验应用。

目前主要的高校图书馆都已经开展或正在开展 DRS，尤其以上海交通大学、北京大学、清华大学等为代表，这些单位有些制订了自己的内部工作规范，有些借用国际常见的规范，如 QP 成员指南的某些条款；有些则并没有制定明确的规范，只是简单约定了服务政策和响应时间等，而在具体的咨询服务中，由于没有统一的业务规范，咨询服务的水平、质量不一，影响了用户群的扩大和咨询工作的进一步发展，因此制定一部 DRS 行为内容规范迫在眉睫。

三、咨询馆员规范

（一）咨询馆员的内涵

图书馆提供的虚拟参考咨询是人工介入知识性劳动，但又是一种劳动密集型的工作，需要投入一定的人力、精力，保证为用户提供及时、良好的咨询服务。国外咨询馆员通常具有某一学科和图书馆学两个硕士学位。美国研究图书馆虚拟参考人员的主体是一般参考馆员、学科馆员和讲授检索课的图书馆员。传统咨询台的图书馆员是 DRS 的最佳人选，因为他们不仅具备参考咨询的知识和技能，而且具备参考咨询的经验，晓得用户的心理，有强烈的职业意识。在工作模式上，可以是专职的，也可既从事传统咨询，也提供 DRS。在大多数图书馆，DRS 通常是普通参考馆员的一部分，他们并不是全部时间都在进行 DRS。对于参考馆员人力不足的图书馆，可在咨询馆员指导下聘用一定数量的馆内外的兼职人员，但必须对他们进行足够的培训。在聘请的馆外人员中，要特别重视学科专家，他们是最理想的兼职咨询人员。也可利用或招聘社会上的志愿人员。

国内的要求不能低于本科，最好具有硕士甚至博士学位；掌握某一学科和图书情报学的知识；具有在图书馆从事服务工作的经历；热爱参考咨询工作，对用户及其求助有满腔的热情。对上岗的咨询专家还应制定严格的工作规范和行为规范，建立考核评价制度，建立定期及时淘汰机制。信息利用绝不是技术问题，而是人的问题。我们的技术已足够多了，但不足的是对人的行为和人际关系的了解。DRS 的质量不仅与元数据、数据库等技术因素有关，也与虚拟参考咨询人员有着重要的关系。因此，在开发技术标准的同时，也在探讨如何制定合理的行为准则，作为从事参考咨询工作的指导原则。

美国参考咨询与用户服务协会（RUSA）1996 年提出了《咨询与信息服务人员行为指南》，用于帮助向用户直接提供信息服务的图书馆员进行培训、发展或评价。包括平易近人、充满兴趣、倾听/提问、检索 4 个方面。我们认为：中国图书馆员职业道德准则及各个图书馆员文明服务规则制度尽管主要是针对面对面服务的，但对虚拟咨询服务同样也是适用的。

（二）咨询馆员基本行为规范可操作性标准

（1）明确 DRS 的目的。

（2）指派监督人员或监督小组来负责规范最佳服务，定义可接受的行为，明确行为准则以及违反准则的后果。

（3）根据现行规则、步骤和网上参考咨询的目的，拟订可行的指南，确保指南与图书馆的基本宗旨相符。

（4）考虑这些规则应该多久修订一次，描述步骤并明确责任。

（5）尊重版权以及其他相关的法律规定。

（6）确定谁能够使用这项服务，谁是主要的用户。如果您的图书馆对所有人提供服务，不论年龄、种族、性别、宗教、社会地位、经济地位或身体状况，那就请申明这一点。如果有排除在外的人员（例如某社区外的用户），那就必须始终如一。

（7）明确图书馆能够回答或不能够回答的问题。例如：我们回答事实性或及时参考咨询问题。我们不回答有关医学或法律咨询方面的问题。我们主要用户提出的问题比其他人的问题有优先权。

（8）制订针对用户不当行为的规则。

（9）根据主要兴趣、能力、可行性、计算机技巧和人际交流技巧挑选参加服务的工作人员作为咨询馆员，明确他们的具体责任和工作。

（10）考虑需要多少全职虚拟咨询馆员以及多少技术人员来分配问题和回答问题。

（11）保持人员数量和时间安排的灵活性。如果不能或者不要求做到每天24小时服务，就应该合理安排工作时间，以求最好地满足用户的信息需求和期待。

（12）定期检查评估工作安排和咨询馆员工作时间，根据需要随时调整。

（13）确定应该由图书馆或资源共享网络中的哪些人员来提供必需的技术支持（完善的技术支持小组对于 DRS 的成功至关重要）。

（14）确定由哪些工作人员来监督对具体规则（例如许可协议规定）的遵守情况。

（15）确定由哪些工作人员负责保证维持参考咨询服务的水准。

（16）计划将这项服务纳入日常工作程序。让工作程序系统化，以备在有 DRS 馆员请假的情况下，不会有咨询问题无人答复。

四、数字参考咨询服务业务规范

在图书馆界就有很多国际公认标准，如信息检索方面的 Z39.50 协议、馆际互借方面的 ISO 10160 和 ISO 10161。由此可见，规范化是大势所趋。因此，DRS 系统也应走向开放和集成，要遵循和借鉴有关数字化加工、资源描述、资源组织、资源互操作和资源服务等方面的标准和规范，要采用和遵循内容编码、数据通信、计算机系统、安全、管理、知识产权、服务运营等方面的标准和规范。只有建立在相应标准规范的基础上，DRS 系统才能在广泛的网络环境和复杂的技术条件下被用户方便地使用，才能与其他信息服务系统方便、有效地交换、转换、整合，才能在变化的技术与运行机制下长期保存和使用，才能被集成为未来的资源与服务环境。目前，许多上网图书馆设置了 DRS 项目，如 DRS、网上咨询、参考咨询等，但实际运行结果不容乐观，术语称谓杂乱，没有统一的名称规范标准，大多数上网图书馆中的虚拟参考咨询服务只是注重计划方案而不是过程，它们更注重创造一个具体的产品或是某项具体的应用，而不是改善参考咨询工作创造一种能积极地生产知识和交流知识的过程，咨询馆员还一如既往地采用一些基本的参考咨询过程，没有注重过程中规范自己的行为与要求。因此，只有建立在相应标准规范的基础上，DRS 系统才能在广泛的网络环境和复杂的技术条件下被用户方便地使用，促进 DRS 稳定、可持续发展。

数字参考咨询服务业务流程

无论何种类型的虚拟参考咨询，虽然在具体方式上存在一定的差异，但其业务流程大体上是相同的，包括：图书馆用户提出问题；馆员对问题进行分析并进而确定需要哪些信息；咨询馆员对问题进行商议，识别并挑选能够提供答案的具体参考工具，挑选能提供答案的参考源；馆员把挑选出的信息传递给用户。要使此工作流程顺利进行，必须在此流程中确立行为内容规范。

数字参考咨询服务业务规范内容主要是明确咨询的工作流程和操作规范，包括将 DRS 咨询流程区分为咨询准备和问题回答流程两个部分，其中咨询准备包括：熟悉服务规则和服务规范；准备配合参考咨询工作的相关人员名单和联系方式；准备用户指南以及其他相关文件等。问题回答流程可以分为明确任务、信息检索策略、查找和获取、转发问题、信息的利用综合、评估、提交知识库、咨询案例的积累与统计分析等。

1. 数字参考咨询服务必须提供信息，告诉用户您是如何为他们的问题找到答案的，借此培养用户的信息素养。

2. 保持客观的态度，不要在回答问题时就题目或问题的性质发表判断性意见。

3. 采用中性的询问技巧来判断"真正要问的问题"。一旦问题确定，为用户提供准确的回答，根据需要决定答案的长度、深度以及完整性。如果要将问题同时转发给咨询台的其他同事，也请向用户说明。

4. 对于那些需要深度研究的问题，可以根据情况提供帮助。花费在检索上的时间应限制在上级规定的时间之内。

5. 组织得很好的书面回答应该有开头、中间部分和结尾。开头：向用户问好，包括一般性的谢语，感谢用户使用这项服务，直接提到用户问题的内容。例如"有关 __ 的信息可以在 __ 找到""需要有关 __ 更多的信息，我们建议 __"。中间部分：按照统一的格式提供完全的参考资料引文。如果随信或另外附上其他文件，仔细描述所有的文件。解释是如何找到这些相关信息的，如果资料出处不明显的话，说明出处所在。签名：签名应该是结尾的一部分。咨询馆员签名应该包括馆员姓名或姓名缩写、职位、所在图书馆和按规定提供的联系方式,例如:"我们希望提供的信息对您的研究有用""我希望您觉得这个信息有用""我们希望回答了您的问题。如果还有其他问题,请再与我们联系,我们很高兴提供更多的帮助"。

6. 避免使用行话、缩略词或网上缩略用语(例如:BTW,IMHO)。

7. 回答问题应该书面表达清楚,并尽量与问题的水平保持一致。

8. 提供准确的回答——确证事实并了解(评估)出处。

9. 只挑选和引用权威性资料。纸质资料的评估标准是:作者、出版年份、版本或修订版本、出版者、题名、对象、覆盖面、写作风格等。书评的评估标准是:准确性、权威性、现实性、客观性。网上资源的评估标准是:作者、内容、域名、最后修订时间、客观性、权威性和准确性。总是提供完全的信息来源,不管是网页、参考工具书、数据库还是其他资料。尽可能在本馆内使用统一的引文样式。

10. 咨询馆员应该通过提供分析、描述、关键词、检索路径或者解说的方式来增加信息的价值。

11. 咨询馆员应该尽量为每一个问题查找和推荐至少一个资料来源。

12. 理想的情况是,用户一进入聊天咨询程序,即开始聊天问答。对于通过聊天程序提出的问题,应该按提出的先后次序给予回答。为聊天咨询用户提供服务的咨询馆员应该在聊天咨询一开始时就说明自己的身份。

13. 注意其他等待的用户(各种有关聊天式参考咨询服务的研究表明聊天问答的平均时间最好控制在大约 15 分钟左右。咨询馆员可以根据自己的判断来掌握时间)。

14. 进行检索时,要不时提醒用户他们的聊天问答没有中断。

15. 给常用的网址做标签。

16. 适当注意拼写、语法和大小写。"聊天"的书写方式比正式写作通常更为随意。

17. 编制全馆统一使用的样本,帮助馆员节约时间,在本馆提供统一的服务。管理服务的负责人应批准使用统一的样本。鼓励咨询馆员根据需要编制个性化样本,以便应对别人无法处理的、要求相似回答的问题。处理特殊的专业学科问题要求个性化样本。提到其他图书馆、机构、资料来源和网址时使用统一的措辞。创建与本馆或本小组统一样本不同的固定问候或结尾用语。

五、国外 IFLA 数字参考咨询指南

（一）简介

"'虚拟参考咨询''数字参考咨询''在线参考咨询''因特网信息服务'和'实时参考咨询'等词可以互换，都可以用来描述通过应用计算机技术来实施的参考咨询服务……"IFLA 参考咨询讨论小组成立于 1998 年，目的是研究新技术对参考咨询工作和用户期待的影响。2002 年，IFLA 意识到这些问题的重要性以及该小组所引起的广泛关注，正式成立了参考咨询专业委员会。这个指南源于几年来的参考咨询工作专题研讨和会议。这个指南的目的是在全世界推广完善数字参考咨询服务。网络环境特别适合图书馆合作的工作方式和发展资源共享。不同国家的图书馆可能会有不同的公共服务传统，这些传统影响到现有的参考咨询工作以及用户的期待，但是，我们同样应该意识到，新的技术将会使图书馆员重新定义公共服务的范畴。这个指南试图针对不同的传统来建立一些通用标准，希望能够有助于全世界的图书馆专业人员充分地探索各种可能性。

这个指南提到的一些问题可能会引起更多的思考和问题的延伸探讨，包括变化的管理，例如：数字参考咨询工作的管理人员如何减少新的工作模式对图书馆工作人员、工作安排和用户的影响；可能还需要通过更多的努力来判断不同的机构具体需要多少资金来进行这些工作，包括聘用人员、采购资源和设备等。

（二）范畴

这个文件涉及的对象是从事实际工作的图书馆专业人员和图书馆管理人员：

第一部分：数字参考咨询服务管理：这是针对负责计划的管理者而写的。

第二部分：数字参考咨询工作：为数字参考咨询服务的实际工作人员提供指南，并明确实际工作的标准，以利于开展合作。

定义基本用户：在开展数字参考咨询服务前，有必要明确服务对象。必须考虑到新技术可能会影响和扩大图书馆的基本用户范围。当图书馆在网上出现

时，它的物理位置不太重要。除了图书馆传统的读者，新的和不同的用户可能也会选择网上服务。

（三）数字参考咨询服务管理

在开展新的服务之前，应该检查现有的图书馆工作步骤和方针，了解如果转向或增加新的数字环境，这些步骤和方针将会受到什么影响。可能需要重新调整长期以来贯彻执行的服务方针，对其进行说明和调整，以符合新环境的要求。

1. 参考咨询规则

（1）明确这一新的参考咨询服务的目的。

（2）指派监督人员或监督小组来负责规范最佳服务，定义可接受的行为，明确行为准则以及违反准则的后果。

（3）根据现行规则、步骤和网上参考咨询的目的，拟订可行的指南，确保指南与图书馆的基本宗旨相符。

（4）考虑这些规则应该多久修订一次，描述步骤并明确责任。

（5）尊重版权以及其他相关的法律规定。

（6）确定谁能够使用这项服务，谁是主要的用户。如果您的图书馆对所有人提供服务，不论年龄、种族、性别、宗教信仰、社会地位、经济地位或身体状况，那就请申明这一点。如果有排除在外的人员（例如某社区外的用户），那就必须始终如一。

（7）明确图书馆能够回答或不能够回答的问题。例如"我们回答事实性或及时参考咨询问题。我们不回答有关医学或法律咨询方面的问题。我们主要用户提出的问题比其他人的问题有优先权。"

（8）制定针对用户不当行为的规则。使用这项服务的人员的行为应该符合其目的和功能。

2. 计划

提供服务的范围必须实际可行，符合现有的资金来源和社区对象的需求。

（1）在图书馆内建立一个由管理者和实际操作人员组成的工作小组，探讨可行的服务方式并制定服务优先规则。

（2）明确具体的目的：对未来的看法——这项服务将会如何满足社区的

要求？随着时间的推移，这项服务将如何发展？

（3）起草一份先期实施计划。

（4）评估现有的软件和服务。

（5）确定最有可能的资金来源。

（6）征求用户反馈。

（7）确定其他图书馆（当地和本地区等）是否有兴趣贡献资源，建立合作服务。

（8）根据结果重新评估先期实施计划。

（9）递交实施计划，争取管理部门的支持。

3. 人员

（1）根据主要兴趣（这是关键）、能力、可行性、计算机技巧和人际交流技巧挑选参加服务的工作人员，明确他们的具体责任和工作。

①考虑需要多少全职图书馆员以及多少技术人员（如果需要的话）来分配问题和回答问题。

②保持人员数量的灵活性，以便可以接纳更多的人员。也许有人对这一新的概念熟悉起来后，会表示有兴趣参加这项服务（必须记住这个工作的未来依靠的是鼓励，而不是打消人们的兴趣）。

③如果不能或者不要求做到每天24小时服务，就应该合理安排工作时间，以求最好地满足用户的信息需求和期待。

④定期检查评估工作安排和图书馆员工作量，根据需要随时调整。

⑤为主要工作人员和后备人员制订一个总的工作安排。

（2）确定应该由图书馆或资源共享网络中的哪些人员来提供必需的技术支持（完善的技术支持小组对于数字参考咨询服务的成功至关重要）。

①确定由哪些工作人员来监督对具体规则(例如许可协议规定)的遵守情况。

②确定由哪些工作人员负责保证维持参考咨询服务的水准。

③计划将这项服务纳入日常工作程序。让工作程序系统化，以备在有工作人员请假的情况下，不会有咨询问题无人答复。

4. 培训

基本要点：

（1）确定由谁来培训工作人员，安排工作人员培训和专业进修时间。数字参考咨询服务图书馆员应该具备的主要技巧包括：

①能同时进行多项工作。

②清晰交流的技巧，尤其是书面交流的技巧。

③数据库和网上检索的技巧。

④对话技巧——以补充视听方面的不足。

⑤了解参考资源。

⑥熟悉选用的软件程序。

（2）根据需要更新培训内容。鼓励和支持工作人员定期碰头，交换经验和看法。

5. 界面设计

数字参考咨询服务网站应该设计合理，使尽可能多的人使用资源和得到专业人员的帮助，而不受语言、技术能力或身体方面的阻碍。请注意：尽管您规划的是网上服务，不要忽略有效提供数字参考咨询服务在物理或物流方面的细节：为工作人员提供适当的工作空间，包括家具、硬件、软件、纸张、上网便利、Web 浏览器和必要的电子邮件账户。对于服务来说，这些与用户在自己的计算机屏幕上看见的东西一样重要。

同样必须创建合理的虚拟工作空间：

（1）采用"用户友好"界面和便利导航。

①在整个网站实行标准的架构和设计，以便新来的用户在打开一两个屏幕后就能够了解如何漫游。在图书馆所有网页上始终设置连接该项服务的链接。

②尽量使用图像和图标来为用户导航，尽量不要用大段文字充满整个页面。

③清楚说明自己是哪个图书馆，并提供连接到图书馆主页的链接。

④用一段简单的话来介绍本馆的参考咨询服务，告知用户提出问题后，一般需要等待多久才能获得答案（例如：本参考咨询台对提出的问题在 5 天之内做出回答）。

⑤提供足够的帮助信息指引用户填写提问表单（例如"您现有的资源栏目"

应该包括至少一个例子，向用户解释时有必要写明自己现有资源的卷期号、页码、日期、题名和作者等内容）。

⑥应该加在表单上的常用信息栏目还包括"电子邮件地址"和"提问内容"等，另外还可以考虑加上"姓名""电话""教育程度"（为了更有针对性地回答问题）"提问原因"等。还可以增加您认为有助于完善这项服务的其他栏目，但不要设置过多栏目，以至令人生畏。

⑦提供连接馆内馆外资源的链接（定期评估更新），包括主页、网上书目、数据库、FAQ 等。

⑧提供有关图书馆一般参考咨询、问答规则和服务指南的链接。

⑨说明和提供各种图书馆工作人员的联系方式：实时聊天服务、电子邮件、Web 表单、传真、普通邮件和电话等。

（2）规划网站时，必须考虑潜在用户的硬件和技术能力的限制。必须注意尽量减少使用该项服务的硬件要求。

①遵守规则和法律，保证所有的用户，包括残疾人士都能够使用这项服务。

②清楚地说明由谁来回答问题，说明这项服务不能够做的事情。

例如：由于时间有限，问题量多，我们不能够将资料传真给读者、代编参考文献、进行深度检索查询、通过这项服务续借图书资料。

③隐私权声明和免责声明等（根据当地的法规来制定）。

④提供读者信息反馈的方式，例如问卷或邮件等。

6. 法律问题

所有的图书馆员都必须熟悉了解本地区有关公共图书馆的法规，当服务范围受到影响时，应告知用户。

（1）数字参考咨询和信息自由。

（2）国家信息法规。

（3）公共信息法规。

（4）相关法规。

（5）版权。

（6）隐私和保密问题。

（7）许可协议。

（8）合作关系。

7. 宣传

（1）明确主要用户。

（2）制定服务"身份"和标识时，要想到目标用户群。

（3）鼓励工作人员对图书馆长期读者进行口头宣传。

（4）在图书馆的网页、潜在的合作伙伴机构网页上建立链接。

（5）联络当地媒体，包括社区报纸、图书馆之友简讯、地方电台和当地的教育机构。

（6）通过专业和特殊兴趣邮件列表贴出通告。

8. 评估

（1）对读者和工作人员进行用户调查。重视工作人员和用户对服务的关注、疑难和问题。

（2）编制和评估服务活动的统计数据以及可能的技术和规则问题。

（3）根据统计分析以及图书馆员和用户的反馈意见调整服务。

9. 合作

网上工具使图书馆能够与相似的或者其他互补的机构共享资源，这使得它们能够给读者提供更广泛的服务和专业技能，但是合作并非没有挑战性，合作者应该：

（1）制定共同的新的服务目标。

（2）制定共同的工作和程序指南。

（3）在合作伙伴之间建立相互信任，提高可信度。

（4）仔细考虑那些可能会限制资源共享的问题，包括著作权法、许可协议、责任和国家信息政策等。

（四）数字参考咨询工作的开展

1. 通用指南

数字参考咨询服务必须达到传统参考咨询服务的标准，参加者必须：

（1）保证提供最有效的帮助。

（2）回答问题时显示职业礼貌和尊重。

（3）坚持知识自由的原则。

（4）告诉用户已收到问题，并尽快回答问题。必须快速有礼貌地回答信件和其他形式的问询（IFLA 公共图书馆网页）。

（5）明确回答问题的时间，并遵守时间。

（6）遵守电子和印刷资源版权许可协议、其他特殊使用规定以及所有相关资料的版权法规。

（7）使用好的检索策略。

（8）回答所有分配给自己的问题，哪怕有时只是说"对不起，我不知道。但是您可以试试……"。

2. 内容指南

（1）数字参考咨询服务必须提供信息，告诉用户您是如何为他们的问题找到答案的，借此培养用户的信息素养。

（2）保持客观的态度，不要在回答问题时就题目或问题的性质发表判断性意见。

（3）采用中性的询问技巧来判断"真正要问的问题"。一旦问题确定，要为用户提供准确的回答，根据需要决定答案的长度、深度以及完整性。如果要将问题同时转发给咨询台的其他同事，也请向用户说明。

（4）对于那些需要深度研究的问题，可以根据情况提供帮助。花费在检索上的时间应限制在上级规定的时间之内。

（5）组织得很好的书面回答应该有开头、中间部分和结尾。

①开头：向用户问好，包括一般性的谢语，感谢读者使用这项服务，直接提到用户问题的内容。例如"有关 __ 的信息可以在 __ 找到""需要有关 __ 更多的信息，我们建议 __"。

②中间部分：按照统一的格式提供完全的参考资料引文。如果随信或另外附上其他文件，仔细描述所有的文件。解释是如何找到这些相关信息的，如果资料出处不明显的话，说明出处所在。

③结尾：签名应该是结尾的一部分。咨询馆员签名应该包括馆员姓名或姓名缩写、职位、所在图书馆和按规定提供的联系方式。

（6）避免使用行话、缩略词或网上缩略用语（例如：BTW，IMHO）。

（7）回答问题应该书面表达清楚，并尽量与问题的水平保持一致。

（8）提供准确的回答——确证事实并了解（评估）出处。

（9）只挑选和引用权威性资料：

①纸质资料的评估标准是：作者、出版年份、版本或修订版本、出版者、题名、对象、覆盖面、写作风格等。

②书评的评估标准是：准确性、权威性、现实性、客观性。

③网上资源的评估标准是：作者、内容、域名、最后修订时间、客观性、权威性和准确性。

④总是提供完全的信息来源，不管是网页、参考工具书、数据库还是其他资料。尽可能在本馆内使用统一的引文样式。

（10）咨询馆员应该通过提供分析、描述、关键词、检索路径或者解说的方式来增加信息的价值。

（11）咨询馆员应该尽量为每一个问题查找和推荐至少一个资料来源。

3. 聊天式参考咨询指南

（1）理想的情况是，用户一进入聊天咨询程序，即开始聊天问答。

（2）对于通过聊天程序提出的问题，应该按提出的先后次序给予回答。

（3）为聊天咨询用户提供服务的图书馆员应该在聊天咨询一开始时就说明自己的身份

（4）注意其他等待的用户（各种有关聊天式参考咨询服务的研究表明聊天问答的平均时间最好控制在15分钟左右。图书馆员可以根据自己的判断来掌握时间）。

（5）进行检索时，要不时提醒用户他们的聊天问答没有中断。

（6）给常用的网址做标签。

（7）适当注意拼写、语法和大小写。"聊天"的书写方式比正式写作通常更为随意。

（8）编制全馆统一使用的样本，帮助馆员节约时间，在本馆提供统一的服务。管理服务的负责人应批准使用统一的样本。

①鼓励馆员们根据需要编制个性化样本，以便应对别人无法处理的、要求相似回答的问题。处理特殊的专业学科问题要求个性化样本。提到其他图书馆、

机构、资料来源和网址时使用统一的措辞。创建与本馆或本小组统一样本不同的固定问候或结尾用语。

②如果在某段时间内不能结束聊天，而同时还有其他用户等待时，可以告知用户将通过电子邮件做出答复，并告知大约需要多少时间，例如"我将继续为您寻找答案，将在×小时或分钟内给您发送邮件""这个回答是否能替您开个头？""我是否能通过电子邮件给您答复？"。

③如果合适的话，同时与几位用户聊天。在您觉得可以的时候，开始与第二位用户聊天（建议使用另外一个浏览器）。例如，您可以说"我现在还同时回答另一位用户的问题，我会尽快回来与您对话。""请您等5分钟好吗？"

4. 聊天问答指南

（1）弄清楚需要什么信息。先让用户表达清楚信息需求再做出回答。

（2）使用留有余地的提问技巧来鼓励用户解释问题，例如"请多谈谈您的问题。"，或者"您还能够告诉我更多的信息吗？"，或者"您需要多少信息？"。

（3）通过提问来精简检索需求，例如"您目前已经找到了什么信息？"，或者"您需要哪种信息（书、文章还是其他）？"，或者"您需要最新的还是过去的信息？"。将很长的回答分成几部分（例如30个词左右为一个部分），这可以避免过长的停顿时间，而且当您还在继续回答时，用户就可以开始阅读您之前的回答了。

（4）对用户解释您的检索过程，随时描述您找到的信息。请记住用户看不见您，应该让用户知道您正在检索什么，检索到哪里了。

（5）如果您要去查找印刷资源，或者需要花一些时间回答问题，最好是告诉用户可以查找的资源，或者请他们通过电子邮件咨询。

（6）提供完全的参考资料引文。

（7）如果有的问题需要用户请教别的参考馆员，详细地告诉用户应该向谁提问，联系方式以及应该问什么问题等。

（8）不当行为：如果用户行为不当（根据本馆指南来判断），发送一个统一格式的警告信件或终止问答。重复骚扰者应上报。

（9）像说话一样，以谈话的方式输入文字。

（10）称呼用户的姓名，必要时向他们提问。

（11）避免"是"或"不"的简单回答。"是"或"不"可能被视作冷淡或不友好。要像面对面咨询那样问答。

（12）说明容易混淆的词的意思，避免过多的行话，使用用户能够明白的词汇。

六、CALIS 数字参考咨询服务规范

《CALIS 虚拟参考咨询服务规范》（以下简称 CVRS 规范）由 CVRS 项目组制定、北京大学图书馆起草，2005 年 5 月开始试验应用。

（一）CVRS 规范的原则

规范在制定过程中遵循了以下国际通用的原则：

（1）通用性：规范具有广泛的适用性，充分考虑到 DRS 过程中的各个环节，具有普遍的指导意义。

（2）系统性：规范应体系完整、内容全面，充分吸纳现有通行的 DRS 规范，并结合 DRS 发展的现状与实践，对 DRS 的方方面面都做出细致的规定。

（3）可操作性：规范应阐述清楚、可操作性强。所有规范都应有事实的咨询案例作为依托，并容易被广大 DRS 馆员接受和遵照执行。

（二）CVRS 规范主要内容

1. 服务对象和服务内容

明确咨询服务的范围、对象和内容——包括承诺提供的服务和约定不提供的服务内容。CVRS 的服务对象依据本地、地区、全国三个级别的服务来确定，其中本地服务对象以本地用户为主，即与高校图书馆现有用户基本相同，以教学、科研人员、学生为主，同时可根据成员馆自愿，兼顾其他；地区服务对象是地区高校所有的用户；全国服务对象则是全国高校的用户。

由于服务对象主要是高校用户，CVRS 提供和不提供的咨询服务内容规定如下：

（1）提供图书馆服务的相关政策、一般知识、服务程序等问题的咨询。包括图书馆入馆指南，例如开馆时间、规章制度、馆藏资源分布等；读者服务，例如网络课程、图书借阅、馆际互借等；馆藏特色和图书馆服务介绍；馆藏数据库使用说明；用户使用指南等。

（2）提供知识性问题的咨询。包括学科知识、常识性知识的问答；图书馆参考书、工具书、书目信息、数据库的检索和使用辅导；研究性问题、课题等背景资料的检索方法、检索途径与检索策略的提供等。

（3）不提供的咨询服务内容。CVRS 不提供学科知识以外的问题咨询，比如健康咨询、心理咨询、旅游娱乐咨询等；不提供作业辅导；不提供各种检索结果中有版权问题的或者费用较高的原文资料，如果用户需要，将之转到文献传递服务；最后，CVRS 不提供其他任何与图书馆服务无关的问题咨询。

2. 素质规范

从六个基本能力方面明确了 DRS 馆员的素质要求。

（1）计算机应用能力：要求 DRS 馆员能够熟练操作计算机设备，键盘技能纯熟，打字速度快、准确度高；要求了解网络的基本知识并能熟练运用；要求熟练操作常用软件，如 Office 办公自动化系列软件、解压缩软件、网络浏览器等，经过培训能够熟练应用 CVRS 虚拟咨询系统。

（2）咨询业务能力：要求 DRS 馆员熟悉各类咨询资源，如电子资源、工具书等；要求熟悉图书馆各项业务，了解图书馆馆藏分布，了解服务项目和服务内容等；要求具有较高的检索技能，能够快速准确地找到答案。

（3）专业知识能力：要求咨询馆员必须具有 DRS 所涵盖的主题专业知识和专业技能。

（4）交流技巧：要求 DRS 馆员具备书面和对话交流能力。

（5）处理多任务能力：要求 DRS 馆员同时具备处理多个问题、多项任务的能力。尤其在进行实时咨询的时候，可能有多个用户同时提问，同时咨询馆员还可能需要处理电话和到馆咨询等，这些都要求咨询馆员能够采用适合环境的策略。

（6）工作态度：要求 DRS 馆员对工作认真负责。

3. 行为规范

明确咨询馆员在从事 DRS 中应当遵循的通用规则以及在 DRS 的咨询态度、咨询响应、咨询纪律和注意事项等。

（1）数字参考咨询总则。共有五条，分别是：保证为用户提供最有效的帮助；坚持知识自由的原则；法律许可原则；隐私保护原则和遵守《CALIS 虚拟参考咨询服务规范》。其中"坚持知识自由原则"是强调提供正确、熟练的、客观的回答;"法律许可原则"即遵守电子和印刷资源版权许可协议、遵守其他特殊使用规定以及所有相关资料的版权法规,同时必须熟悉本地区有关图书馆的法规,当服务范围受到影响时,应告知用户;"隐私保护原则"是指回答问题的咨询馆员及用户之间的所有问答都受到严格的隐私保护。

(2)数字参考咨询馆员行为规范。咨询态度:要求DRS馆员在进行咨询时应注意语气,礼貌客观;不得对用户进行批评和说教;不能带有个人情绪;咨询馆员应回答所有分配的问题,如果有些问题不好回答,可以请用户直接到馆咨询或者改用电子邮件咨询;咨询馆员必须使用咨询规范(礼貌)用语。

咨询响应:要求DRS馆员必须快速响应用户的咨询,对实时咨询应按规定时间上线回答,并即时响应;对电子邮件咨询需要定期检查,一天不少于两次。同时,DRS馆员应该在规定时间内回答问题——实时咨询应即时回答;电子邮件咨询回答时间应为2个工作日。如果用户的问题在规定的期限内无法回答,也应在规定期限内发信给用户解释,请用户谅解并告知会尽快解答问题。

咨询纪律:要求DRS馆员遵守如下基本纪律——告诉用户已收到问题,并尽快回答问题,必须快速有礼貌地回答信件和其他形式的问询;明确回答问题的时间,并遵守时间;回答所有分配给自己的问题。

4.咨询流程规范

这部分主要是明确咨询的工作流程和操作规范,包括将DRS流程区分为咨询准备和问题回答流程两个部分。其中咨询准备包括:熟悉服务规则和服务规范;准备配合参考咨询工作的相关人员名单和联系方式;准备"读者指南"以及其他相关文件等。问题回答流程可以分为明确任务、信息检索策略、查找和获取、转发问题、信息的利用、综合、评估、提交知识库、咨询案例的积累与统计分析等九个环节。其中"明确任务"主要是识别问题和用户特征,真正了解用户的问题和用户知识层次、技能以及他们能够获取的资源;"综合"是对用户清楚地表述答案,并提供相关的参考信息源;"评估"是指评估参考咨询的整个过程和结果。答案质量规范这部分主要是明确咨询答案引用的参考信息源的选择和评价标准;明确咨询答案内容的基本要求和质量规范原则;明确咨询答案的格式规范以及知识库数据规范等。

(1)参考信息源选择和评价标准。规定在咨询解答时必须选择和引用权威性资料;尽量使用商用信息资源和工具书;认为搜索引擎只能是辅助性参考工具,不能作为主要的信息源。CVRS推荐的常用参考信息源包括:图书馆目录；文摘索引；字、辞典；百科全书；年鉴/手册/名录；期刊；会议文献；学位论文；统计资料；其他。CVRS 规范也推荐了主要参考信息源包括纸质资料、书评和网上资源的评估标准。

（2）答案质量规范原则（答案内容的基本要求）对答案内容提出了五项基本要求，分别是：答复内容应礼貌、清晰简洁、格式规范；答案应具备客观性和准确性；应提供最终答案；应与用户进行交互；应对用户具有教育指导作用。其中"与用户进行交互"包括通过与用户的交流澄清问题，鼓励用户提供更多的身份识别信息，以及获取用户的反馈信息等；"用户教育指导"是指 DRS 馆员不仅要向用户提供直接的、事实性的回答，还应为用户在同主题的知识领域提供一定的指导以及指向相关信息的路径，比如参考信息源和检索策略等。

（3）答案格式规范明确了咨询答案的格式内容及其要求，规定答案格式应包括开头（包括问候语、重复或澄清用户问题等）、中间部分（包括答案和参考源、检索策略）和结尾（包括结束语和致谢以及签名等）；答案回复时应书面表达清楚、语言清晰、使用正确的语法和拼写，并应对检索结果进行初步整理，避免用户因太多格式而看不明白内容。

（4）知识库数据规范

除了对咨询解答的答案进行规范外，CVRS 规范还对需要提交入知识库的问题答案的数据格式进行了严格的规范，并且形成了专门的规范文档——《CALIS 分布式合作虚拟参考咨询服务项目〈知识库—问题元数据规范〉》，该规范已于 2003 年 6 月由北京大学图书馆起草并在 CVRS 项目中应用。该规范规定了 CVRS 知识库元数据标准的内容结构及元素定义，明确了著录单位和著录对象之间的关系，并建立了 CVRS 知识库元数据与 QUIP、QuesUonPoint、DC 等元数据元素之间的映射。

第五节　数字参考咨询服务管理体系

一、数字参考咨询工作小组

首先应成立 DRS 工作小组，负责推进 DRS 的各项工作，包括国内外调研、本馆现状分析、需要解决的问题等，提出有关开展 DRS 的政策建议。其次，开展 DRS 必须投入一定的人力、物力和财力。美国 DRS 的发展与政府的重视有密切的关系，如 Purdue 大学建立的 DRS 咨询台得到了美国国家科学基金会（NSF）提供的经费支持。从所调查的图书馆来看，94% 的图书馆没有专项预算支持开展 DRS，这与国外形成鲜明的对比。资金短缺已成为制约 DRS 发展的重要的因素之一。国内图书馆也可考虑申请或争取来自社会与政府的支持。

二、建立数字参考咨询专家团队

图书馆提供的 DRS 是人工介入知识性劳动，但又是一种劳动密集型的工作，需要投入一定的人力、精力，保证为用户提供及时、良好的咨询服务。

关于人员来源。美国研究图书馆 DRS 人员的主体是一般参考馆员、学科馆员和讲授检索课的图书馆员。传统咨询台的图书馆员是 DRS 的最佳人选，因为他们不仅具备参考咨询的知识和技能，而且具备参考咨询的经验，晓得用户的心理，有强烈的职业意识。在工作模式上，可以是专职的，也可既从事传统咨询，也提供 DRS。在大多数图书馆，DRS 通常是普通参考馆员的一部分，他们并不是全部时间都在进行 DRS。对于参考馆员人力不足的图书馆，可在参考馆员指导下聘用一定数量的馆内外的兼职人员，但必须对他们进行足够的培训。在聘请的馆外人员中，要特别重视学科专家，他们是最理想的兼职咨询人员。也可利用或招聘社会上的志愿人员。在 IPL，其大多数咨询人员都是志愿人员。图书馆工作是一项社会性工作，与志愿组织联系，或自己组织招聘一定数量的志愿人员也是完全可能的。（1）传统参考咨询馆员转变而来的复合型参考馆员，既可提供到馆咨询，也可提供 DRS，属于专职参考馆员。（2）兼职参考馆员。

可聘请一些拥有学科背景的校内外专家作为兼职参考馆员，而对于一般事实性的问题可安排一些大学生到咨询台。

关于人员要求。信息利用绝不是技术问题，而是人的问题。我们的技术已够多了，但不足的是对人的行为和人际关系不够了解。DRS 应更多地运用人的智慧和能力。从美国 Brigham Young 大学远程参考咨询专家的职责和资格要求，可以了解 DRS 馆员承担的任务和应具备的素质。

职责：协调 DRS 各个方面，包括向外部用户提供的同步和异步咨询，如任务安排、服务人员的培训、数据收集与统计分析、质量保证等；DRS 的宣传推广；与分布式学习服务馆员和咨询协调员紧密合作；为主要用户解决利用中的技术问题；测定异常现象并确定引起异常的根源；联系有关部门解决和纠正发现的问题；向用户通报问题的解决；定期监测电子资源的利用；在总咨询台向用户提供咨询服务；讲授怎样利用图书馆。

资格要求：在 ALA 认可的机构获得图书馆学硕士学位；了解 DRS 现有的和新的模式与趋势；熟悉在分布式环境下提供图书馆服务；具有诊断和解决用户利用电子资源的技术问题的能力；良好的交流及人际关系能力，包括与同事和师生协作的能力；具有提供参考咨询与信息素质教育的能力；具有规划、推动、管理和评价项目和服务的能力；能够适应不断变化的技术环境和动态变化的参考咨询环境。

由此可见，对 DRS 人员的要求是非常高的，不仅要热爱这项事业，还要具有资源和用户方面的知识、信息检索技能、信息的判断能力、良好的网络知识和技术以及团结协作的精神。河南省部分上网图书馆在建立虚拟参考咨询工作模式过程中，关于人员要求的建议是值得借鉴的。

关于人员培训。传统的参考咨询是 DRS 的基础，但是，DRS 需要特定的业务程序、技能和培训。我们对国内 21 个图书馆的调查显示，86% 的国内图书馆认为图书馆有必要开展 DRS 方面的培训。应进行哪些方面的培训，根据调查，国内外对培训内容的看法与做法有许多相似之处。

DRS 培训的要点：DRS 的特点和功能；遵循软件功能的培训，如发送欢迎辞、增加自己的脚本信息、剪切复制 URL 到图书馆员的浏览器窗口、发送网页、转发、发送脚本信息等；各种参考源的特点，如何分析问题，如何确定检索策略；知识和评价标准，对答案的基本要求；DRS 的礼仪要求；用户反馈的处理及 DRS 的评价方法等。

以上这些都可以作为图书馆进行 DRS 馆员培训的依据与要求。

三、用户

合理地调配人力，在政策上适当限制外，如果图书馆人力、时间允许的情况下，应减少对用户区别的限制。

关于用户认证。国内外对进入 DRS 系统的用户采取几种认证方式，河南省部分高校可以酌情参照执行。（1）不认证。一些图书馆将系统向所有的用户开放。（2）要求区号、借书证号、学号或其他个人号码。这是国外比较普遍的方法。多数图书馆设计一个简单的认证页面，用户可登录区号、借书证号等，系统对号码加以识别。（3）使用现用的认证方法。国外有的大学图书馆采取校园网络登录安全措施，有的图书馆在向馆外用户提供利用数据库和其他资源时已使用了某种认证方法，所以只需将 DRS 与现用的认证系统连接。（4）IP 地址认证。系统可自动确认进入系统的计算机 IP 地址的合法性。（5）电子邮件地址。大学或科研机构的用户通常都有一个特定的电子邮件地址，可根据咨询用户的电子邮件地址判断是否为合法用户。

四、服务系统的选择

从目前国外 DRS 的实践考察，对系统的类型有 3 种选择：一是自己建立和运行一套系统，由本馆的参考馆员独立回答用户的提问，不与其他图书馆的咨询服务发生任何联系。二是参加某一咨询服务网络，作为成员馆，履行自己的分工与职责。三是既自己提供服务，也参加某一网络。国内也是这样，中国科学院文献情报中心在设立国家科学数字图书馆参考咨询台的同时，又参加了国家科技图书文献中心（NSTL）的专家咨询系统，无论是购买，还是自己设计，参考咨询的软件都应体现最新的技术进展，体现最先进的服务理念，同时要适合本馆实际和用户的需求特点。

国外即时通信技术开发实时软件系统经过十余年的发展，目前已经有上百个品种，其中在图书馆参考咨询领域常用的有几十种。总之，实时软件系统在图书馆中日益广泛应用，网上实时参考咨询服务也成为数字图书馆中一道引人注目的风景。国外应用该技术的图书馆呈现明显的上升态势,我国虽然起步较晚,但因为可以更多地借鉴国外发展进程中的经验,所以潜藏着巨大的后劲。目前一些图书馆已经采用相应的实时技术开展网上参考服务,如清华大学、北京大学、上海交通大学、西安交通大学等,也有许多图书馆蓄势待发。无论是购买现成的软件产品,还是自行开发研制,都要注意以下几方面问题:首先,要密切跟踪实时技术发展,尤其是实时软件系统的动态和趋势,了解其在图书馆中的应用状况。实时技术的发展速度很快,很多软件产品在一年内就不断推出新的版本,在功能方面也是推陈出新,不断完善。所以,要研究比较各种软件产品的功能特征,及时掌握最新的研究进展,才能在应用及开发实时通信技术时适应新形势的发展要求。其次,注意研究用户需求,根据用户的需求特点完善实时软件及其服务。实时技术最早是应用在商业领域,因为该领域的用户与图书馆的用户群有所区别,所以要适时调整相应的服务功能。不同类型的图书馆也要根据各自的用户需求特点,结合网络技术条件和经费等客观因素,选用合适的软件产品。同时,图书馆网上 DRS 的合作化趋势日益显现,要注意把握这一发展趋势。仅仅在北美,利用实时系统或类似软件开展合作咨询的联盟就有数十家。在我国,类似的合作项目也取得了重要的进展,如由中国高等教育文献保障体系联合国内上海交通大学、清华大学、北京大学、复旦大学、西安交通大学等单位合作建立的"CALIS 分布式联合虚拟参考咨询系统"项目,已经于 2003 年正式启动。该项目的建设及应用,将为用户搭建一个不受时间和地点限制的网上咨询服务平台,真正实现全天候服务的理想服务模式。各个单位不论是自行开发软件进行本地化实时咨询运作,还是直接参与合作项目,共享合作组织的产品和服务,都要考虑到合作化的发展趋势这个问题,为系统预留相应的接口,尽量采用国内外成熟的技术,严格遵循相应的国际标准,系统应该可升级、可扩展,这样才不至于造成技术、人力和物力的浪费。

五、成本补偿

从经济学观点看,任何组织都在研究如何利用有限资源来满足人们的需求,并获得最大化的福利。图书馆产生于社会公共信息需求,具有公共物品属性,在满足人类信息需求方面具有强大的正外部效应,这也是图书情报界一直为之追求的合作共享思想的经济学基础,也是开展虚拟参考咨询服务(DRS)的经济学基础。在建立 DRS 成本补偿机制的过程中,必然涉及对 DRS 成本进行核算,从而规定一定的投入产出比,从效益上完善补偿机制。DRS 成本补偿是指由 DRS 受益各方,根据各自收益高低及支付能力大小对 DRS 费用进行补偿。从 DRS 的成本分析、成本补偿原则、主体及实现途径来探求适合我国国情的 DRS 成本补偿方法,以期推动 DRS 稳定、可持续的发展。

(一)成本统计要素

这部分统计的对象都是有关图书馆中虚拟咨询项目的成本、传统咨询项目的成本,乃至整个图书馆的运行成本。统计的实施者都是管理人员,所需数据均来自图书馆的内部,统计周期一般为一年。

1. 咨询服务的总成本。指图书馆提供这项服务的总费用,包括:(1)基础建设成本(软件的购买或租赁、硬件、通讯、Web 站点设计和维护、域名等);(2)数字资源的成本(购买费用、租用费用、支持费用等);(3)用于数字咨询的非数字化信息资源的成本(如印刷型资源等);(4)工作人员的成本(工资、加班补贴等);(5)宣传推广费用;(6)培训费;(7)办公费用等。估算一个数字咨询服务项目的总成本是图书馆决策者决定该项目是否上马的重要依据之一,也是虚拟咨询项目日常管理经费预算的重要参考,还有利于所需资源的重组和调配。

2. 数字咨询占图书馆所有咨询服务总预算的百分比。目前提供虚拟咨询的图书馆大都同时又提供传统的咨询业务,计算数字咨询成本占图书馆整个咨询预算的比例,有利于图书馆合理安排整个咨询项目,包括咨询员、资金预算、信息资源、人员培训计划等。

3. 数字咨询占图书馆预算的百分比。图书馆的有限经费要支撑很多服务项目的实施,但不同项目的投入产出比例是不一样的,这个指标可以根据虚拟咨询项目的投入产出比例来增加或缩小。

(二)数字参考咨询服务成本补偿的原则

DRS 成本在社会(政府、企业)和用户之间进行分担与补偿,应遵循以下原则:

1. 收益结构原则

收益结构原则,即根据社会和用户收益的大小来确定各自分担的成本份额。谁收益、谁承担,收益多、多承担,收益少、少承担,这是市场经济条件下的经济公平的内在客观要求。DRS 作为一种准公共物品,具有私人物品的特征,能给用户带来较大的预期收益。这种个人收益是指用户通过 DRS 获取了丰富的信息，增长了知识，提高了能力，能为个人带来更多收益，增加更多的收入，即一个人的占有信息程度和他的收益存在正相关系。这部分收益是内在化的，属于个人收益，是决定个人对 DRS 产生需求的主要因素。同时，DRS 还具有公共物品的特征，提供这种服务还会给社会带来较大的收益，这部分收益是外在化的，是决定社会对 DRS 产生需求的另一主要因素。因而政府、企业与用户个人在负担 DRS 成本时应依据各自的收益来决定，不同的用户在负担 DRS 成本时也应依据收益而定。

2. 能力结构原则

能力结构原则，即以补偿能力作为确定 DRS 成本补偿标准的依据，谁的能力大，多分担一点，谁的能力小，少分担一点，这是社会公平的内在客观要求。制约社会和用户个人补偿能力大小的因素是各自所掌握的财力。社会的补偿能力取决于作为社会代表者的政府所掌握的财力，即通过征税等多种方式取得的财政收入，这是社会补偿 DRS 成本的经济基础。个人的补偿能力取决于个人所掌握的财力，即通过合法经营和劳动所取得的报酬，一般为税后可支配收入，这是用户个人补偿 DRS 成本的经济基础。在经济发展的一定时期，整个社会的财力是有限的。所以，社会和用户个人的补偿能力是有限的，而且两者存在着此增彼减的关系。在依据能力结构原则确定成本补偿标准时，首先，应该考虑社会和用户个人的平均补偿能力，即成本补偿水平的确定应该符合社会大多数人的普遍补偿能力，使补偿标准能为大多数人接受。其次，还要参考成本补偿能力的差异，即能力强者多补偿一点，能力弱者少补偿一点。再次，还要考虑社会和用户个人收入的增长潜力，这是对未来的成本补偿能力的一种预测，这种增长潜力是适当提高成本补偿水平的基本依据。最后，还可适当参考社会和用户个人的融资能力。总之，社会和用户个人真正的补偿能力才是提出和确定 DRS 成本补偿标准的因素。

上述两条原则相互关联，缺一不可。如果说收益决定了对 DRS 的需求，能力原则就决定了 DRS 供给的可能。但第一条原则无疑是根本的，它集中体现了市场经济中等价交换的原则。

（三）数字参考咨询服务成本补偿的主体

由于国家、企业、团体和用户均从 DRS 中获得了好处和利益，根据利益获得原则和 DRS "准公共物品" 的属性，获益各方均应分担相应的成本。

1. 用户应成为 DRS 成本的重要补偿者之一

由于 DRS 总体上可视为一种收益内在化的"私人物品或服务",这种服务不仅能给用户带来一定的经济利润,而且还能够使他们得到某些非经济利益。因此从权益与义务对等这一公平角度看,用户应负担部分 DRS 成本。

2. 政府应是 DRS 成本的主要补偿者

DRS 被视为公共物品,其外部效应也十分显著,即快捷、准确、方便地满足人类的信息需求。政府对它的投资能够获得巨大的经济效益和社会效益。正是基于这一发展事实和基本认同,在 DRS 的发展过程中,政府理应承担主要的责任,以政府为主导建设 DRS,由国家图书馆、各省市公共图书馆、各大学图书馆在政府经费支持下建设 DRS。如国家科学数字图书馆科学参考咨询台、上海市中心图书馆网上联合知识导航站、广东省立中山图书馆的联合参考咨询网等。

3. 企业也应分担和补偿部分 DRS 成本

由于知识更新速度加快,现代企业需要更多知识型的员工,需要从 DRS 获取更多的知识信息,企业是 DRS 成果的主要摘取者和 DRS 投资的主要受益者,因此,从利益获得原则出发,企业也应参与 DRS 成本的分担与补偿。这种补偿可以通过依法纳税、捐赠、合作等方式。广东省立中山图书馆的联合参考咨询网是在全国文化信息资源共享工程国家中心的指导下,由广东省立中山图书馆联合超星数字图书馆公司、加拿大大不列颠哥伦比亚大学图书馆,以及中国多个省市的图书情报机构建立的合作 DRS,其宗旨是以数字化的馆藏资源为基础,以互联网上丰富的信息资源和各种信息搜索技术为依托,为社会提供免费的网上参考咨询和远程文献传递服务。该系统目前拥有我国最大规模的中文文献数据库群,是目前中国参与服务的机构和咨询馆员人数最多、服务功能最全、服务开放时间最长、服务对象范围最广、提供服务数量最大的 DRS 系统。在美国,DRS 成本大都来自赞助,财团贷款和贸易协会股份有限公司是 DRS 项目的最大赞助者。

4. 图书情报机构及图书馆自身也应该分担和补偿一部分 DRS 成本

图书情报机构及图书馆把所拥有的知识优势、科研设施作为特殊商品,向社会提供服务,为自我发展提供了充足的经费。尤其高校,学生(用户)交纳学费的一部分应成为 DRS 成本。《普通高等学校图书馆规程(修订)》第三十四条高等学校图书馆的经费列入学校预算。高等学校图书馆的经费包括运行费和专项经费。运行费主要包括文献信息资源购置费、设备设施维护费、办公费等。

5. 社会人士也可以成为 DRS 成本的补偿者

因为图书馆的公益性，社会人士从社会收益上讲，也能获得较高的回报。而且通过对 DRS 的成本补偿，可以获得很高的声望，实现他们的人生价值。因此，社会人士也间接成为 DRS 成本的补偿者。

（四）数字参考咨询服务补偿机制的实现

1. 转变思想观念，强化成本理念

评定 DRS 投入产出的效益最大化或最优化，成本是重要的参考基数。虽然图书馆 DRS 的成本从表面上看既不属于服务内容，也不属于服务过程，但成本因素对 DRS 的总体形象会产生很大的影响。从某种意义上说，DRS 对人员知识与技能的依赖，对技术条件以及对可以快速获得答案的数字资源的依赖程度，都大大高于传统参考服务，因此 DRS 的投入与数字参考服务满足用户需求的水平具有一定的正比关系。只要我们解放思想、开拓创新，运用成本理念管理 DRS，结合当地的实际情况，以合理的投入获得最佳的服务效果，促进 DRS 服务稳定、可持续的发展。

2. 加强商业成本补偿机制研究

与 DRS 相关的利益群体包括：

（1）用户。用户的兴趣就在于用最少的成本（包括金钱、时间、精力等各种成本）获取最好的信息服务。

（2）DRS 的经营者。如果是以商业行为为主，盈利是其最大的目的；如果是以公益性为主，在保证数字图书馆正常运转的情况下，其最终目的就是将信息和知识公正、高效地传送到每一个需要它的用户手中。

（3）DRS 参考源的拥有方（比如杂志社、商业数据库公司）。参考源有可能是图书情报机构及图书馆经营者本身，如图书馆数字化的资源；也有可能是属于商业数据库公司等，如万方数据库中任何一种参考源拥有方的利益都是基本相同的：收回成本、盈利，然后是将知识信息公正、合理地传送到需要它的用户手中。

（4）参考源的作者，也就是每一篇论文、每一本书、每张图片等各种参考源的作者。无论是从传统数字化还是原始的数字化形式，其作者的目的都是为了交流知识，同时提高自己的学术地位或满足自己的表现欲望。

（5）与 DRS 用户群关系亲密的商业团体，主要指的是有可能的广告客户，其利益在于借助数字图书馆扩大其知名度和影响力。

（6）政府。数字图书馆出现的原因也就是政府所追求的利益所在，即提高信息和知识的传播效率，从而提升其他社会效益。总的来看，其中涉及的利益主要是：物质利益（包括成本和盈利）、知识传播和提升地位（包括作者和期刊的学术地位、商业机构的公关地位等）。DRS 项目建设，一般由相关政府部门投资或是学校投资运行的。但这种对成本的承担是一种投资行为，而不是一种永久的承担。其目的是可以获得预期的收益，也就是需要在运作过程中将成本逐步转移给其他相关利益群体来分担。因此，DRS 的合理运营模式就是要解决各方利益群体所分担的成本和义务的分配矛盾，以实现这诸多利益之间的最优均衡。

3. 融入市场运营，逐步完善经营模式

市场运营包括市场价格补偿机制和市场经营机制。

（1）DRS 市场价格补偿机制。DRS 是有偿服务，必须发挥价格的市场补偿机制。价格的作用在于配置 DRS 的供给和资助 DRS 的开展，如果 DRS 是免费的，参考咨询就会被滥用，而通过价格的配置功能则能有效定位谁是 DRS 的消费者，只有那些从服务中获取最大收益的用户才会获取参考咨询服务。价格还能自主商品或服务的生产，用以补偿成本、创造利润——不但支付了各种软硬件技术和设备的消耗成本，同时对参考咨询服务者的知识价值也进行了补偿，还对 DRS 所有者的创造力和管理技巧进行补偿。市场价格补偿还给 DRS 系统带来激励，可以增加整个组织的活力，在 DRS 中更加注重服务质量以及对用户价值的认同。市场价格补偿也给用户带来了后续权利，即在提出问题以后可以对服务进行议价，对问题内容进行编辑，对问题响应提出要求，对问题答案做出评价，对不理想的答案提出新的要求，或请求退款、重新寄送等权益保护问题。

（2）DRS 市场经营机制。DRS 既能回答简单的问题，也可对需要联机数据库检索的复杂问题查找答案。简单的服务可以是免费的；对于复杂的提问，用户则需要付费，关键在于 DRS 要有技术先进、功能稳定的设备，具备良好的知识服务的能力，能解决比较复杂的研究性咨询问题。可以把它们分为两类，一类是免费方式，一类是付费方式。免费方式是指用户在使用时不用付费，也就是说 DRS 的任何建设运营成本不由用户负担，这种情况下，DRS 的成本的分担有三种情况：政府负担。此时的数字图书馆是一个完全公益性的形式；信息生产者负担。信息生产者的最大目的在于知识的交流和学术地位的提高，由他们分担 DRS 的费用而传播由他们生产的信息知识，这是他们比较愿意接受的方式；相关商业机构分担。最直接的就是仿效电视台收取广告费用的方式。付费方式指用户在获取相应的信息服务时需要付费来分担在建设和运营中的部分成本，其余的成本同样需要上述三个方面来分担。收费机制在运作上要解决三个问题。一是要健全网上收费机制，使用户可通过信用卡安全而顺利地实现付费。二是付费额度问题，付费多少应根据用户问题的难易程度和紧迫程度等来确定，这样不但可以最大限度地调动人员的积极性，而且用户付费也会感到物有所值。三是收费方式，可以参考电视节目的收费方式，即采用按时间订阅的形式，也可采用其他订阅形式。

第六节　数字参考咨询服务投诉管理

所谓用户投诉，是指用户因感觉自己的利益受到侵害而向有关部门或人员申诉的过程。这种现象在图书馆工作的许多环节中均有发生，其中，以参考咨询服务工作最为常见。处理用户投诉是图书馆服务管理的重要内容，出现用户投诉并不可怕，问题是如何正确地对待和处理用户投诉。咨询馆员是实现参考咨询服务的桥梁和关键，必须加强与用户之间的联系，要倾听用户的意见，要不断纠正 DRS 在运行中出现的失误与错误，补救并挽回给用户带来的损失，维护图书馆形象并提高服务质量，不断巩固现实用户，吸引潜在用户。

一、用户投诉对象

参考咨询服务中用户投诉主要包括对其服务质量、服务态度、服务方式、服务技巧等提出的批评与抱怨。

（一）服务质量

在图书馆员利用 DRS 系统为用户服务的过程中，涉及的要素主要有馆员、用户、参考源、技术等，在这四者中，馆员、参考源、技术属于图书馆主体方面，也属于图书馆的基础建设方面，它的建设效果对于 DRS 质量有很大关系。

1. 参考源

参考源是为用户提供优质服务，满足用户信息需求的物资基础。参考源是否全面即图书馆所服务的学科的重要文献源是否系统完整；参考源是否实用即文献源是否满足读者需求；参考源的时效性即文献源要跟踪重点学科的最新发展动向或数据库的更新频率高，内容时效性强。

2. 系统技术及规范

系统技术及规范是否稳定、安全，是否正规，如 FAQ 维护、知识问答库维护。

3. 服务水平

问题响应时间包括问题转发和问题处理时间，前者即系统管理员响应问题的时间；系统管理员将问题分配给参考馆员的时间；参考馆员响应问题的时间；系统管理员再次转发问题的时间。后者即参考馆员答复问题的时间；系统管理员转发参考馆员回复的时间。问题响应质量包括问题答复率和解答正确率。前者即问题响应质量指标分析：系统管理员正确回答度；系统管理员对问题的响应度；参考馆员对问题的响应度；参考馆员回答量度。后者即参考馆员正确回答度；答案规范。这些服务水平的高低都会影响用户满意度。

（二）服务态度

在网络环境下进行咨询服务，咨询馆员感到紧张和有压力；另有调查表明，60% 的馆员认为自己的咨询能力糟糕或非常差。DRS 人员的主体是一般参考馆员、学科馆员和讲授检索课的图书馆员。其要求不能低于本科，最好具有硕士甚至博士学位；掌握某一学科和图书情报学的知识；具有在图书馆从事服务工作的经历；热爱参考咨询工作，对用户及其求助有满腔的热情。对上岗的咨询专家还应制定严格的工作规范和行为规范，建立考核评价制度，建立定期及时的淘汰机制。信息利用绝不是技术问题，而是人的问题。我们的技术已足够多了，但不足的是对人的行为和人际关系不够了解。DRS 的质量不仅与元数据、数据库等技术因素有关，也与 DRS 人员有着重要的关系。咨询馆员的基本素质要求包括：计算机应用能力、咨询业务能力、专业知识能力、交流技巧、处理咨询问题能力、应变与反应能力等。其次，咨询馆员行为规范主要端正自身咨询态度。

（三）服务方式

DRS 包括电子邮件咨询（基本邮件咨询与网络表单咨询）、FAQ、BBS、实时交互咨询（在线咨询、网络寻呼 ICQ、视频咨询、同步浏览咨询）、电子参考源、网上导航、分布式合作咨询等。

1. 电子邮件咨询

电子邮件咨询难以了解用户的真正需求，尤其一些复杂问题的解答，不可能为一个问题反复磋商，DRS 馆员更多凭自己的理解来做出答复。如果发送邮件澄清问题，就可能造成信息传递加长。网络表单设计复杂化，涉及用户过多的信息，包括隐私，用户就可能放弃咨询；若过于简单化，则无法进行用户分析与评价。

2. 实时参考咨询

实时服务的时间一般比较短，一周不到 30 小时。对用户范围做了限制，如北京大学图书馆明确规定"由于工作人员有限，目前本服务只面向北京大学的师生"；上海交通大学图书馆的实时咨询也规定了"实时解答区仅限在校园网上使用"等。这些都可能会给用户带来焦虑。如异步焦虑是用于描述用户未连通网络时的感觉的一个词语，没有反馈或反馈延迟是造成用户困顿的根本原因。

二、用户投诉处理的具体流程

用户投诉处理一般包括以下几个步骤：

（1）记录投诉内容。根据用户投诉登记表详细记录用户投诉的全部内容，如投诉人、投诉时间、投诉对象、投诉要求等。

（2）判断投诉是否成立。在对用户投诉的内容进行全面深入的了解之后，要确定用户投诉的理由是否充分，投诉要求是否合理。如果投诉并不成立，就要以委婉的方式答复用户，以取得用户的谅解，消除误会。如果用户投诉有一定的理由，则应迅速展开处理。

（3）确定投诉处理责任部门。图书馆应根据用户投诉的内容，确定相关的具体受理部门和具体责任人。

（4）责任部门分析投诉原因。责任部门要迅速查明用户投诉的具体原因及造成用户投诉的具体责任人。

（5）及时提交公平合理的处理方案。图书馆应根据实际情况，参照用户投诉要求，提出解决投诉的具体方案。

（6）提交主管领导批示。针对用户投诉问题，主管领导应对投诉的处理方案进行认真处理，并及时做出批示。根据实际情况，采取一切可能的措施，尽可能挽回损失。

（7）实施处理方案。主管领导批示以后，应及时通知用户，并尽可能收集用户的反馈意见。对直接责任人和部门主管要根据有关规定做出处罚，依据投诉造成的损失大小，责成直接人承认错误，赔礼道歉，扣罚责任人一定比例的绩效工资或奖金。对不及时处理问题而造成延误的责任人要追究责任。

（8）总体评价。对投诉处理过程进行总结和综合评价，吸取经验教训，并提出改善对策，从而不断完善 DRS 管理及服务运作，提高服务质量和服务水平，降低投诉率。

三、处理用户投诉时应该注意的事项

（一）建立健全各种规章制度

图书馆要有专门的制度和人员来处理用户投诉问题。另外要做好各项预防工作。因此就需要不断地提高全体员工的素质及业务能力，树立全心全意为用户服务的思想，并切实加强图书馆内外部的信息交流。

（二）如果真正出现用户投诉，应及时进行处理

对用户投诉事件，各部门应通力合作，力求在最短的时间内解决问题，给用户一个满意的答复。否则，拖延或推卸责任会进一步激怒投诉者，使事情变得更加复杂。

（三）对用户投诉处理

图书馆对用户的每一次投诉及其处理都要进行详细的记录，包括投诉内容、处理过程、处理结果、用户满意度等。通过记录吸取教训，总结经验，并为以后更好地处理用户投诉积累经验。

四、服务补救措施

（一）主动承认问题

主动承认问题，也就是主动承担责任，以向用户道歉为主，辅以合理的解释。

1. 致谢

咨询馆员的致谢辞应赋予实在的内容，如感谢用户的信任，感谢用户提供了有价值的信息等。

2. 道歉

致谢过后是对用户造成的不便给予诚挚的道歉，注意相应的身体语言与配合，用户会本能地通过观察馆员的身体语言来判断道歉是否真诚。

3. 合理解释

服务失误出现时，用户总会努力寻找真正原因，要判断原因的归属性，并就此确定对虚拟参考咨询服务的评价。

（二）服务沟通

一般来说，用户利用虚拟参考咨询，一方面是为了满足其对文献信息的需求；另一方面则是享受馆员提供的服务。咨询馆员可以通过为用户提供的服务，有效地与用户沟通。在整个为用户服务的过程中，就可以通过热情、周到的服务态度和连贯流畅的动作表演与用户进行沟通，让用户加深对虚拟参考咨询服务工作的理解，了解虚拟环境中蕴含的不平凡之处，促进服务工作质量的提高。

（三）激励和授权

服务需求在一线，服务在一线，效果在一线，一线的能力就是系统的能力。参考咨询服务要在提升一线服务能力中发挥作用。参考咨询服务的定位要从"我能干什么"转变为"我能为你干什么"，从"为图书馆服务"到"为一线服务"转换。"我不能回答你的一切问题，但要为你找到解决一切问题的途径"。一线服务人员具备服务补救的技巧、权力和随机应变的能力，可以进行及时服务失误补救。技巧包括认真倾听用户抱怨、确定解决办法灵活变通的能力。咨询馆员必须被授予使用补救技巧的权力，在一定的允许范围内，用于解决各种意外情况。一线服务人员不应因采取补救行动而受到处罚。相反，图书馆应激励一线服务人员大胆使用服务补救的权力。对咨询馆员而言，进行服务补救，不仅是一个能力问题，更多的是认识和态度问题。要想真正把补救工作做好，关键在于改变咨询馆员的观念，馆领导要多激励他们，在工作中创新服务，应该让他们认识到用户的抱怨或投诉是一剂苦口良药，通过处理读者的抱怨，我们可以从失误中获得学习的良机。

（四）反馈机制

用户作为服务的对象，在 DRS 上最具有发言权，用户评价所占的权重应当较大。用户反馈功能可以使 DRS 从用户的角度认识自己的不足，不断改善自己。一般咨询网站都有反馈功能，在用户提交咨询表单后，就会出现填写反馈表的对话框，由用户选择填写与否，即使不进行咨询只进行浏览，也可以通过网站上设置的反馈表来进行意见反馈。设立专门的数据库和管理人员，对用户的反馈意见进行收集和分析整理，组织专家对问题进行分析，寻求解决的方法，有效排除影响咨询质量的障碍，以进一步改进服务质量；建立一个服务跟踪机制，以便对咨询馆员的问题解答的全过程进行监控并且可及时向咨询馆员提供反馈信息，提醒其工作中的不足，以保证整个 CDRS 系统的高质量服务。

第七节　数字参考咨询服务的法律保障

一、数字参考咨询服务中用户权益

"书是为了用的；每本书有其读者；每位读者有其书；节省读者的时间；图书馆是一个生长着的有机体。"著名的印度图书馆学家阮冈纳赞早在半个多世纪前，在其五法则里从五个方面隐讳地表达了他对用户的关心、对于用户需求的重视，深深地凝聚了他对于用户平等权的思考与探索、对用户在接受图书馆服务过程中所应享受的各方面权益的关注，可谓是用户权益的萌芽。然而在用户权益备受关注的今天，尽管有众多学者对其做了研究，其成果也是层出不穷，推陈出新，但对于用户权益的理解却仍是仁者见仁，智者见智，概括起来主要有以下三种：（1）图书馆用户权益，从法律上讲，是指用户在接受图书馆服务的过程中，受国家宪法、法律以及图书馆规章制度保障的可行使的权利和享受的利益。（2）凡是具有利用图书馆所提供的资源条件进行读书的一切社会成员，应该享受的不容侵犯的权利和依法行使的权力。（3）用户权益是用户在接受图书馆服务的过程中依法应享有的权利和应尽的义务，两者是有机的统一体。

DRS 中的用户权益是指用户在接受参考咨询服务的过程中，所应享有的且受法律和图书馆规章制度保护的各种权益，主要包括时空权、平等权、人身安全保障权、受教育权、知情权、咨询权、批评、建议和监督权以及一些其他权利。它对于图书馆顺应时代潮流，提高服务质量，实现服务宗旨均具有非常重要的意义。

（一）数字参考咨询服务中用户权益的困惑

尽管"用户第一，服务至上"的口号也在图书馆界提倡多年，但由于受传统思想的影响以及图书馆自身条件的限制其实施的效果却是微乎其微，在一定程度上影响了 DRS 中用户权益的实现，主要体现在以下方面：

1. 咨询馆员用户权益意识淡薄，存在着不平等现象

咨询馆员在咨询过程中，从未考虑过对用户权益的保护，无丝毫的法律意识。同时仍有相当一部分的咨询馆员存有较为严重的不平等思想。潜意识中，他们会将读者分为三六九等，什么样的用户应该得到什么样的服务，工作中都会淋漓尽致地表现出来。事实上，咨询馆员的这些行为是毫无用户权益意识的表现，而咨询服务上的区别对待很大程度上已侵犯到了用户的人格权和平等权。

2. 人员知识结构较为单一，无法保障用户权益的全面落实

尽管近些年来图书馆都会尽量将一些高素质的人员安排到咨询服务的岗位上来，并提倡咨询员应遵循热心、耐心、细心的"三心"原则来为用户提供服务，但人员知识结构以及用户权益的保障并未从根本上得以改善。

3. 低层次的服务，无法保障用户时空权益以及咨询权的及时实现

从服务层次上来看，多数图书馆目前的 DRS 仍是以低层次的参考咨询为主。在传统咨询服务中，依旧有很大一部分仍是停留在解答事实性、知识性问题的层面上，而对于用户提出的专深化、个性化的问题，往往只能是望之兴叹，无计可施。而当前所能提供的网上咨询，譬如 QQ 和 MSN 的在线实时交流，电子邮件和网络表单的异步咨询，却还是停留在文本的交流层面，根本无法满足用户更高层次的需求，譬如，在线的音频、视频交流，在线的网页同步浏览、推送等。而图书馆所提供的咨询台服务，却仍未实现在线的实时反馈。

4. 被动式的服务，影响用户权益的实现程度

从服务方式上看，当前的咨询服务多是从单个咨询员被动式地受理咨询课题开始，到咨询馆员以其个人力量完成课题并给出答复为止。其间咨询馆员间的交流、沟通是少之又少的。咨询馆员的这种被动式的服务习惯，虽然也能够将其工作完成甚或做好并建立各自的咨询档案，但却缺少了主动服务的精神，因此容易造成咨询部门潜在用户的流失；同时咨询馆员间交流上的缺乏，也易形成知识孤岛，造成咨询馆员的重复劳动以及人力上的浪费，从而浪费用户的宝贵时间，更不利于用户日后对于同种课题的咨询。因此，咨询部应想尽一切办法，招揽自己的用户，以此来提高用户的使用率，主动保障用户潜在权益的实现。

5. 用户实际感知的参考咨询服务质量与用户的预期存在差距，影响用户各方面权益的实现

用户实际感觉到的参考咨询服务质量与自己心中的预期往往会有一定的差距，而正是这一差距，造成了用户的不满，影响了用户权益的实现。因此，寻找差距产生的原因，便成为促进读者权益实现的前提条件。（1）DRS 意识上的差距。主要是指参考咨询部门错误地估计了用户的参考咨询意识，之所以会出现这样的结果源于参考咨询部门工作上的失误以及其对外宣传上的欠缺。（2）认识上的差距。是指参考咨询部门没能正确地理解用户对参考咨询服务质量的预期。这一差距产生的原因，一方面来源于参考咨询部门对用户需求工作上的不重视；另一方面来源于对用户需求的分析不正确。（3）DRS 提供中的差距。主要是指参考咨询部门在为用户提供参考咨询服务的过程中，没有达到用户的预期。产生这一差距的原因主要有：①在进行咨询服务时，部分咨询员用户权益意识淡薄，服务过程中态度恶劣，影响用户权益的实现；②由于咨询员在知识、技能以及沟通技巧等方面的欠缺，往往答非所问，不能满足或完全满足用户的需求；③网上咨询台的服务，多数存在着延时现象，不能保证用户权益的及时实现。由于上述原因的存在，用户对参考咨询服务质量的实际感知没有达到预期质量的要求，影响了用户咨询权益的真正落实。

（二）数字参考咨询服务用户权益的实现

1. 定期开展馆员培训活动，强化服务意识，优化知识结构，以提高咨询馆员各方面的素质

咨询馆员用户权益意识的淡薄以及知识结构的单一化，很大程度上已影响

到用户权益的实现。因此，咨询部门应定期或不定期地开展馆员培训工作，注重服务技能的提高，加强各学科专业知识的学习，以优化咨询馆员的知识结构，提高其服务水平。不容忽视的一点是图书馆在对其咨询馆员进行服务技能培训的同时，还必须强化其服务用户的意识，促使每个员工真正树立起"以满足用户权益为宗旨"的理念，从你我做起，从小事做起，为用户创造一个良好的咨询环境。与此同时，咨询员也应树立起主动服务的精神，对于读者，应主动询问其需求情况，而非被动式地等待提问。此外，咨询部在招聘员工时，也应加强对员工知识结构以及综合素质的考核。唯有此，才能主动保证用户权益的实现，进而防止图书馆用户的流失，提高其咨询服务的质量。

2. 适时延伸服务领域，真正做到"想用户之所想，急用户之所急"

用户及时化的信息需求特点，使得用户在开馆期间的任何时间、任何地点都有可能会出其不意地向馆员提出问题并进行咨询。面对这种变化，图书馆应适时地延伸其参考咨询服务的触角，将其范围扩大到图书馆的各个部门，各馆应根据具体条件而定。此外，咨询部还应时刻关注着社会动态及其图书馆界的变化，加强咨询部门的宣传工作，加强咨询部门与图书馆其他部门以及外界其他单位的联系，如举办各种培训班，主动为各院系提供定期跟踪服务等。与此同时，咨询部也应根据本馆的实力，购买实时聊天、网络推送或网络会议软件，为远程用户提供实时交互和面对面的参考咨询服务，解决因文本交流而给读者带来的延时问题。真正地站在用户的角度上考虑问题，做到"想用户之所想，急用户之所急"，从而更好地保障用户时空权和咨询权的实现，提高服务的满意度。

3. 加强咨询馆员间的沟通并建立完整的咨询档案，以此来保障用户咨询权益更好地得以落实

为改变咨询馆员间背对背的工作方式，加强沟通，咨询部可利用业余时间为咨询馆员开设知识共享的课程，使他们真实地感受到知识交流为他们带来的切身好处。此外，咨询部还可以通过举办各种文娱活动，增进咨询馆员间彼此的了解与沟通，为知识共享创造一个良好的环境。这样咨询馆员间的交流多了，工作上的合作以及知识共享也就水到渠成，咨询效率自然而然地也就会有所提高。当然，仅仅交流还是不足以解决问题的，咨询部还应该对咨询课题建立登记档案。凡是经常性的、重大的、经典的以及有长远意义的咨询课题，都应当建立完整的档案，包括咨询课题、涉及领域、各种原始资料的查找、解答过程

以及最终结果等,均需有较为详细的原始记录。完整、系统的咨询档案不仅对了解本馆用户的需求规律有一定的参考价值,同时也可以节省用户的咨询时间,提高咨询的效率与质量,从而更好地保障用户权益的落实。

4. 建立参考咨询知识库,加强知识地图工作,为用户各种权益的实现提供便利

为改善咨询服务的现状,咨询部还需引入知识管理,建立面向馆员的、具有检索查询、分类归档以及共享功能的参考咨询知识库,唯有这样,才能真正地为参考咨询服务提供一个良好的知识共享环境。其主要包括:咨询员隐性知识的显性化,图书馆所拥有的数字资源的整合与纳入,网络资源的整理与存储、前期咨询服务和信息产品的数字化入库以及一些经典案例的专门化建库等。参考咨询知识库的建立,有利于增进咨询员间的知识共享,避免重复劳动,提高工作效率从而节省用户的时间。绘制知识地图也是主动保障用户权益实现的一个重要方面,建立参考咨询知识库时,一定要引入知识地图来描述其载体信息。通常情况下,它会指出所拥有知识的人或记录知识的文件、数据库,告诉我们所需要的知识应该去哪里寻找。因此,知识地图实质上就是一项知识描述技术。它的出现,有利于用户对一些基本的、事实型的咨询问题开展自动参考咨询服务,自主而方便地查找到知识源;同时也有利于将读者从低层次的服务中解放出来,增加高层次的、创新型服务的比重,为读者提供深层次、多样化、全方位以及个性化的咨询服务,从而使用户更好地实现其各方面的权益。

二、数字参考咨询服务用户隐私保护

DRS 记录中用户个人隐私的特征用户登录 DRS 系统时,许多系统常常要求提供姓名、E-mail 地址、邮政编码、图书馆用户证号、电话号码、通信地址、甚至身份证号码等,这些均是能够识别用户身份的重要信息;有些系统还要收集一些用于统计目的的用户信息,如用户的状态(大学生、中学生等)、用户的职业等;还有些系统,要求用户提供能够识别其所在机构的信息。另外,诸如用户的 IP 地址、浏览器、起始 URL 等类型的信息,大都是实时型交互咨询所特有的。这类信息涉及了个人隐私问题。

(一)网络隐私权的含义及范围

网络隐私权是由现实社会中个人隐私权的有关问题延伸到网络空间而产生

的。我国对隐私权没有明确的界定。我国法律界将隐私权作为一个名誉权或人格权加以保护。在《名誉权的法律保护》一书中将隐私权定义为公民享有的私人生活安宁与私人信息依法受到保护，不被他人非法侵扰、知悉、搜集、利用和公开等的一种人格权。那么相应的，可以认为网络隐私权是指公民在网上享有个人生活安宁和私人数据信息受到保护，不被他人非法侵扰、知悉、传播和利用的权利。在未经个人同意或授权的情况下，任何政府组织、商业性公司或网站、任何人不得非法收集公民的个人隐私资料，不得把个人隐私资料用于商业目的，不得在网上散播个人隐私信息。网络隐私权包括知情权、选择权、适度的访问权限、足够的安全防护措施等。

在目前的技术条件和人们使用网络水平的状况下，网络隐私权的保护范围应包含如下内容：（1）个人登录的身份、健康状况；（2）个人的信用和财产状况；（3）通信地址，包括邮箱、电话号码和QQ、MSN及其他网络通信号码等；（4）网络活动踪迹，如IP地址、浏览踪迹、活动内容等，均属个人的隐私，应当受到保护。

（二）数字参考咨询中涉及的隐私范围

（1）用户登记的私人信息图书馆DRS中，咨询馆员不可避免地接触到用户私生活方面的信息。例如，为了接收用户提问，发送咨询结果，结算咨询费用，咨询馆员必须掌握用户的具体情况，如真实姓名、性别、年龄、住址、职业、电话、电子邮件、身份证号等详细的个人信息。

（2）用户所进行的科研课题的动态信息为科学研究提供信息支持，是图书馆DRS的一个主要部分。为了帮助用户解答疑难，提供某一研究课题的查新、论证和评价，或是要获得某一方面信息的线索，咨询馆员必须了解用户的研究方向、研究领域甚至研究进展。而用户为保证其研究的新颖性、唯一性和先进性，在他的成果正式公布以前是不愿意将其研究过程及研究方向公之于世的。

（3）特殊信息的参考咨询（如医疗咨询和法律咨询）。用户个人为治疗其自身疾病，来馆查阅图书并请求馆员咨询协助，提供治疗疾病的信息，这一切都属于用户隐私，特别是当前一些流行疾病（如艾滋病等）更具有特殊的敏感性，用户是希望能够严格保密的；用户个人为某种纠纷发生法律诉讼时，来馆查询图书，请求咨询协助，对此案件的事实内容及一切相关内情都属于个人隐私。

（4）CDRS 中泄漏的私人信息。在图书馆本身回答不了用户提出的咨询问题时，图书馆通常可以向其他合作咨询的单位提交用户的问题，但同时也会把用户的私人信息泄露给第三方。

（5）日志文件中的私人信息。为了记录和分析 DRS 站点的服务情况，几乎每个站点服务器上都安装了某种"日志程序"，这种程序能够记录客户机与服务器之间的业务交易情况，多个交易记录就构成了服务器的日志文件。

日志文件中的记录一般包含四方面信息：用户的 IP 地址、访问站点的具体时间、访问的内容以及访问的结果。

（6）Cookie 中的私人信息。网络站点收集用户私人信息的另一种途径就是将一种命名为 Cookie 的文件传递到用户的计算机上，这种文件是由被访问的服务器产生的。Cookie 的合理使用，对于开展针对特定用户的定制服务有着重要意义，然而 Cookie 允许保留在一次访问中所获得的用户状态信息，能够追踪记录用户在网站中的所有活动，包括登记信息、信用卡号码和其他一些敏感信息等。

（7）网络安全问题。由于网络本身的安全性并不可靠，也大大增加了用户隐私权受到威胁的可能性；另一方面，由于咨询馆员在技术上操作不当或失误，也会造成用户信息不恰当的泄露。

上述这些涉及用户的特征或私密公之于世，或者用作未经用户个人同意的用途，或者造成对用户的伤害，都是图书馆应当尽力避免的。

（三）数字参考咨询用户隐私问题的特点

1. 数字参考咨询用户隐私问题更加具有隐蔽性，并且更加严重

DRS 用户与咨询馆员主要利用互联网进行交流，与传统参考咨询主要采用的用户与馆员直接面对面交流的方式相比，这种利用网络间接交流的咨询方式使得用户隐私问题更加具有隐蔽性，用户在咨询过程中更容易放松戒备心理，更容易忽视隐私保护意识，更容易将有关个人心理、兴趣爱好、研究倾向和目标等较为敏感的个人事务表露出来。另一方面，为了咨询问题的提交、咨询结果的接收以及咨询费用的结算等，用户在登录 DRS 系统时常常被要求提供姓名、用户证号、E-mail 地址、电话号码、邮政编码、通信地址、甚至身份证号码等能够识别用户身份的个人重要信息；有些 DRS 系统还要收集一些如职业、身份（如教师、学生等）、所在机构、职称等等用于统计目的的用户信息。而

计算机和网络的应用使得信息的记录和保存更加容易（网站服务器中的日志程序会自动记录用户的 IP 地址、访问时间、访问内容和结果），图书馆员调用用户信息和查阅用户的使用记录比以前更加方便，数据的收集和利用更加便利，潜在数据的隐性使用危险明显增长。同时网络的普及使得个人信息的暴露程度大大增强。此外，某些用户的咨询问题会因为其本身具有典型性而被直接放入常见问题咨询库，如果图书馆不重视对其事先进行屏蔽用户个人数据等隐私保护处理，用户的隐私就很容易受到直接威胁。以上所有这些都使得 DRS 用户隐私问题比传统参考咨询更加严重。

2. 不同类型的数字参考咨询服务所涉及的用户隐私信息不同

目前，图书馆提供的 DRS 主要有四种类型：FAQ 型、E-mail、Web 表单型和实时型。由于不同类型的 DRS 采用不同的操作方式，具有不同的特点，因而所涉及的用户隐私信息不同，其中，涉及用户隐私信息最多的是实时型，最少的是 FAQ 型。

3. 实时型数字参考咨询用户隐私信息的记录与保护很大程度上依赖于所采用软件的功能设计

实时型由于具有较高的便捷性成为目前发展的主流。图书馆所采用的实时型软件大部分为软件开发商所提供，所选用软件的功能设计直接影响到对用户隐私信息的记录与保护。一般来说，实时型软件涉及用户隐私记录与保护的功能设计主要包括以下 5 个方面：

（1）用户是否可以免注册或匿名登录。通常情况下，用户利用实时型都需要事先进行注册，但是注册信息很多是能够识别用户身份的重要个人信息。为了保护用户隐私，有些软件提供免注册或匿名登录的功能，用户可以绕过注册环节或者直接点击"匿名"按钮进行登录，从而可以匿名获取虚拟参考咨询服务；有些软件则进行了进一步的区分，对一些基本服务用户可以免注册或者匿名获取，而对于一些特殊服务或要求，例如获取自己咨询记录的备份或者获取咨询馆员的一些额外的详细信息等，则要求用户提供自己的个人信息。

（2）图书馆是否可以自主设置软件自动收集用户信息的种类。大多数实时型软件会自动记录和收集用户的姓名、E-mail 型、IP 地址等信息，有些软件可以让图书馆自主选择收集用户信息的种类，如虚拟参考咨询软件的一些功能设计就可以在一定程度上为图书馆保护用户隐私提供条件，通过图书馆的自主设置减少对用户隐私的威胁和侵犯。

（3）软件对传输信息的加密。实时型系统很容易受到侵袭而导致数据和信息外泄。因此，软件是否可以通过先进可靠的加密程序对网络传输的数据包进行严格加密从而防止信息的截取和破译，对于保护参考咨询用户隐私十分重要。目前实现数据安全传输的工业标准是 128 位的加密技术。虚拟参考咨询软件 ConferenceRoom、LivePerson 和 OnDemand 都对信息进行了 128 位的加密，而 ChatSpace、LiveAssistance 以及 24/7 Reference 都没有加密功能，Net Agent 则提供了 128 位和 40 位两种加密方案。

（4）咨询记录的存储地方和保存期限。有些实时型软件由开发商实施运行管理，有些则是由图书馆来实行管理。因此咨询记录的存储地方就有软件商服务器和图书馆服务器之分。有些软件即使是由软件商来运行管理，依然提供了可以将咨询记录存储在图书馆服务器上的功能，如虚拟参考咨询软件 ChatSpace 和 LiveAssistance。咨询记录存储于图书馆服务器有利于图书馆对数据的维护和控制，也就有利于对用户隐私进行保护。除此以外，咨询记录的保存期限越长，对用户隐私信息的威胁时间也就越长，好的参考咨询软件应该可以让图书馆对咨询记录的保存期限进行自主选择和灵活设置。

（5）咨询记录的删除和备份。有些实时型软件的咨询记录保存在软件商服务器上，图书馆不能进行删除和修改，如果有删除需要，必须事先向软件商提出删除计划。有些软件即使记录保存在软件商服务器上，图书馆也可随时删除，如咨询软件 OnDemand；有些虚拟参考咨询软件会根据一定的时间间隔或按照图书馆规定的时间周期定期删除咨询记录中的用户姓名、E-mail 地址和 IP 地址并且用户可以通过与站点协调员联系提出删除数据库中与其相关的信息，如 24/7 Reference。咨询记录在删除前一般会进行备份，有些软件的咨询记录删除后还可以从备份系统中进行恢复和检索。

4. 具有不同隐私文化传统的国家在数字参考咨询中对用户隐私保护的关注度不同

目前国内外都还没有制订专门针对参考咨询这种特定环境的隐私保护法律。但是，国外具有不同隐私文化传统的国家在 DRS 中对用户隐私保护的关注度存在明显的差别。国外具有较悠久的隐私文化传统，图书馆普遍重视对用户隐私信息的保护，约 87.5% 的图书馆制定有保护隐私政策。此外，一些图书馆学专业机构和组织制订的图书馆行业守则中也明确包括了隐私保护的条文，如：美国图书馆学会 1995 年公布的专业伦理守则"保护每位读者的隐私权，对其查寻或获取的信息、咨询、借阅、征集及传递的资源均应予以保密"；英国图书馆学会 1983 年公布的英国图书馆学会专业行为守则"不得泄露或默许他人泄露任何委托的保密资料、信息或行政档案给第三者；同时也不可超越用户最初使用授权范围，将信息运用于其他方面"，并且还制订了对违反此守则的当事人的处分条款。我国较为缺少隐私文化传统，国内现有立法未将隐私权确认为一项独立的人格权，而是将其附属于名誉权，对隐私权的保护以及侵害隐私权的诉讼也没有形成专门的法律制度。而对网络隐私权的立法更是笼统，效力层次低，并且操作性差。在图书馆学专业机构制定的守则和标准方面，上海图书馆副研究馆员张奇曾对国内开展 DRS 的图书馆进行了调查，56.8% 的图书馆制定了 DRS 政策，其中，只有 39.1% 的图书馆制订了保护隐私的条文。由此可见，国内 DRS 对用户隐私保护的关注度远远低于国外。

5. 数字参考咨询中开展的个性化信息服务与用户隐私保护产生矛盾

图书馆 DRS 网站收集用户的个人资料，利用 Cookies 等网络信息采集技术进行数据挖掘，通过机器学习等较为隐蔽的方式监视用户的信息搜索与浏览过程，并且利用数据连接技术和分析比较技术对分散独立的信息进行综合、比较，从而获取用户的兴趣和使用偏好，开展有针对性的个性化信息服务。读者享受这个服务的前提是要将自己的 E-mail 地址、专业、研究方向、兴趣、爱好等个人信息主动提供给图书馆，并且自己的搜索和浏览等信息行为会被图书馆监视。对个人隐私泄露和被侵犯的担忧往往使得用户在利用图书馆个性化信息服务的时候进行有限选择或产生心理排斥，例如有相当数量的用户填写个人信息不完整甚至填写虚假信息。用户隐私问题已经成为个性化信息服务发展中的一大"瓶颈"。

（四）DRS 中图书馆保护用户个人隐私的策略

作为 DRS 的实施者，图书馆有责任和义务保护个人隐私信息，其基本措施有：

1. 图书馆与 DRS 软件商合作，研究制订保护用户个人隐私的指导性标准，从源头规范收集相关信息的类型

2003 年，国际图书馆联合会制订了《电子资源软件开发商保护用户个人隐私的指导规范》，试图平衡用户、图书馆和软件开发商之间在收集和保护个人

隐私方面的操作差异。

2. 图书馆制订保护 DRS 中用户个人隐私的章程

这个章程可以作为一个独立的文件发布，也可以作为图书馆保护用户隐私章程的一部分内容发布，还可以作为图书馆提供传统咨询服务的保护用户隐私章程的一部分内容发布。该章程中所包含的基本内容应有：收集涉及用户个人隐私方面的信息类型；接触这些信息的人员；用户浏览、校对、修改和删除自己信息的权利；图书馆利用这类信息进行日常管理、编制统计报告、评估业绩的说明；授权学者利用这类信息从事学术研究的说明；禁止将这类信息公开发布和进行信息转让与共享的说明；根据相关法律，图书馆为了配合法院调查，可以出示相关信息的说明等。

3. 健全法律法规，为用户隐私保护提供基本保证

完善的法律法规是进行隐私保护的基石。首先应该在法律上确立隐私权的地位，在《宪法》中应该承认个人隐私权是公民的一项独立的人身权，增加有关隐私权保护的具体条款。其次，为了增强隐私权保护的可操作性和对具体侵犯隐私权问题进行处理，还应制定和完善一系列相应的法律法规，如《网络隐私权保护法》《个人信息保护法》等。目前我国《图书馆法》的制定已被提上日程，在我国《图书馆法》中应该对图书馆行业保护用户隐私进行具体明确的规定。另外，我国的隐私权立法既要参考和借鉴国际上较科学和通行的条款和做法，同时又要结合国内具体的隐私文化传统和实际情况。

4. 指导和规范用户隐私保护行为

具体的图书馆 DRS 隐私保护政策和标准可以指导和规范 DRS 工作中保护用户隐私的具体行为。不同的人对于个人隐私信息的范围有不同的理解，首先应该通过广泛的用户调查，依据大部分人对隐私信息的范围界定来制定用户个人信息收集、保存、公布、传输和利用等方面的明确的隐私标准。然后根据用户隐私标准制定相应的虚拟参考咨询隐私保护政策。政策的具体内容应该包括隐私内容说明、隐私保护承诺和违反承诺的处罚三个方面。隐私内容说明应该包括服务过程中收集和保存的涉及用户隐私的信息类型说明；接触用户隐私信息的人员说明；用户对自己的个人信息进行操作和管理的权利说明；图书馆对用户隐私信息的收集和使用目的的说明等。隐私保护承诺则包括禁止将用户隐私信息公开发布、转让和共享的承诺；用户个人信息除用于图书馆服务、统计、培训、评估等，不用于任何商业用途的承诺；在知识库中及时删除任何可能泄

露用户个人隐私的信息的承诺等等。而违反承诺的处罚则是对图书馆员如果违反了隐私保护政策、对用户的隐私信息造成侵犯或泄露进行明确的处罚规定。

5. 加强行业自律，提高图书馆信息服务的信任度

一旦用户在利用图书馆信息服务时隐私受到侵犯，就会对图书馆的服务环境产生怀疑和恐惧，因而降低甚至丧失对图书馆信息服务的信任度，这将对图书馆工作的开展造成十分恶劣的影响。因此通过加强行业自律来提高图书馆信息服务的信任度非常必要。首先要强化图书馆从业人员的职业道德和伦理观念，加强馆员保护用户个人隐私意识教育。其次我们可以借鉴国外的行业自律模式，通过开展建议性的行业指引和网络隐私认证计划来保护用户隐私。建议性的行业指引是一种呼吁自我执行的机制，它规定了全面告知信息用户网站的资料收集行为，包括所搜集信息的种类和用途以及是否向第三方披露该信息等。网络隐私认证计划是一种私人行业实体致力于实现网络隐私保护的自律形式，它要求被许可在其网站上张贴个人隐私认证标志的网站，必须遵守在线资料收集的行为规则，并且服从多种形式的监督管理。我们可以通过中国图书馆学会等较权威的专业机构或一些图书馆联盟等民间组织来开展图书馆界的建议性行业指引和隐私认证计划，加强图书馆行业自律，提高用户对图书馆虚拟参考咨询服务的信任度。

6. 注重技术保护，为用户构筑隐私保护的可靠屏障

技术可以为隐私保护提供一道可靠的屏障。图书馆应该积极开发和采用保护用户隐私的新技术，选用可靠的安全性高的虚拟参考咨询软件，并且在虚拟参考咨询软件的功能设置方面要尽量选择能够最大限度保护用户隐私的参数和功能。同时图书馆可以将咨询记录分开保存于用户个人信息库和咨询内容数据库两个数据库中，通过切断这两个数据库之间的链接进一步加强对用户隐私信息的保护。

7. 开展用户教育，增强用户自我保护意识和能力

将保护个人隐私纳入参考咨询用户教育内容，向用户宣传和介绍图书馆保护用户隐私的政策和章程，提高用户的自我保护意识。同时要注重向用户讲授个人隐私自我保护的具体方法，提高用户的自我保护能力。如：尽量不要在网站留下过多的个人资料；慎重填写需要保密的资料；尽可能选择匿名登录和免注册服务；将私人 E-mail 与临时的分开使用，尽量使用临时 E-mail 来获取服务；对 Cookies 等信息收集或跟踪监视软件进行限制、禁用或删除；使用隐私保护

专业软件如个人隐私偏好平台等。

8.对隐私权保护的限制

对于参考咨询用户的隐私权保护，是对在法律规定范围之内的隐私权的保护，而不是在任何情况下一味地保护用户的隐私，这就存在着对用户隐私权保护的限制问题。

我们认识，有三类行为不构成侵犯个人隐私权：

（1）违法行为不受隐私权保护。如在咨询中得知用户有违法犯罪的问题，或者有违法企图时应向有关的司法机关反映情况，防止或揭露犯罪；另外，如果政府部门或者司法部门需要图书馆提供相应资料调查用户的违法犯罪问题时，图书馆有义务和责任配合调查，当然前提是这些调查是符合司法程序并且经过相关部门批准的。

（2）危害社会公共利益的行为不受隐私权保护。例如有患重大传染性疾病，如非典型性肺炎疑似患者，进行有关方面医学咨询，而不主动就医，咨询馆员应该从社会公共利益出发，向有关部门反映情况，防止危害的发生。

（3）为了当事人的利益和安全考虑的行为。如在参考咨询的过程中，发现用户有自杀或自我伤害倾向，或处于被迫害中，应该立即与有关人士联系，尽最大可能加以挽救。

三、数字参考咨询服务版权保护

（一）数字参考咨询服务所涉及的版权问题

DRS与网络相伴而生，它由国外图书情报界率先开发，现在已经成为国外图书馆普遍开展的服务项目之一。国内图书馆DRS由于受技术条件等多方面因素的影响，总体看还处在起步阶段。但一些大型图书馆和高校图书馆已经纷纷涉足这一领域，并积累了一些经验。国内外各种DRS虽然在服务模式、服务程度上有较大差别，但归纳起来不外乎以下三种形式：非实时咨询、实时咨询、合作虚拟参考咨询。

1.电子邮件侵权

电子邮件侵权的典型表现是发送垃圾邮件。垃圾邮件包括下列属性：（1）收件人事先没有提出要求或者同意接收的广告、电子刊物、各种形式的宣传品等宣传性的电子邮件；（2）收件人无法拒收的电子邮件；（3）隐藏发件人身份、地址、标题等信息的电子邮件；（4）含有虚假的信息源、发件人、路由等信息的电子邮件。事实上，只要不是收件人订制的信息服务中所包含的，而又对收件人没有用的电子邮件都可以称作垃圾邮件。垃圾邮件可以给人们带来很大危害，如传播病毒、浪费时间、浪费系统和网络资源、传播非法信息、导致用户上当受骗、误导消费、助长不法交易等。而从法律上的权利角度看，由于垃圾邮件是在没有得到收件人许可的情况下发送的，以伪装或者欺骗的形式出现，并且电子邮件地址又是个人特定化的信息，属于隐私权的范畴，因此，发送垃圾邮件行为既侵犯了对方的通信自由权，也侵犯了网民的隐私权。

　　由于垃圾邮件具有很大的危害性，国家对此予以立法禁止。《互联网电子邮件管理办法》对传播垃圾邮件及其处罚做了明确规定：任何组织或者个人不得制作、复制、发布、传播包含《中华人民共和国电信条例》第57条规定内容的互联网电子邮件（第11条）；任何组织或者个人不得有下列发送或者委托发送互联网电子邮件的行为：（1）故意隐匿或者伪造互联网电子邮件信封信息；（2）未经互联网电子邮件接收者明确同意，向其发送包含商业广告内容的互联网电子邮件；（3）发送包含商业广告内容的互联网电子邮件时，未在互联网电子邮件标题信息前注明"广告"或者"AD"字样（第13条）。违反本办法第11条规定的，依据《中华人民共和国电信条例》第67条的规定处理（第23条）；违反本办法第12条、第13条、第14条规定的，由信息产业部或者通信管理局依据职权责令改正，并处一万元以下的罚款；有违法所得的，并处三万元以下的罚款（第24条）。DRS电子邮件侵权主要发生在参考咨询和文献传递过程中，因此，在开展参考咨询和文献提供服务过程中应慎重使用电子邮件，不要向读者发送一些未要求提供的信息，更不能有意发送《互联网电子邮件管理办法》规定的不允许发送的电子邮件，否则将会带来法律上的不利后果。

　　2. 资料搜集过程中的版权问题

　　图书馆为回答用户提问所搜集的资料一般有三种来源：一是图书馆尚未数字化的资料；二是图书馆购买的数字资源；三是网上搜索的数字信息。

　　（1）图书馆尚未数字化的资料。因为我国数字化水平不高，目前图书资料主要还是以纸质印刷品为主。在进行虚拟参考咨询服务的过程中，有相当多的答案须从纸质文献中搜集，而DRS的异地实时性又决定了这些答案必须以网络传输的方式进行，这就遇到了图书资料的数字化问题。馆藏作品数字化行为的法律性质，目前图书馆学界趋向于认定馆藏数字化行为是复制。欧盟委员会认为，作品的数字化属于复制权的范畴。美国1995年《知识产权与国家信息基础建设》白皮书同样认为作品被数字化的过程属于复制。我国的《著作权法》虽然没有明确提及作品的数字化是否属于复制，但根据其对复制的定义的推论可知，作品的数字化应当属于复制的范畴。因为，作品的数字化形成了有形的、永久性的复制权。不过，根据《著作权法》第22条第8款的规定："图书馆、档案馆、纪念馆、博物馆、美术馆等为陈列者保存版本的需要，复制本馆收藏的作品，是可以不经著作权人许可，不向其支付报酬"的。因此，如果图书馆仅仅是将馆藏作品数字化，虽然属于复制行为，但不构成侵权，属于合理使用的范畴。目前的问题是，图书馆将馆藏数字化的目的除了保存版本的需要外，主要还是为了将数字化的版权作品上网传播为用户提供服务，这就涉及版权人的多项权利。

（2）图书馆购买的数字资源。图书馆购买的数字资源一般有两种形式：一种是以有形载体出版发行的数字出版物。此类出版物大多以光盘或磁盘形式存在，著作权人为了保护自身的利益，销售时常以合同规定其使用方式，如禁止复制、禁止通过因特网传播使用等。另一种数字资源是以网络这种无形载体方式发行的网络数字出版物，如各类数据库、电子书刊等。此类出版物有的可在支付费用以后以镜像的方式入藏到图书馆的计算机系统中，有的则只能获得通过网络对原始网站存取资料的授权。对以上数字资源的使用必须遵守购买时签署的许可协议的规定。许可协议已成为数字产品购销的主要方式。由于技术的进步使数字信息的复制、转发或传播极易实施，出版商担心作品的无限传播会威胁到他的商业利益，故采用合同法限制存取并控制传播，所以图书馆提供的咨询资料是否合法既取决于著作权法的规定，也取决于合同法的规定。

（3）从网上搜索到的资料。在网络上传输的作品大致有两类：一类是公共领域的作品，即超过保护期的作品。其作品为社会公有信息，可以在网上浏览和下载使用。图书馆利用公共领域的作品为读者服务，一般不会侵犯版权人的权利。另一类是受版权保护的作品，在网上浏览或下载使用此类作品都要受信息网络传播权的限制。

DRS如果作为一种非营业性的服务，对以上三种来源的信息资源的利用应属于合理使用范围。但对于版权人声明不允许复制的作品，为避免侵权，图书馆应放弃全文推送，只向用户通报该作品的线索或出处，指引用户到原始网站或亲自到图书馆浏览该作品。

3. 链接服务的版权问题

链接（Hyperlink，又称超链接）是利用超文本语言将网络上不同来源的信息材料有机结合在一起的一种网络技术。链接按照形式不同可以分为三种：即普通链接、纵深链接和加框链接，其中前一种属于链出（Linking-out），后两种属于链入（Linking-in）。普通链接，是一种正常链接，事实上是一种"链出"行为，其链接的对象是被链接网站的首页，用户可以从 URL 地址获知其所浏览内容归属。因此，纵深链接是通过网站的分页地址设链，绕开了被链接网站的首页，直接将用户导向某个分页。加框链接，是设链者将自己的网页制作成一个框架，将别人的网页制作成自己的网页的一个窗口。采用加框技术的网站可以使其他网站的内容链接进本网站的窗口中，与本网站的内容一起向用户显示，但用户浏览的地址一般只显示设链网站的地址。每个窗口都可以独立运行，显示不同的网页的内容。

因为链接的方式不同，法律的定性也不同。链出（普通链接）的作用是将用户推荐到被链接网站，增加了被链接网站的访问量，是符合被链接网站的利益的，没有对被链网站的权利产生任何侵权行为，因此是受到欢迎的。但是链入可能涉及多项侵权：（1）侵犯表明身份权。链入他人作品，使链入内容与链接者的网页形成一个整体，如果不表明邻接权人姓名，会给经端用户造成链入内容是链接者的作品的印象，侵犯了被链入作品邻接权人的表明身份权。（2）侵犯信息网络传播权。在正常链接中，网页显示的内容和地址栏中的域名都是被链接者自己的，设链者的行为只是引导访问者去浏览被链接者的网页，起指引作用，所以没有取代邻接权人的信息网络传播权。但使用加框技术，则改变了权利人预设的传播途径和传播方式，会使其背后的经济利益或其他目的落空，甚至足以造成网络终端用户认为被链接的网页是设链者所有，会侵犯表演者、录音录像制作者等主体的信息网络传播权。（3）侵犯收益权。网站是网络信息传播者中最重要主体，其提供服务往往不收费，它主要的收入来源是商业广告。链入避开了被链网站的广告，甚至有的设链者，将搭载在网页上的"广告旗"剥离，通过加框附上自己的广告，对作品原所在网站构成严重侵权。（4）不正当竞争。链接行为和加框技术的使用，可能使上网者分不清网页的所属，很容易引起用户的误认和混淆。深度链接可能给被链者商誉和经济利益带来极大的损害，达到了排挤其他经营者的目的，本身就违背诚信和公平原则，属于不正当竞争行为。

在 DRS 中，图书馆在为用户搜索到咨询答案或相关资料时，多数情况下需要通过链接方式以方便用户去获取。链接服务极大地便利了交互搜索，促进了信息资源共享，但链接服务引发的侵权纠纷也日益增多。一般说来，链接并非对原网页进行实际复制，用户浏览的信息并不经过设链者网页所在的服务器而直接传送到用户终端，所以链接只不过提供了一条通向原网页的途径，谈不上侵权。网上的信息是向公众开放的，任何人都可以自由访问，链接的存在只不过是增加了访问该网页的途径。在大多数情况下，网页所有人是希望他人做链接以增加访问量的。但是，在特定情况下，链接不当可能会构成侵权行为，当然这要视具体情况而定。

（1）外链的版权问题。链接分为外链和内链。外链又称为"正常链"，它的作用就是将用户带到被链网站的主页。目前，国内数字图书馆主页提供的"友情链接"大多属于这种情况。外链的版权风险主要来自被链网站的侵权行为。当被链网站含有侵权材料时，由于设链者客观上使侵权范围扩大化，因此设链者也就负有相应的连带责任。

（2）内链的版权问题。内链又称"链入"，它的特殊之处在于，用户点击链接标记后，浏览器地址栏并没有发生变化，仍然是设链者的域名，但被链对象网站上某一网页的内容却自动显示在用户电脑屏幕上，并和设链者的网页融为一体，使人产生该内容是设链者提供的错觉。内链又分深层链接和加框链接。深层链接指链接他人网站而不是链接主页，并且绕过主页直接链接到分页上，深层链接实质上仅是提供了搜索服务的工具，引导用户利用这个工具到其他网站或网页去浏览，实际它并未复制任何信息存储在服务器上。因此提供链接服务的网站不存在侵权行为，但它有可能会导致不正当竞争行为。加框链接又称视框链接，这种技术允许设链者将页面分为几个独立的部分即视框，每个视框可以同时呈现不同来源的资料，既可以是本网站的材料，也可以是链接来的材料，并且可以单独滚动。同时，用户浏览器虽然能访问到框中链接的网页，但用户浏览器地址栏中仍是设链者的地址。尽管许多被链者对这种链接行为不乐意，但设链者没有对被链材料进行复制，一般说来不会侵犯他人版权，但同深层链接一样，它有可能构成不正当竞争行为。

4. 信息网络传播过程中的版权问题

在 DRS 中，数字信息完全可以被拷贝并瞬时传到世界各地，这使许多出版商把网络，尤其是因特网看作是一只巨大的、无法控制的拷贝机。毫无疑问，数字信息在网络上的传播对版权人的利益影响重大。因此，在我国 2001 年 10 月的《著作权法》中，为版权增添了"信息网络传播权"，即"以有线或者无线方式向公众提供作品，使公众可以在其个人选定的时间和地点获得作品的权利"并规定"未经著作权人许可、复制……、汇编、通过信息网络向公众传播其作品"属于侵权行为。网络传播权是版权法适应网络时代而赋予版权人的新权利。根据 2000 年 12 月 20 日公布的《最高人民法院关于审理涉及网络著作权纠纷案件适用法律若干问题的解释》"将作品通过网络向公众传播，属于著作权法规定的使用作品的方式，著作权人享有以该种方式作用或者许可他人使用的作品，并由此而获得报酬的权利"。

新《著作权法》"信息网络传播权"的设立，对数字图书馆使用版权作品提出了严格要求，对于尚在版权人保护期限内的《著作权法》第 3 条所规定的 9 大类作品的版权人均享有"信息网络传播"，表演者和录音录像制品作者也享有相关权利，数字图书馆要通过网络开展 DRS，就必须获得相关权利人的授权许可，否则就会构成侵权。由此看来，如果不解决好数字作品的版权问题，DRS 就会受阻。

（二）数字参考咨询服务的版权保护策略

尽管图书馆开展 DRS 的目的是为公众服务，但图书馆仍有义务严格遵守版权法，避免侵权问题的发生。通过陈兴良诉"数图"一案，我们在开展 DRS 中必须在观念上认清两个问题：其一，我国现行版权法对网络环境下的作品创作者、传播者和使用者的权利范围已经相对划定，现在不是利益分配的重新开始；其二，数字图书馆作为作品使用者和传播者不能采用双重标准，不能谈到信息传播服务时就以满足社会公众利益为口号强调对作者权利的限制，而涉及自己利益时就强调版权保护。DRS 不能以牺牲作者的权益为代价，版权使用费是我国 DRS 过程中必须付出的成本。针对虚拟参考咨询服务面临的版权问题，我们应采取以下策略：

1. 馆藏作品数字化的版权保护策略

依据我国现行著作权法和相关规定，将馆藏数字化应采取以下原则：一是可以将不属于版权保护期的资料进行数字化转换和相关使用。二是在版权没有针对网络环境设置相关的合理使用条款的情况下，将版权作品数字化并通过网络传播，必须征得版权人的许可，并支付一定的版权使用费。如版权拒绝图书馆将馆藏作品数字化，图书馆只有待作品版权保护期满后，才能将其数字化。

2. 合理使用中的版权保护策略

图书馆对 DRS 中版权作品的合理使用，应遵循对版权作品不良市场影响最小原则，尽可能采取各种措施来消除非法复制与非法传播，使合理使用对版权作品的不良市场影响最小。为此，在虚拟参考咨询服务中，要做到以下几点：

（1）建立完善的用户身份证系统。通过技术措施（如 IP 限制与口令登录），保证只有正式注册的用户才能进入 DRS 系统。

（2）在 DRS 系统中，图书馆应当在网页显要位置上注明出处并发布版权声明，告知用户按照著作权法的规定使用作品，尤其不能把咨询的资料擅自进行大规模的网络传播或进行商业性复制，以免让图书馆因用户的侵权而负连带责任。

（3）保护版权管理信息完整。我国著作权法第 47 条第 6 款规定："未经著作权人或与有关的权利许可，故意避开或者破坏权利人为其作品、录音录像制品等采取"的"技术措施"和第 7 款"故意删除或者改变作品的""权利管理电子信息"等行为都属于侵权行为，所以在虚拟参考咨询中使用版权作品时，咨询员应注意保护作品版权信息的完整性，以免发生侵权纠纷。

3. 链接服务中的版权保护策略

链接使网络的功能极大拓展，法律在寻求利益平衡基础下，应当对链接行为给出价值判断标准，以指引网络链接行为的良性发展。我们认为确立链接原则宜粗不宜细，在保护邻接权人利益，鼓励创作的同时，还要考虑为链接这一新技术未来发展和网络信息自由传播留下空间。但基于网络特点和侵权的复杂性，应从源头上寻求对策，做好侵权预防，加强对设链者自我规范和被链者保护。

（1）确立链接法律原则

链接服务是数字图书馆 DRS 的主要方式，在目前相对滞后的法律面前，解决链接侵权时可从下面几个方面考虑：

①正当链接。设链时，提倡使用正当链接，也就是使用外链方式直接链接到他人的网站首页，最好少用容易引起侵权纠纷的内链方式。因为无论是内链

方式的深层链接,还是加框链接,虽然不会构成对版权的侵权,但存在构成不正当竞争行为的法律风险。

②技术手段。在大多数情况下,网站出于扩大自身的影响和宣传的目的是欢迎友情链接的,对于其他网站不当的链接可采取 ASP 技术,使其他网站必须首先链接到首页后才能进一步链接,以保持网站网页的完整性。这样可以减少侵权纠纷的产生。

③专人接警。专人接警在美国已形成了一种制度。美国《数字千年版权法》规定,网络服务商必须任命一位代理人,负责链接服务中对方指称侵权的通知,并将所任命的代理人的情况在版权局备案并在网上公布。我国相关法律法规虽没有这一规定,但在虚拟参考咨询服务中,数字图书馆最好还是指定专人接收侵权警告书,并及时处理相关事宜,避免因处理不及时而造成损失。

(2)避免侵权的法律措施

①关于设链者

A. 仅对他人网站设置普通的主页链接。一般而言,设置主页链接不但不会侵犯被链者的权利,而且还会受到被链者的欢迎,因为主页链接会增加被链者网站的知名度和点击率,使更多的访问者访问被链者的网站。B. 设置链接前事先通知被链者。虽然很多人认为互联网允许链接应当适用"默示许可",但鉴于我国法律目前并无相关规定,同时也为了避免纠纷,设置链接前事先通知被链者更为安全。在合理的时间内,被链者未表示异议的,则可以设置链接。C. 接到权利人有关不允许设置链接或者可能侵权的通知后立刻将链接删除或断开。D. 尽量减少或不使用他人享有权利的商标、标识、标志,尤其是不要使用驰名商标或知名标识。如果在链接中使用他人享有权利的商标、标识、标志用于介绍他人的作品、产品等时,应在显著位置发表声明,表明与该商标、标识、标志的权利人并无关联,避免引起访问者的误认或混淆。

②关于被链者

A. 做出不允许链接的声明。如果被链者不希望自己的劳动成果被其他网站使用,可以在网页较显著的位置上表明不允许链接,或者规定设置链接的条件如仅允许链接到网站主页、设置链接须经本网站同意等。B. 使用技术措施防止他人设置链接。如采用密码技术,使用防止下载、复制的专门软件,修改程序使服务器拒绝其他网站的链接访问等。C. 经常改变网页和文件的网址。链接是通过找到被链材料的网址后进行的，经常改变网页和文件的网址，可以使他人设置的链接因找不到所需材料而失效。D. 加强网页的标识性。为防止互联网用户的误认与混淆，可以在所有的页面上而不是仅在主页上加载网站标识或刊登广告。

4."网络资源本地化"与著作权保护

"网络资源本地化"侵犯了被下载作品的复制权、汇编权和信息网络传播权。网络资源是数字图书馆开展信息服务所依赖的重要资源之一。但网络资源在快速增长的同时，也会因作者修改资源或资源失去时效性而被删除或服务器关闭等而不断消亡。一些图书馆为能够长期保存这些资源，而采取了"网络资源本地化"策略。但"网络资源本地化"必然要将网络资源下载保存，而下载构成著作权法上的复制已得到法律认可。因此，除合理使用和法定许可使用外，下载享有著作权的网络作品时应征得著作权人的同意，否则构成侵权。图书馆可以为学校课堂教学或者科学研究，向科研人员提供少量已经发表的作品，可以为保存或陈列本馆收藏的作品而复制作品，但"网络资源本地化"已远超出合理使用的范围，并且目前图书馆又不是著作权法定许可使用主体，不享有法定许可使用权，因此，图书馆为保存网络资源而下载享有著作权的网络作品时若未得到权利人的同意将构成侵权。不过，不享有著作权的网络资源或者权利人放弃了著作权的作品是可以下载保存的，但下载使用时应保留必要的权利信息。

根据著作权法的规定，著作权人对其作品享有汇编权，即将作品或作品的片段编辑成汇编作品的权利。数字图书馆要使用"网络资源本地化"方式收集到的文献信息资源开展信息服务，不仅要将网络资源下载到本地，而且还要将下载的文献信息资料进行编辑整理。由于下载的很多资源是享有著作权的作品或作品片段，图书馆将这些资源进行编辑使用，实际上是在行使汇编权，若未得到著作权人的许可，将构成对著作权人汇编权的侵犯。

信息网络传播权是指著作权人以有线或者无线方式向公众提供作品，使公众可以在其个人选定的时间和地点获得作品的权利。鉴于网络资源本地化存在上述著作权风险，DRS项目在进行网络资源建设和服务时应特别慎重，对于享有著作权的网络作品最好不采用此种方式保存资源。

总之，图书馆必须尽最大努力避免用户因利用图书馆的资源和服务而产生任何法律上的纠纷。在没有适用的法律可以遵循的情况下，应通过服务声明的形式，避免因用户方面的原因而与法律产生冲突。在建立DRS工作框架中应该及时考虑到，避免因侵权问题引起不必要的麻烦。

第八节 数字参考咨询服务营销

参考咨询与信息服务关注的是当今图书馆参考咨询服务的营销。图书馆DRS是当今图书馆参考咨询服务的亮点，虽诞生在20世纪80年代后期，但90年代网络的普及，将网络技术与图书馆专业知识结合到极致，预示了图书馆服务的潜力。DRS也是数字图书馆发展的重要组成部分，也将是未来发展最快、最能展现图书馆员能力、最能体现图书馆及图书馆员服务增值与知识提供者价值的领域。因此，我们不仅需要图书馆员提供咨询与信息服务，而且要鼓励他们学习营销策略，特别要关注用户需求，并从用户那里获得反馈，要掌握包括利用网络在内的技术知识以及各种营销策略知识，以提升参考咨询服务技能。

一、数字参考咨询服务营销的优势

DRS介入信息营销是由图书馆参考源、技术、人员优势所决定的。

（一）参考源

图书馆不但有着丰富的馆藏文献资源，而且还有着学科门类齐全的数字资源。中国国家图书馆参考源包括馆藏资源（图书、期刊、报纸、学位论文；古籍善本、特藏专藏、工具书、年鉴；电子出版物、缩微资料、视听资料）；数字资源（数据库、电子期刊、网络信息资源）等。中国科学院国家科学数字图书馆（CSDL）的电子文献包括数据库（全文类型数据库、文摘类型数据库）、电子期刊、学科信息、科技在线、网络信息等，CSDL还面向研究生提供专门服务，开通了方正电子图书库，PQDD博硕士论文等数据库。北京大学图书馆目前拥有200余个数据库、近2万种电子期刊和10余万种电子图书，分布在不同的检索平台上，用户利用这些资源时需要一一进入各个检索系统。这些丰富的参考源为DRS参与信息营销竞争提供了有利条件。

（二）软件技术整合与优化

1.DRS是咨询服务体系的补充和完善，因而国外已经将各种咨询方式统一管理。如美国图书馆系统与服务公司推出 Virtual Reference Toolkit，其提供的功能有参考咨询集成管理系统，可基于网络请求管理解答各种问题，并予以记录和逐步完善解答。

2. 自动化解决方案——仍在研制摸索中，美国国家医学图书馆的"虚拟代理"是该馆咨询与用户服务部提供的，由 NativeMinds 公司开发的自助式交互管理软件，能够回答有关 NLM 产品和服务的基本问题，以便图书馆员回答更为复杂的问题。

3. 与其他参考相衔接——满足用户"无缝存取"，将前台接收的问题与后台提供的服务衔接起来，向用户提供"一站式服务"。

4.IT 技术在图书馆的应用促进了联合虚拟参考服务的发展，如 Question Point 美国国会图书馆和 OCLC 联合开发的 CDRS 是 Question Point 的前身，为全球最大的联合数字参考服务系统。Question Point 正在开发网络问题提交表单，以期解决咨询自动化，并筹谋联机教育与远程学习服务的链接。虚拟参考咨询系统的功能在不断扩展，对参考馆员的专业性和技能要求高，更能显示参考馆员服务的水平，交互性更强。

（三）咨询馆员素质与技能优势

DRS 过程中，馆员的信仰、价值观、经验、技能等对于服务质量、服务效率有着巨大的影响，他们关于信息和知识的获取、传递和应用方面的经验和技巧是图书馆开展 DRS 所需要的核心知识。在网络环境下，咨询馆员的素质和技能直接决定了 DRS 的成效。咨询馆员一般具有熟练的外语知识、专业知识、计算机网络技术、应变能力，尤其是某个领域的学科专家，才能够在聚集文献资料，加工、检索、整理开发信息并参与信息的社会竞争中处于优势。如上海图书馆网上联合知识导航站，包括专家咨询：社会科学专家（28 位）与自然科学专家（33 位）；上海社会科学文献咨询员（15 位）、美国纽约皇后图书馆咨询员（6 位）、新加坡国家图书馆咨询员（6 位）。详细界定了每个专家的咨询内容。国家科学图书馆网上咨询台：我的图书馆员。咨询专家一般具有国家科学数字图书馆的认证，咨询专家列表显示了每个专家的单位、职称、专长、联系方式等。

营销是规划和实施理念、商品和服务的设计，定价、促销和分销以实现满足个人和组织目标的交换过程。DRS 营销主要提供信息商品（生产人员广泛地搜集信息资源，经过分析研究、处理加工后，通过科学程序生产出满足人们特定信息需求的商品）的消费。信息商品决定效用的因素是其使用价值，即信息具有的满足信息需要的属性。信息商品及服务影响着信息需求。消费行为是一种个人体验。信息消费是一种用户信息服务（虚拟参考咨询服务）参与信息商品价值发现的过程，是用户通过对信息商品的使用价值的消费，期待个人经验不断被印证和提升的过程。由此可见，信息消费是一种"期待"特征的消费。那么，信息商品在被用户消费之前，谁来证实它的消费价值所在？毫无疑问，DRS 是信息商品价值的营造者。

二、数字参考咨询服务的营销原则

（一）可选择性原则

可选择性原则在 DRS 项目中主要表现为用户服务的特征。一方面用户具有自主选择 DRS 不同服务的方法获取知识；另一方面是图书馆具有可选择的特征——不同的图书馆根据实际情况为用户在不同的需求阶段提供尽量多样的发展可能性，以及在同一阶段的不同方向上为用户提供多种可选择的机会和发展的可能性。可选择性原则反映了图书馆"书是为了用的""每个用户有其书"的存在目的及宗旨。如用户与问题细分——符合市场营销学，适应特定用户对不同产品和服务的需求，便于了解用户需求特点，提供针对性服务。如 MWL(My Web Librarian) 将问题分为"一般用户""大学师生"和"健康与医疗信息"。用户细分适用于大型数字参考咨询协作方式。这些图书馆虚拟参考咨询项目重视用户差异和用户选择的权利，每一个用户可根据自身不同需求，无障碍、自由选择知识。用户根据个人需要进行适合自己特点的选择，如电话咨询、电子邮件咨询、BBS、FAQ 信息自助咨询，快捷、准确、方便获取知识信息。

建立图书馆 DRS 项目的可选择性机制的目的在于，通过为用户提供多样性的服务方法来提供可供选择的获取知识的机会，从而拓宽知识需要的渠道。图书馆要建立和完善 DRS 项目的可选择性机制，应该积极进行 DRS 项目规范化的完善与创新，为用户提供多种选择机会。应该重视 DRS 项目的建设，加大投入力度，切实使图书馆服务更具有可选择的潜力。

（二）以最少的代价取得最佳效果原则

成本高昂。臧国全博士在《实时型网上参考咨询的效用分析》一文中详细论述了用户少，成本高昂的问题。图书馆在设计DRS时应进行认真细致的成本和效益分析，对不同的投入部分及方式区别对待，以确定最佳的投入组合，最大程度降低成本。比如降本增效、效率规范化、重视服务效益、VRD设计合理、服务时间灵活、个性化和人性化参考服务、评价机制健全等，并及时根据用户的需求和使用情况进行调整。若高效的管理和先进的服务理念渗透DRS每个细节，就能够吸引用户，获得用户的认可，DRS才能以最少的代价取得最佳效果，取得良好的社会声誉与效益。

（三）尊重知识产权，合理使用原则

尊重知识产权，合理使用数据库，授权用户出于个人的研究和学习目的，可以对网络数据库进行合理使用。包括：（1）对网络数据库进行检索；（2）阅读检索结果（文摘索引记录或全文文章，下同）；（3）打印检索结果；（4）下载检索结果存储在自己的个人计算机上；（5）将检索结果传送到自己的电子邮件信箱里；（6）承担使用单位正常研究生教学任务的授权用户，可以将作为教学参考资料的少量检索结果，下载并组织到供本使用单位教学使用的课程参考资料包中，置于内部网络中的安全计算机上，供选修特定课程的研究生在该课程进行期间通过内部网络进行阅读。超出了合理使用范围，是侵犯网络数据库商知识产权的行为，应严格禁止。

三、数字参考咨询服务营销的步骤

（一）营销计划制订

良好的计划是成功的一半。因此，审慎的计划是图书馆开展DRS营销活动的基础。营销计划的内容应包括：营销的目的、具体活动的策划以及成本的预算。图书馆在策划具体营销活动时应针对用户的特点而进行。例如，不同年龄层次和教育水平的服务对象在宣传和推广方法上应有所不同；不同类型的宣传和推广活动在成本上会有所不同；而不同类型的图书馆因人员配备情况的不同，在营销活动的具体开展过程中也会有一些制约因素。营销计划的制订，有助于图书馆明确DRS营销活动的目的和手段，从而有助于营销活动的顺利开展。如国家图书馆信息营销项目设置的专项服务包括科研服务、企业服务、新农村建设和业界服务等。上海市中心图书馆"网上联合知识导航站"根据用户需要及时推出如食品安全咨询、房地产咨询、家谱咨询等，营销计划的目的是要引

起用户对"网上联合知识导航站"项目的关注,最终要形成稳定的用户群。

(二)宣传策略选择

图书馆 DRS 营销的宣传策略大致可分为宣传、广告和直接接触三种类型。具体包括(1)通过报纸、电视、电台举办新闻发布会;(2)通过广播渠道进行公共服务的宣传;(3)针对本馆用户的需求编辑馆内通讯;(4)在专业期刊或其他杂志上发表相关文章;(5)通过邮件列表进行宣传;(6)营销信件;(7)宣传小册子或传单;(8)海报、书签或其他赠品;(9)为图书馆员印制专门的名片;(10)宣传资料的收集(包括照片或其他与服务相关的背景资料);(11)举办专门的宣传活动;(12)图书馆"开放日"、招待会、聚会或其他有纪念意义的活动;(13)在图书馆网站或其他相关网站上进行产品或服务的介绍。不同图书馆依据本馆现状开展宣传策略的选择。如媒体的宣传:相对于图书馆的馆内用户来说,报纸、电视和电台等新闻媒体的服务对象要广泛得多,这种宣传方式将有助于争取图书馆的潜在用户。服务宣传活动:图书馆可以在实时聊天式参考服务的不同阶段与用户一起开展庆祝活动。馆员也可以积极参与当地社区举办的各类活动。网络宣传:网络宣传的基本形式是通过在图书馆网站上建立相关链接而实现。同时,图书馆服务宣传的对象不仅包括图书馆用户,还应包括图书馆工作人员、图书馆的资助机构和大众传媒。

(三)运行机制

加强图书馆之间的联合与协作,实现联合采购、联机编目、网络预约、续借和馆际互借等。图书馆也应深化信息服务,转变观念,树立起经济效益的思想,并借助于现代信息技术,选择一个专业作为主攻对象,将这个专业网站不断完善,将一切与之有关的内容和服务囊括其中,做到精益求精,使之成为在某一领域具有权威的专业网站,通过各项广告途径将网站推销出去,这样可以使网站在某一领域内获得较高的点击率,然后通过相关书籍、光盘和软件的销售、有偿租赁、科技咨询、网络广告等获得增值。

第六章 网络环境下高校图书馆的参考咨询工作

信息的数字化和计算机网络化带来了图书馆参考信息源的电子化,因特网的普及给参考咨询服务带来了新的竞争压力。参考咨询工作如何迎接网络环境带来的挑战,也是图书馆参考咨询工作深入与拓展的关键所在。本章详细介绍网络环境下图书馆的参考咨询工作以及网络参考咨询服务的发展趋势、我国网络参考咨询工作的研究重点。

第一节 网络环境对图书馆参考咨询工作的影响

一、网络环境简介

步入21世纪,电子计算机与现代通信技术的高度结合,国际计算机互联网Internet在全世界的迅速扩展,标志着网络环境的形成。因特网具有传统图书馆无法比拟的优势,如拥有丰富的信息资源,跨越时空、无间隙的检索空间,高度的开放和自由,文本间的超级链接等。由于因特网铺天盖地的覆盖,曾经以信息为中心自居的图书馆传统的信息服务格局和方式被彻底打破,图书馆的一切工作都面临着变革。参考咨询服务被喻为"图书馆的心脏",从产生至今已有120余年的历史,它在开发文献资源、发挥情报职能、提高文献利用率、为读者深层次服务上一直发挥着巨大的作用,在读者服务工作中占有极其重要的位置,是衡量图书馆发展水平的重要标志之一。在网络环境下,参考咨询工作正由传统参考咨询向网络信息咨询转变,并呈现出新的特点。

二、网络环境对图书馆参考咨询工作的影响及特点

1. 对参考咨询信息源的影响

传统参考咨询信息源的物质基础是印刷型文献信息，如参考工具书和检索工具书，主要包括百科全书、字典、词典、年鉴、手册、名录、书目、索引、文摘等。在网络环境下，信息咨询以电子信息或数字信息为咨询信息源。随着因特网的产生和发展，信息源、信息出版形态、出版方式都发生了巨大变化。联机检索服务正在与因特网相互融合。因特网上的信息源类型主要有各类联机数据库、联机馆藏目录库、电子图书、电子报纸、软件与娱乐游戏资源、教育培训类信息和动态信息，此外，网上还有许多电子版的参考工具书和因特网快速参考工具资料，如百科全书、名录指南、地区参考资料、统计资料和法律法规等可供使用。不仅如此，各个图书馆还有大量的印刷型文献可在咨询过程中经过数字化处理供网络信息咨询利用。

2. 对参考咨询服务对象的影响

图书馆作为文献信息集散地曾经是人们获取信息资源的最主要场所，网络的出现和迅速发展，打破了这种"一统天下"的局面，同时也对图书馆产生了巨大的冲击，引起参考咨询领域的极大反响。随着网络技术日益成熟，上网条件更加简单，费用更加低廉，信息更加丰富，网络知识更加普及，用户自我查询能力日益增强，社会上各个阶层、各领域的人都有可能成为网络用户，成为参考咨询服务的对象。而用户的主要目的是利用信息解决自己特定环境下的特定问题，具有个性化，因此，有效的信息服务从本质上讲是个性化的，是针对具体用户个人的问题、环境、心理、知识等特征来实施的。这就要求图书馆参考咨询服务在跨越时空组织资源和提供服务的同时，也应充分支持个性化信息服务。

3. 对咨询服务方式的影响

在传统的参考咨询服务中，大多是以馆藏为中心，参考咨询员主要是被动地等待读者，而网络参考咨询的服务方式则是以远程、虚拟为主要特征，以读者为中心，参考咨询员可以主动与读者接触，包括了解读者的需求，向读者宣传图书馆的各项服务等。形式多种多样，不拘一格，主要有电子邮件、Web主页、网络电话、经常性问题解答、联机咨询、借助文件传输协议方式、视像咨询、

网络合作咨询等。目前，部分图书馆已建立了虚拟参考咨询台，将来还会出现虚拟现实技术在图书馆参考咨询中的利用，网络环境下图书馆参考咨询服务的发展将不可限量。

4. 对参考咨询内容的影响

网络环境下的参考咨询与传统参考咨询相比，服务内容更新、更丰富，包括网上图书馆介绍、图书馆知识服务、网络专题咨询服务、网络目录咨询服务、网络导航服务、提供镜像数据库服务、网络咨询协作系统建设、用户培训服务、帮助读者选择和使用数据库、OPAC业务培训、联机实时帮助、远程检索服务、电子邮件服务、网络检索工具介绍与评估、网络搜索引擎的介绍与评估、咨询数据库建设和网络信息提供等。网络信息咨询是以电子文献、数字化文献或网络信息为基础，以计算机检索和网络检索为方式，以网络中本馆的一切用户为对象而进行的各项问题解答活动。网络信息咨询解答的问题不受学科专业的限制，没有深度上的制约，因而其服务范围更广，简单问题的解答可通过计算机网络自动生成，咨询馆员主要从事智力性强的、复杂的研究性问题的解答，因而其服务层次更高。

5. 对咨询服务手段的影响

传统参考咨询主要是以手检参考工具书及检索工具书为基础开展工作，而网络参考咨询开始向计算机自动化和网络化操作转变，速度更快，效率更高，服务更方便，不受时间、地域的限制。具体表现在：

（1）咨询问题的提出

用户不必亲临图书馆，可以通过电子邮件、网络电话、图书馆的主页和咨询网页留言等方式向馆员咨询。

（2）咨询项目的管理

咨询工作计划、财务管理、参考咨询员工作分配、工作记录、用户档案、咨询专家文档、咨询解答档案和用户反馈信息等都可直接通过计算机管理。

（3）咨询问题的解答

参考咨询员可通过光盘检索、单机数据库检索、联机数据库检索和网络信息检索多途径深入地获取文本、声音、图像、多媒体及一些特殊的数据信息。

（4）咨询解答的提供

由于计算机检索和网络检索技术的发展，不仅可通过网络向用户完成线索、数据、知识点和信息单元的提供，还可以提供全文和多媒体信息，而且咨询结果更贴近用户的需要。

6. 对咨询服务人员素质要求的变化

网络环境下计算机与网络等现代信息技术已成为一支强劲的支撑和支配力量。新的咨询环境对参考咨询人员的素质提出了新的要求，尤其是在计算机操作能力、网络驾驭能力和英语水平、信息商品意识、信息服务意识等方面提出了更高的要求，即要具有对信息的筛选、转化和整合能力，对信息价值的判断力和处理能力。同时，未来的用户需求由于学科高度综合与分化，必将涉及各种学科、各种专题领域，而参考咨询人员在本行业可能是专家，但不可能了解掌握所有的学科知识而成为各个学科领域的专家。因此，参考咨询人员社会化是参考咨询队伍发展的必然趋势。目前，网上已出现一种参考咨询志愿者活动，所有用户都可成为参考咨询服务的志愿者。

7. 咨询服务结果的变化

咨询服务结果表现在集成化。一是信息收集的集成化。通过网络搜索工具可以把国内外信息机构的多媒体信息集成为一个完整的、有机的信息系统。如通过"中国经济信息网"可将国家发改委、国家经贸委、新华社、美联社、道琼斯等的专家分析、市场行情、项目机会、经济法规政策、新产品、新技术、数据统计汇集成一个有机系统；二是计算机加工集成。对于信息的加工处理可以根据用户的需求，按统一格式运用计算机进行深层加工和数据联机分机处理；三是信息提供集成化。参考咨询人员可以将文字型、数值型、音频型、视频型、图形图像型、软件型的多媒体信息传递给用户。

第二节　网络环境下的参考咨询服务

一、网络（数字）参考咨询服务的概念

网络参考咨询服务，也称数字化参考咨询服务、虚拟参考咨询服务、在线参考咨询服务、电子参考咨询服务，是与数字图书馆系统、其他网络参考咨询系统、其他信息服务机制和用户服务机制相结合的一种新型信息服务模式。

NRS 是一项基于互联网服务，不受系统、资源和地域等条件限制，能利用相关资源通过专家为用户提供 24 小时不间断服务，并能使用户在限定的时间内获得可靠答案的新型虚拟咨询服务。其实质是通过网络化、数字化的手段为用户提供咨询服务，帮助用户获取所需信息。

二、网络（数字）参考咨询服务特点及类型

NRS 最显著的特征是：用户提问和咨询专家的回答以基于 Internet 的各种电子方式进行，包括各种交互式的网络工具：电子邮件（E-mail）、电子公告板系统（BBS）论坛、网络寻呼机（IQ）、网络聊天室（IC）、桌面视频会议（DVC）等。其核心是一种分布式信息网络中心，具有特定知识和技能的"咨询专家"对用户提供的个性化服务。它突破了传统参考咨询服务的时间和空间限制，人们可以在任意时刻获取或提供信息，因而是一种更为灵活的、个性化的信息服务和信息获取方式。其类型大致有如下几种。

1. 专题性的参考咨询服务

图书馆参考咨询人员根据用户对某一领域的信息需求，确定服务主题，然后围绕研究主题进行文献信息的搜集、筛选、整理，利用推进技术将信息源源不断地通过 Web 自动传送到用户，还可以根据读者专题研究需要，通过 E-mail 方式将信息直接送到读者的电子邮箱内。如：伊利诺伊大学图书馆"中央咨询服务"网页设有"Ask A Librarian"专栏，还列出 1000 多位负责各方面工作的咨询馆员的 E-mail 地址，向读者提供有针对性的咨询服务。国家图书馆率先开通了网上咨询台，不仅提供国家图书馆的咨询服务，还列出了 8 所协作网成员馆的咨询 E-mail 地址，提供专题服务。如国家馆的法律文献咨询，哈尔滨市图书馆的地方史志咨询等。高校图书馆可根据各专业教学的难点、热点、重点，选择有价值的信息，建成教学专题信息参考资料，供师生利用。

专题咨询服务具有服务面广、针对性强、信息服务质量高等优点，是图书馆高层次的信息服务，主要应由高级参考馆员即有专业特长的参考馆员承担咨询服务。

2. 经常性的问题解答（FAQ）

FAQ 上网之前，咨询馆员需要收集、总结经常遇到的典型问题，并进行分类，做好周密解答，汇集答案，然后设计网页。读者在浏览这些问题，点击想

知道的问题后，就会显示匹配答案。FAQ 服务适合用于为用户指引馆藏和了解图书馆各种规章制度，对于图书馆来说，是一种节约时间和人力并且效果显著的网络咨询服务。清华大学图书馆最近上网的"图书馆利用100问"提供了非常优秀的 FAQ 服务，对一般性导向、查找资料、数据库检索、OPAC 服务查询、流通阅览、图书馆规划及咨询服务常见问题都做了详尽的解答。

3. 用户网络检索能力的培训

由于网上信息的组织方式、检索方式和获得方式较之传统图书馆更为复杂，它具有技术含量高，对用户信息能力要求高等特点，因此用户教育在网络环境下变得十分重要。而目前我国还有相当一部分用户对网络知识了解甚少，缺乏网络检索能力。这就要求图书馆加大对用户培训和教育的力度，加强对信息用户网络检索能力的培训，其内容包括：信息意识培养、信息能力的教育（包括计算机操作能力、网络认知能力等）、信息检索能力教育（了解机检原理、计算机检索系统、国内外主要数据库及光盘的结构和特点、检索语言和检索方法、检索策略的制定等）。对检索出来的信息资源能够进行筛选、分析、整合，并建立起自己所需要的个人档案。

4. 网络资源导航服务

因特网信息资源以无限、无序为特征，但不乏学术性资源。为指引用户方便利用，国内外图书馆对因特网资源进行选择、整理、组织，链接到本馆主页提供网络导航服务。主要有三种形式：网络信息资源报道、网络常用资源导航和专业网络资源导航数据库。

（1）网络信息资源报道是呈动态性、推荐性的导航服务，因此是常变动的栏目，为使其报道性突出，往往放在主页显著的位置，不仅对报道的网站做链接，且还有宣传报道的文字。

（2）网络常用资源导航，选择网站类型通常有国内外重要的网络检索引擎、网络免费数据库、大型图书馆网站、学术机构站点等。

（3）专业网络资源导航数据库，是较深层次对网络资源搜索并有序化组织的情报产品。网络导航数据库多数将收集的专业网站分类组织链接，组成多层次的目录型指示数据库，有的大型网络导航数据库匹配检索引擎，可输入检索词或检索式，获取与之相匹配的检索结果。

5. 建立专家资源平台，实现交互咨询

在网上公布图书馆专家的联络办法，有组织地定期和用户进行交互咨询。采用 5/2 制：周一至周五，馆内专家"坐堂"实时回答用户咨询的各种图书馆资源的分布、利用等问题；周六、周日由退休的学科专家在网上解答用户关于学科专业方面的问题。

6. 开展全天候、合作式的数字参考咨询服务

先由一个省内或一个地区内的几家、几十家图书馆形成一个图书馆的联合体，联合体与联合体之间还可再结合形成更大的综合联合体，充分利用联合体成员馆各自的馆藏特色和人才优势，统一协调服务时间，为用户提供每周 7 天，每天 24 小时的综合或专题数字参考咨询服务。

三、网络环境下参考咨询的工作机制

网络环境下的各类参考咨询服务，尽管不同的应用领域因各种原因存在着这样那样的差异，但在工作机制上是大致相同的，其架构基础包括五个环节：问题接收、提问解析和分派（Triage）、专家产生答案、答案发送及跟踪。

国际上数字参考咨询的实现形式主要分异步、实时以及合作化三大类。

1. 异步数字参考咨询

在这种形式的参考咨询中，用户的提问与专家的解答是非即时的，在实际应用中主要采用电子邮件 E-mail、电子表格 E-form、信息快报 BBS、留言板 Message Board 等几种方式或将其结合来实现网络参考咨询的，其通常的做法是在图书情报机构网站的主页或某个网页上设立"参考咨询"或"询问图书馆员"链接。

2. 实时数字参考咨询

这是一种用户通过网络和专家讨论其信息需求，并可得到即时回答的服务形式，又称为实时交互式参考服务，主要采用网络聊天、网络白板、视频会议以及网络呼叫中心等可实现交互的实时交流技术加以实现。

实时数字参考咨询系统多采用不同功能类型的 Chat 软件，根据其交互功能的强弱可分为三种类型：

（1）只具有交换文本信息功能的 Chat 咨询系统，要求用户和咨询人员都

要安装一个聊天软件，双方可在聊天窗口中，以即时的方式进行交流，自愿借此回答用户的提问。

（2）图书馆在网上登记一个聊天室，用户通过登记进入该聊天室来向咨询人员提出问题。

（3）具有网页推送和共同浏览功能的实时数字参考咨询系统。即咨询员可把一个网页推送给用户，供用户享受其中的信息资源；咨询员也可以和异地用户一起在浏览器的专门窗口里浏览网页，并把制定好的最佳检索策略提供给用户，并可为用户演示所推送的页面，直到用户利用网络资源。

3. 合作化数字参考咨询服务系统

在实际运作中，异步和实时的数字参考咨询在实现条件和服务质量保证方面各有利弊，现已有不少图书馆采用了多种方式的结合来实现数字参考咨询功能与资源利用的优化。合作化数字参考服务主要基于如下考虑。

（1）数字参考咨询的根本是以用户为中心，尽最大可能满足用户的各种信息需求。随着因特网的普及和发展，图书馆及参考咨询服务的用户范围已经扩展。图书馆利用 Web 方式向广大读者提供服务，在图书馆主页上除了有图书馆各种信息的介绍外，还有大量的电子文献资源、自建的各种特色数据库、各种学科导航库等向读者提供服务。当读者在查找或检索各种资源中，发现疑难问题时，需要咨询员的及时帮助，这样就产生了读者对数字参考咨询服务的需求。

（2）在网络环境下，专家直接面向读者，及时回答读者的问题。但也会碰到超越自身知识能力和因图书馆可用资源有限而导致的复杂问题，单一机构资源的局限性在很大程度上影响了数字参考咨询的质量保障。此外，一家图书馆要实现 24/7 的数字参考咨询服务目标，投入的人力、物力过大，一般难以承受和维持。合作化的数字参考咨询服务共享信息、网络、人才资源，包括知识共享和参考馆员的经验共享，可以满足用户多样化的要求。如今，在图书馆领域，合作数字参考咨询服务已经出现了一些比较有影响的代表，例如，美国教育部的 VRD（Virtual Reference Desk），是一个现有提供服务的有大量 DRS 的网关系统，对 10 余种不同类型机构所提供的 DRS 进行服务，主要对一些超范围的用户提问进行协调处理。由美国国会图书馆和 OCLC 共同牵头的一个合作虚拟参考咨询服务项目 Question Point 是另外一种形式。关于这一形式，我们将在第三节中做较为详细的典型案例介绍。

第三节　网络参考咨询服务质量评价

一、网络参考咨询服务质量评价的意义

质量评价作为科学管理的一个重要步骤，旨在对网络参考咨询工作进行规范，减少消极因素对服务质量的影响，充分发挥积极因素的作用，有效排除影响咨询质量的障碍，提高用户的满意度和咨询服务的质量，以更好地实现图书馆的服务宗旨。

二、影响网络参考服务质量的因素

我们只有首先了解了影响网络参考服务质量的构成因素，掌握其规律和特点，并进行科学的分析，才能制定出一套科学的评价指标，从而对这一工作起到促进作用。

1. 信息资源

信息资源是解答用户咨询的依据，是满足用户信息需求的物质基础，其覆盖范围的广度和深度以及信息组织管理形式将对服务质量起决定作用。网络参考咨询服务是以接受用户的信息需求为基础的，没有用户的提问，没有用户信息需要的求助，参考咨询工作就无从谈起。

2. 咨询馆员

高质量的咨询解答来源于高水平的咨询馆员。网络环境下的参考咨询馆员的专业素养、知识结构、信息资源的挖掘整合能力、对用户需求的解读能力等，都对咨询服务的质量起着重要作用，因此，应是参考服务质量评价的一个重要指标。

3. 技术

参考咨询系统的设计、检索语言的选择、信息的组织管理等技术方法，都对提高咨询服务质量起着关键的作用，智能系统对用户提问分析判断的准确性以及系统运行的稳定性等，都需要强大网络技术的支持。

4. 管理

高质量的服务离不开科学的管理，咨询流程的设计、咨询请求的分配、咨询队伍的建设与规模都已纳入管理的范畴，并作为质量评价的一个指标。

三、网络参考咨询服务质量评价体系

在我国，关于网络参考咨询服务质量评价体系和具体量化的评估模式仍处在探讨阶段，至今尚未形成一套成熟完善的体系，虽然一些图书馆已开始逐步对参考咨询服务进行评价，但零散而片面，理论性强而实用性不够。因此，我们介绍两个国外模式，以供参考。

1. 从国际上的发展趋势来看，一些源自市场营销学的理念和评价模式正被广泛运用到图书馆评价体系之中，最为典型的是"服务质量评价"模式。其思想基础在于"全面质量管理"（TQM）理念。这一模式以用户的愿望及满意度作为衡量信息服务工作的标准，即服务质量(Q)=用户感知(P)–用户期望(E)。

因此又被称为"期望—感知"模型。在此基础上，他们设计出较全面反映服务质量的五个层面：有形设施（Tangibles）：指外围物质设施、技术设备、人员及交流实体等；可靠性（Reliability）：指独立而有效地实现服务承诺的能力；响应性（Responsiveness）：指愿意帮助用户并提供快捷服务的意愿；保障度（Assurance）：指工作人员的知识、友好态度以及传递信心和诚意的能力；情感投入（Em-Pathy）：指工作人员对用户投入的注意和关切。再针对这五个层面提出22个与用户直接相关的命题，通过调查问卷的方式，用期望值、实际感受值及最低可容忍值三种形式让用户对服务质量进行评价。这样使得有关信息服务的评估问题具备了较为客观合理的量化指标，有助于了解具体服务过程中用户的主观期望与实际感受之间的差距，明确改进的方向与目标。美国很多图书馆已运用此模式进行信息服务质量的评估。实践证明，该评估模式对于客观评价图书馆服务质量确实起到了很大作用。

随着这一模式在众多图书馆被广泛实践，其一些不足之处也逐渐显现出来。如过多强调服务中的用户因素、五个层面中存在相互交叉关系等，因此还需进一步改进与完善。

2. 另一种较详细而全面的评价模式已经被美国"AskA 虚拟参考咨询台协会"提出，具体包括以下诸因素：可获得性、快速反馈、清楚回复策略、交互性、指导性、权威性、个性化、可复查性、咨询人员和公开度。而与"LibQUAL+"

计划同时并行的是由数字图书馆论坛发起的关于使用度、可利用性和用户支持的研究计划，旨在确定图书馆最终所需要的评价标准与方式。

3. 在数字参考服务领域，除以上介绍的模式外，VRD 项目及其相关的研究一直处于业界领先的地位。2000 年 10 月修改了该标准，制定"虚拟参考服务质量的指标体系（第 4 版）"，从用户处理和服务开发两个层面，界定了可存取性、响应及时性、政策明确性、人员交互性、内容指导性以及保证专家权威性、培训、保护隐私、服务评估、提供相关信息的存取、服务公知性等多个虚拟参考服务的质量指标。

第四节 网络（数字）参考咨询服务存在的问题

1. 认识方面

开展数字参考咨询服务可以有力地促进各类型图书馆参与数字图书馆相关问题的研究与实践，扩大享受该服务的用户范围，提高服务层次，更有效地发挥各种数字资源的潜在使用价值。因此，新的网络化信息环境，要求咨询馆员首先从观念上紧跟形势的发展，对基于网络的数字参考咨询服务给予足够重视，用全新的思想去管理和拓展参考咨询工作。

2. 技术方面

纵观 DRS 的发展，数字参考服务从开始使用 E-mail 提供咨询服务，发展到利用 Web-Foml 技术提供咨询服务，直至现在利用 Chat 技术、Push Web Page 页面推送技术、实时交互解答服务和合作化参考咨询服务。实践证明，数字参考服务的发展一刻也离不开计算机等先进技术的进步。因此，只有系统软件技术和网络条件技术不断取得进步，数字参考咨询服务工作才能不断得到深层次拓展。

3. 标准化方面

数字参考服务是一个典型的多资源集成的服务。数字参考服务的参考源主要是数字化信息资源，因此数字参考服务不可避免地涉及标准化问题，如数字参考服务系统各个环节的技术标准、采用的元数据标准、服务标准、质量控制标准、信息交换与共享标准等。数字参考服务尚处于起步阶段，但从当前发展状况来看，规范标准化问题已成为制约其发展的一个重要因素。

4. 服务质量评价

由于服务的无形性使服务的提供与有形产品存在着较大的差异，结果造成了大量对服务质量的不同界定。随着各种图书馆服务质量评估模式的不断涌现、改进和发展，现代参考咨询服务将会得到越来越科学而合理的评估，势必将不断推进图书馆信息服务工作水平的提高。

5. 信息安全与隐私保护

当前信息已成为一个国家重要的资源，信息的拥有和使用涉及国家财产保护和信息安全问题，在数字参考咨询中应树立信息安全意识，采取有效措施，防止国有财产的流失。用户的个人信息属于隐私问题，如何在开展数字化参考咨询服务中保护用户的隐私也应在软件设计和服务管理中予以重视。

6. 负面影响

国外有人担心，像 Question Point 这样的全球性参考咨询项目的推荐，可能加剧了图书馆的用户不再访问图书馆这个实体，用户不再需要从图书馆获取信息。另外，图书馆应使用正式出版的、高质量的信息资源，但这些产品的数字版本通常会受到版权和许可限制，因此，这将影响到数字参考咨询的质量。

第五节　网络环境下参考咨询服务发展的趋势

网络的发展，特别是图书馆与因特网联网后，图书馆及其用户拥有了一个信息资源十分丰富的多媒体信息网。与此同时，用户对信息的需求无论从广度还是深度上都有了极大的扩展，而参考咨询服务必然在内容、方式和范围等方面随时呈现出新的发展态势。

1. 参考咨询工作从单馆运行到多馆运行

数字参考咨询服务在网络环境下有着无限的服务空间，而支撑这一工作空间的必须是一个联合工作团队。首先，从咨询时间上看，单个图书馆很难真正做到 7/24 数字参考服务；其次，从信息资源看，单个馆也很难满足所有用户的各种信息需求。因此，多馆联合是数字参考咨询工作的必然发展趋势。如大学图书馆之间，大学馆、公共馆、专业馆之间以及国际联合体。这种协作咨询的优势表现在：

（1）开放时间上更加适应用户需要；

（2）经费上因规模经济而节省；

（3）专业知识上优势互补；

（4）整体服务水平因相互学习、相互促进而得到不断提高。

2. 从异步咨询到实时合作咨询

例如，基于知识库的网上多咨询台的分布是实时合作系统，该系统将原给予的数据库管理发展为知识库管理，将原基于 FAQ 的单馆、单咨询台的实时解答系统发展为基于小组、集团或联盟的一个分布式多咨询台的实时合作咨询服务系统。

3. 更多的交流方式

在宽带网络环境下，参考咨询双方不仅可以通过文字进行交流，还可通过音频、视频等方式，利用计算机网上的电话、摄像系统装置，真正"面对面"地咨询或解答。

4. 规范化

提供答复更加完整、准确，形式也更加规范、统一。

5. 功能的扩展

网络参考咨询的系统功能将会得到不断扩展，使得咨询越来越便捷、高效。如目前应用最广泛的 Chat Reference 软件技术的发展趋势将是 Web Call Center。该系统的网上解答除基于知识库咨询外，还有网页推送功能；咨询员可以控制读者的浏览，可以看到读者网上联机检索时的疑问和问题所在，甚至在不中断读者检索的情况下，帮助、指导读者解决问题。

6. 与其他服务相衔接

数字参考咨询将有效地与复印、原文传递、馆际互借衔接起来，向用户提供"一站式"服务。

7. 多语种处理

如果每个图书馆都只用本国的语言开展虚拟参考咨询，那么走向全球联合只能是一个永远无法实现的梦想。从长远看，为了将来能顺利实现国际间参考咨询的协作，有必要要求图书馆在参考信息源开发、知识库建设的设计、E-mail 回复等咨询过程中增加英文和其他语种版的制作。

第七章 高校图书馆数字参考咨询服务的质量控制

数字参考咨询是建立在计算机网络基础上的图书馆员与远程用户的交互，解决用户在利用图书馆过程中提出的各种问题。该项服务是网络环境下图书馆参考咨询服务的主流发展方向，是未来图书馆的核心业务之一。目前，我国的数字参考咨询服务尚处于起步阶段，学者们对其关注的焦点更多集中在服务模式的选择、咨询的程序与方法、咨询平台的构建及服务评价等方面的问题上，对其服务质量进行控制方面的研究还不够全面与深入，从而导致其服务效果与用户期望之间还存在着一定的差距。因此，深入地探讨数字参考咨询服务的质量控制问题，对于促进我国图书馆数字参考咨询服务的快速发展具有十分重要的现实意义。

第一节 服务质量认识的理论基础

要对数字参考咨询服务的质量进行控制，首先就要对服务质量的理论基础有一个正确的认识。对服务质量概念理解的不同将会导致所采取的质量控制方法和措施的差异。

一、可感知的服务质量概念

全面质量管理理论认为，用户对服务的感受决定服务的质量效果。1982年，芬兰市场学家克里斯蒂·格鲁诺斯在该理论基础上提出了服务导向质量理论，即可感知的服务质量概念和全面质量模型。

该理论的核心之一就是强调"用户认可的才是质量，质量必须是用户可感知的质量"。①用户可感知的质量是一种整体可感知质量，是用户对服务的期望和实际感受到的质量的综合。②预期服务质量是指用户对组织所提供服务期望的满意度，其形成受用户的需求、组织的形象与宣传、用户口碑等因素影响。③实际感知服务质量是指用户实际的服务经历，包含服务的过程和服务的产出或结果两部分。对于用户而言，他们感知到的不仅是服务的产出或结果，而且包括服务的过程。因此实际感知服务质量也就分为两方面：一是与服务产出或结果有关的技术质量，二是与服务过程有关的功能质量。前者说明用户得到的是什么，后者反映用户是如何得到这些服务结果的。通常情况下，用户首先要从服务的结果（即技术质量）来判断服务质量的高低，但必须明确的是，用户对服务质量度量的依据并不仅仅是"结果"，"服务过程"质量对用户感知服务质量的形成也起到非常重要的作用，而功能质量的效果常常是在用户接触服务的那一瞬间感受到的。

二、服务质量差距模型

20世纪80年代美国营销学家帕拉休拉曼等人在全面质量管理理论的基础上提出了一种新的服务质量评价体系，其理论核心是"服务质量差距模型"，即服务质量取决于用户实际感知的服务水平与用户期望的服务水平之间的差别程度，因此又被称为"期望—感知"模型。当用户实际感知的服务水平超出期望的服务水平时，意味着组织提供服务的客观现实完全满足用户的主观感知，服务质量高；当用户实际感知的服务水平等于期望的服务水平时，意味着组织提供服务的客观现实基本满足了用户主观感知，服务质量一般；当用户实际感知的服务水平低于期望的服务水平时，意味着组织提供服务的客观现实与用户主观感知之间有很大差距。

第二节 数字参考咨询的质量控制

数字参考咨询的质量是数字咨询服务的命脉。如果咨询服务没有质量保证，没有一套控制咨询质量的标准或规范，数字咨询服务就不可能得到广大用户的认可和广泛利用。实际上，关于数字咨询的质量控制还任重而道远。国内与国外相比，在这方面还存在着明显的差距。国内外制定有数字参考咨询服务规范的只有被调查图书馆的39%，61%的图书馆没有任何形式的服务规范。

一、技术质量控制

数字参考服务是在一定的技术平台上开展的，技术对数字咨询服务项目的质量控制起着至关重要的作用，智能系统对用户提问进行分析判断的准确性以及系统的稳定性等，都需要强大的网络多媒体技术、实时交互技术等与之配套的技术的支撑。

1. 数字参考咨询服务系统的选择

当前国外数字参考咨询服务的实践，主要有三种服务系统：一是自己建立和运行一套系统，由本馆参考馆员独立回答用户所提的问题，不与其他图书馆的咨询系统联网；二是参加某个咨询服务网络系统，作为系统的成员，必须履行成员馆的分工与职责；三是前面两种方式的集成，既提供自己的服务，也参加网络咨询系统，如美国博林格林州立大学图书馆在参加OhioLINK的实时联机参考服务系统的同时，也提供自己的咨询服务。由于我国的数字参考咨询服务还处于起步阶段，许多方面的条件还不具备，在服务系统选择方面，上述的第三种方案更符合我国的国情和各图书馆的具体情况。这样既可充分利用数字图书馆大系统的资源，又可避免资源的重复浪费，有利于控制质量，加速推进数字参考咨询服务的进程。

国外图书馆对参考咨询系统的选择特点是：购买根据图书馆特定的需要研制的软件（如LSSI的VRT，OCLC的Question Point）；或积极加入协作咨询网络，利用集团的优势，降低成本，提高服务效益。2002年7月，OCLC和美国国会图书馆共同开发了合作式数字参考咨询服务系统（Question Point，简称QP），其前身是2000年开始研制的MRS系统，以其先进的合作咨询理念和遍及全球的发展计划，在国外应用比较成功。目前，该系统在全世界已有300多个合作组和图书馆成员馆。国内的清华大学图书馆和北京大学图书馆已率先加入该系统并组成国内合作组，至今，国内的成员馆约七八家。该系统采用电子邮件、聊天室、网页推送、同步浏览、多媒体声像、远程会议等成熟的网络交互技术，将联合编目的精神延伸到参考咨询服务，使世界各地众多读者均能享受网络参考咨询服务。合作化数字参考咨询发展至今，主要表现出两种合作模式：一种是平行的联盟模式；另一种是垂直分层的集中模式。美国的QP系统属于垂直分层的集中模式。先进的、垂直分层的集中模式的数字参考咨询系统,有利于提高合作体的管理层次,充分发挥出各合作成员机构中的人才优势、专业优势、资源优势,最大限度地避免各自的劣势,从而为用户提高咨询质量。由于我国和欧美用户在语言、人文背景、信息需求等方面存在明显区别,因此,必须要求该系统对此进行汉化方面的改进,使之完全适应我国用户的实际需求,在此基础上尽快开发适合中国国情的 DRS 系统。

2. 良好的软件产品为数字参考咨询质量控制提供技术保障

软件产品的功能直接影响数字参考咨询服务的发挥和成效,因此,良好的软件产品成为服务质量控制的一个很关键的技术因素,在选择上必须体现最新的技术进展,体现最先进的服务理念,把用户的需求体现在系统和服务平台的设计之中。

首先,咨询页面的设计要以面向用户为中心。参照 ALA 参考咨询与用户服务协会(RUSA)机器辅助参考咨询提出的最佳咨询网站选择标准,网页的设计要考虑;用户界面友好,容易导航;图形设计有吸引力,给用户留下良好印象;内容广泛新颖,具有深度和实用性;用户使用方便和回复功能快捷、有效,并具有清晰说明的权威性和合法性等多个方面的内容。

其次,不同的软件产品的功能不尽相同,但一些基本的和重要的功能是不可缺少的,为了保证数字参考咨询质量控制,实时咨询产品至少要具备下述特征,如知识库、联机问答、电子邮件、同步浏览、白板、预构信息、日志和统计报告等。宾州州立大学图书馆提出,理想的实时咨询软件应提供一对一的服务,便于协作浏览,便于咨询服务,支持分布式服务,可对用户进行推送,对等候的用户进行排队,容许延长问答时间,将会话内容存在日志中,编写统计报告,支持电子邮件选项等性能。同时,良好的软件产品还需具有产品使用的方便性、网页推送技术、常用资源自动化、系统价格以及提供生产软件公司的技术支撑、用户对软件的熟悉和脚本的控制。国外著名的合作 DRS 系统的实时咨询软件,大都是由图书馆专业公司购买成熟的实时聊天软件与网页推送软件、同步浏览软件、交互软件。在此基础上,针对图书馆参考咨询服务的特征进行二次开发。因此,它们的实时咨询功能十分完备。

3. 建立规范化的数字参考咨询标准和质量评价体系

数字参考咨询服务的质量不仅是数字参考咨询的命脉,也影响着图书馆整个服务质量的优劣。因此,数字参考服务的质量及其评估体系在 20 世纪 90 年代后期越来越被关注。

  数字参考咨询服务是一个典型的多种资源集成与共享的服务，标准的制定应该从 DRS 服务规划阶段就开始考虑。无论是采用国外的标准直接进行本地化应用，还是在国外标准的基础上形成能兼收并蓄的我国自己的标准，都应给予特别关注。当然，标准的制定非单一图书馆或 DRS 能够完成，必须有一个协调性组织或几个联合体来牵头组织制定。在我国，加快数字参考咨询服务工作和标准化进程的有效途径除了各环节的技术标准、适用的元数据描述标准、基于知识的问题/答案查询工具、用户关系管理软件、实时交互与信息管理软件等技术上的相关问题外，还需借鉴国外数字参考咨询服务，以及长期以来国内图书馆界有关数字参考咨询服务管理的经验教训，在开展合作共建和共享的过程中，加强配套标准、政策、协议、制度等方面的建设，如建立 DRS 的基础、问题和答案的存储与跟踪、政策与程序、质量评估标准与程序等。注意与 QP 系统等国外大型数字咨询网络在标准和协议上的统一，不断跟踪和研究国外有关规范和标准研究的动向，积极采用国际先进标准。

二、功能质量控制

  在数字参考咨询服务中，用户与咨询专家之间的交流是在虚拟的网络环境中实现的，其实现效果会受到系统或技术手段的限制。因此，用户从提问发送，到享受服务，再到答案结果接收这一系列过程中，便易性、及时性、可靠性、交互性和能否保护用户隐私就构成了用户评价服务质量的标准。

  便易性指服务范围之内的用户不应受到任何限制，可以便捷地获得数字参考咨询服务，这也是数字参考咨询优于传统参考咨询的一个重要方面。要确保便易性，图书馆可从以下几个方面加以控制：①将咨询链接置于图书馆页面醒目位置，同时在图书馆网站所有页面均有指向数字参考咨询的链接。②服务界面友好，使用的语种和词语容易理解，提供常见问题解答等使用帮助。③允许用户通过 E-mail、Web 表单、实时聊天等多种方式获取服务，咨询软件系统应支持多种浏览器。④尽量延长服务时间，以便用户在最需要的时候获得服务。⑤考虑残疾人需求和多语种咨询。

  及时性指馆员的响应和答复速度，包括用户提交问题后等候馆员接待的时间、馆员与用户交互的时滞和用户最终得到答案的时间。要确保数字参考咨及时响应的优势，必须做到：①配置数量充足、检索技能较高的咨询人员，及时承接、解答咨询课题。②合理配置和布局参考信息源，尤其是数字化参考信息源，因为在实时咨询情况下，咨询馆员没有宽裕的时间到处查找答案，只能更多地依靠各种数字化参考源。③实时咨询情况下，注意及时响应，若馆员正忙，应先请用户等候，并告知大约等候的时间。④实时咨询情况下，可以使用预处理功能，将常用的交流套语、需要解说和演示的页面事先编辑好，需要时直接调用；将常用的网络搜索引擎、重要门户网站和常用网络参考工具网址做成书签（Bookmark），供随时调用。⑤对于无法及时解答的问题，明确告知答复时限。⑥改善网络基础设施，优化软件性能，更新硬件配置，及时排除技术故障。

可靠性指数字参考咨询服务平台或系统运行的安全性与稳定性，防止对程序及数据的非授权的故意或意外访问，减少用户使用时系统发生的意外事故。图书馆可采取以下措施控制该服务的可靠性：①加强服务平台或系统的日常维护，确保服务范围内的用户在服务平台或系统中的主要操作（如电子邮件或电子表单的提交、网页切换、网络链接等）正常。②网页上内容和链接正确并且要及时更新，尽可能减少空链接。③加强系统安全、数据安全和权限管理，系统能在规定的一段时间和条件下，维持其性能和服务水平。

交互性指数字参考咨询服务应该提供有效的咨询交流机会，使得用户可以将必要的信息传送给咨询专家，将模糊不清的咨询问题表达清楚。控制交互性的主要措施有：①鼓励用户通过电子表单或后续的电子邮件方式将自己的有关情况告诉咨询员。②在不侵犯用户隐私权的条件下积极获取用户的重要信息，如年龄、职称、联系办法等。③用后续的电子邮件方式或借用其他有效的通信工具与用户交谈，将用户的疑问解释清楚。对用户提交的问题进行后续跟踪，从而获得相关信息。④允许用户在服务规定的范围内，将未解答详尽的问题再一次反馈，以获得满意的解答。

保护用户隐私是指所有关于用户的资料信息均属个人隐私范围，咨询馆员有义务保护这些资料不受侵犯，更不能有意地加以泄露。图书馆可以通过以下几方面措施来保护用户的隐私权：①制定保护个人隐私的条款并公布于主页上。②未经用户许可不能透露用户姓名、电子邮件地址、通信地址及咨询的内容。③如果有必要将咨询过程作为案例公布，必须排除所有可识别的个人信息。④将咨询情况透露给第三方之前，须征求当事人的同意。⑤允许用户选择要保留的资料，允许用户修改提交的问题和个人简介。

三、知识库的质量控制

数字化信息资源由各类知识库构成，是数字参考咨询的物质基础。数字参考咨询是从积累知识库到进行知识服务，要在面对面与用户沟通中判断用户的实际需求，由此来加深知识服务层面的深度和广度，知识库的建设直接影响数字参考咨询服务。

1. 知识库建设的系统性和标准化

日益丰富的网上信息杂乱无章，很难满足不同用户的个性化需求。只有系统地、连续地从馆内外、国内外收集和积累各种数字资源，进行优化整合，才能不断充实和发展知识库。总之，作为信息资源的知识库，要形成一定的规模且检索便捷、内容新颖，能够不断地更新，以保持数据的准确、全面和及时，如当今世界上最大的图书馆网络OCLC把互联网上的信息经过系统化整理，通过主题词即可检索，且OCLC的World Cat数据库随时更新，每年以200多万条记录的速度增长。

建设知识库必须按标准化原则进行，这里所说的标准化包括硬件、软件和书目数据的标准化，计算机的通用性、兼容性、可扩展性和联网能力，软件的有效性、可靠性、开发性，著录格式与编目规则的通用性与可转换性，以及通信协议标准化、安全保障技术标准化等。我国的合作网络应借鉴QP知识库建设的成功经验，结合汉字特点，制定出适合汉语的标引规则、检索功能等行之有效的方案，为读者提供一个统一、全面、灵活、多途径的检索界面，实现异构数据库的统一检索。为了提高知识库中知识的质量，全国合作网络中要按照一定的行业标准，建立一支高水平咨询专家队伍，对成员馆送入中心知识库的知识进行严格把关，不合格、不可靠的知识一律不允许进入知识库，进入知识库的知识必须都是符合标准、质量较高的知识。

2. 知识库建设的共享性

数字参考咨询中实现的是知识的传递，实质是知识的共享，所以在进行知识库建设时要做到信息资源的共享。为了满足用户的个性化需求，应建立大型、综合型的知识库，同时加强各知识库之间的横向联系，提高知识库的通用性，最大限度地实现资源共享。只有通过多个图书馆间的协同发展，形成一个互为补充、互为利用、互为推动的文献信息资源保障系统，才能满足用户新的信息需求和行为变化。美国所有图书馆的书刊资源已实现了全国的网络共享，这主要是通过 OCLC 和 RLIN 在联机联合目录系统实现的。这些联机联合编目数据库的共建与共享已成为美国图书馆网的资源基础。我国 1994 年正式与互联网联通，目前已建成和正在建设的网络主要有中国教育与科研计算机网（CERNET）、中国科学技术网（CSTNET）、中国公用计算机互联网、中国金桥信息网、中国图书馆信息资源网等。我国网络建设已初见成效，但信息资源网的建设尚处于起步阶段，应学习和借鉴当今世界上最成功的信息资源网 OCLC 和 RLIN 的建设经验。

3. 知识库建设的安全管理

知识库信息资源集成后既要保证信息的安全和保障信息资源拥有者的权益，又要使用户方便地完成数据检索和传输。当前计算机黑客、计算机病毒、软件炸弹与信息垃圾给网络带来了极大的危害，这对基于网络环境下数字图书馆的安全性提出了直接挑战，所以在知识库建设过程中，必须重视和妥善处理信息的安全问题。这就要求图书馆要采取加密技术、网络病毒防治技术、访问控制技术、跟踪检测技术、防火墙技术、虚拟专用网技术等必要的安全保障措施来保证知识库信息资源的安全与正常运行。

四、对咨询馆员的要求

数字参考咨询专家馆员素质的高低、数量的多少都在制约着参考咨询服务的质量。因为专家馆员既是文献信息的开发者和知识信息的传播者，又是图书馆构成要素中最活跃、最积极、最起决定意义的要素。培养和造就一支具有丰富的学科专业知识，又有高水平的专业技能的复合型人才，才能驾驭图书馆高水平的管理和服务，才能回应知识经济的挑战。不具备这一点，数字参考咨询质量控制就是空谈。

1. 数字参考咨询专家馆员团队的建立

图书馆同其他行业一样，也是人才的竞争。建立一支高素质的数字参考咨询专家馆员团队，是数字参考咨询质量控制的根本保障，也是做好数字参考咨询质量控制的长久打算。为了适应这一要求和变化，必须造就一大批精通图书馆的管理、熟练掌握计算机技术的复合型人才。精通图书馆的管理，就是要系统学习图书馆学的理论，并能运用图书馆的理论指导图书馆的各项实践活动，掌握计算机技术，不仅能够熟练使用、操作计算机，掌握馆内网络、国内联机检索、国际联机检索和互联网的网络技术，而且还要有维护网络、开发软件的能力。此外，还应具备广博的学科基础知识和至少一门专深的学科知识，以及较高的外语水平和良好的沟通、合作能力。

参考咨询是高度智能化的信息服务，是一种创造性的科学劳动。一个合格的咨询馆员还必须是开拓型的，具备较强的科研能力，善于利用现代信息技术和高科技手段开展各种参考咨询服务。

2. 数字参考咨询馆员在职培训中心的组建

在美国，参考咨询员是特别受人尊重的，他们的待遇在图书馆中也是最高的。目前，我国应以优惠的待遇、条件，吸引精通专业知识、现代信息技术和外语的高层次人才到图书馆来工作，同时要进一步加强在职咨询馆员的业务培训，从整体上提高咨询馆员的业务素质和能力。咨询馆员本身要通过不断地学习、努力和研究，才有更大的潜能去有效应答用户咨询中的各种问题。在国内应组建一个专供咨询馆员学习的中心。其中包含数字参考咨询的相关知识和发展动态的学习，如基本知识、国外进展、服务模式、实时技术、评价标准和尖端科学与技术、现行体制、政策法规等；各种中英文数据库的介绍和培训，还要创设中心论坛，提供馆员之间相互交流的平台。由于每个人的经历、知识结构不同，检索出来的信息就存在一定差异，通过中心论坛定期的交流，以便咨询馆员相互启发、相互补充、相互学习，从而提高信息的查找能力，以快速提供准确全面的信息给用户。讲座、考察访问式培训：请国外有影响的图书情报方面的专家来中心讲学，传播虚拟参考咨询前沿技术和成功经验，也可以派中心的咨询馆员到国外著名大学或情报机构进修、学习和交流。建立数字参考咨询的门户网站，收集有关讨论组、机构与研究站点等各种信息，以便于馆员培训或自学。此外中心应树立长远的教育战略思想，形成一套科学的教育培训计划。

3. 团队协作，服务用户

加强咨询馆员之间的团队协作，尤其是不同图书馆的咨询馆员之间的协作，实现图书馆界的人力资源优化组合，这是提高参考咨询服务质量的关键。作为图书馆，要满足众多用户的多方面、不同层次的需求，不可能要求每个咨询馆员样样精通，也不可能全方位地解答用户的问题。只有把不同学科、不同专长的咨询馆员组成一个整体，实现知识结构的互补，才能大大提高参考咨询服务的质量和效率。所以要在工作中协调处理好咨询馆员之间的合作关系，使他们将自己的工作经验与同事交流，互相取长补短，更好地为读者提供及时、准确的服务。

图书馆应以参考咨询服务的理念、目标和价值为基础，建立专门的参考咨询团队，并创造机会和环境让参考馆员之间互相共享知识和专业技能。美国图书馆协会参考咨询与用户服务分会制定的《参考咨询和读者服务图书馆员专业资质》针对参考馆员进行的合作提出7条策略，其中第6条指出："要模拟训练高效的参考咨询团队行为，包括倾听、讨论和信任。"图书馆应当定期对咨询馆员进行合作参考咨询模拟训练，包括帮助馆员了解其他团队成员的学科背景、知识结构、信息检索习惯、思维方式、信息服务意识与用户互动情况等，利用各种具有代表性的咨询问题帮助馆员在模拟实践中寻求合作的最佳方式，培养咨询馆员间的默契感和信任度，加强团队在参考咨询工作中的密切合作，为用户提供高质量、高水准的参考咨询服务。

4. 重视用户培训，提高其信息素养

20世纪60年代，法国成人教育家保罗·朗格朗提出终身教育这一观点。"正是通过不断努力和研究，通过实习培训，人才有更大的潜能去有效地应付、自如地迎接他一生中遇到的各种挑战。"图书馆在对用户情况及用户需求调研的基础上，有针对性地开展多种形式的培训，如专题讲座、上机实习、个别辅导、在网上提供自学条件等，向用户介绍新信息技术，传授信息获取的途径和方法。用户掌握了这些信息检索的方法与技巧，结合自己的专业特点，根据自身的信息需求进行检索，从而达到更佳的检索效果，甚至胜于咨询馆员的作用。这是咨询馆员教育能力的体现，而用户信息素质的提高是咨询馆员工作质量的最好印证。

五、答案质量的控制

在参考咨询中，用户对提出的问题的答复质量是最为关心的。什么样的答案是最好的，与问题的性质有关，也与服务的对象有关。对于事实性咨询，应在提供事实的同时，提供所使用的文献源，以增加信息的可信度，表明信息的客观性；对于文献检索性的咨询，应在提供检索结果的同时，提供所用的多种信息源和检索策略，起到教育用户提高其信息素质的作用。

因为各种原因尽最大努力后仍不能提供答案的咨询，应提供可能的检索途径。即使是服务范围以外的问题，也应提供问题的出口，使问题在一定程度上得到解决，而不应该一概拒绝。这是服务中的一条重要原则。

对答案的要求是准确可靠，这是服务水平的直接体现。在一般的参考咨询中，国外有人对咨询效益的调查提出了"55%规则"，即图书馆参考咨询问题答复的正确率是55%，其余45%的答案都是不正确的或不完全正确。这也为我们重视参考咨询（包括数字参考咨询）答案的质量敲响了警钟。

答案应尽可能使用网上资源，因为网上资源便于用户查找，免去到馆复印或通过原文传递的麻烦。网上提供的参考资源良莠不齐，主要体现在提供的资源没有严格的选择标准。应注意确立网络资源的选择标准。ASKERIC选择网络资源的标准是：

（1）权威性：谁建立的网站，其可信度如何？

（2）从属关系：谁提供的信息？能否链接到主页上？提供者所在机构对信息有无偏见？

（3）内容：是内容还是广告？信息是否客观？是否有用？是否容易查询或导航？

（4）目的：是个人主页、宣传网站、商业营销网站、新闻网站，还是信息网站？

（5）用户：资源的服务对象是谁？信息是否适合目标用户？

（6）新颖性：信息的新旧程度怎样？什么时候建立的网页或上一次更新日期是什么时候？

（7）比较：信息与其他电子和印本资源比较，是否准确而表述清晰？

答案字数多少在一定意义上反映了答案的详尽程度。根据Joseph Janes等人的调查，答案的字数从1个词到1397个词不等，平均为29个词。平均答复时间是2天7小时45分钟，中值是16小时43分钟。3%的答复拥有提供答案的检索策略，19.5%的答复包括信息源，3%转到另外的专家，37%提供了与其他网站的链接。

另外，还要重视向用户答复的形式。要使用户感到答复亲切、清晰、简明、可信、有礼貌。国外咨询答复形式通常的规定包括：

（1）问候语，最好引用用户的姓名；

（2）重复用户提出的问题；

（3）答案，主要根据网络资源提供；

（4）参考源；

（5）结束语与致谢；

（6）签名，包括图书馆或服务提供者的名称。

从以上几个方面提出答复的规范要求，树立参考咨询的统一形象是非常必要的。在注重答案的质量和答复速度的同时，讲求规范化的服务，对于增强用户的信赖感，在用户中树立良好的口碑具有重要意义。

由于数字参考咨询服务位于图书馆服务工作的第一线，其服务质量的优劣将直接影响图书馆的整体形象。如果服务没有质量保证，没有相应的控制咨询质量的措施，数字参考咨询服务就不可能得到广大用户的认可和广泛利用。因此，数字参考咨询服务要获得持续发展的动力，必须重视其服务质量控制问题，而数字参考咨询服务的质量控制对于图书馆来说还任重而道远。

参考文献

[1] 李红霞,冀颖,王金英.高校图书馆微服务体系概论[M].新华出版社,2022.

[2] 陆可可.网络环境下高校图书馆数字参考咨询工作初探[J].办公室业务,2019,(05):153-154.

[3] 谭英豪."双一流"高校图书馆数字参考咨询服务研究[D].湘潭大学,2018.

[4] 姜培锋.做好数字图书馆环境下高校参考咨询工作的思考[J].产业与科技论坛,2016,15(22):234-235.

[5] 高黔峰.贵州省多校区高校图书馆数字参考咨询工作的思考[J].内蒙古科技与经济,2016,(10):96-97.

[6] 张婕菲.2015年《河南图书馆学刊》1～12总目录[J].河南图书馆学刊,2015,(12):141-148.

[7] 杨晓薇.数字环境下高校馆与地区馆实施合作信息咨询服务工作探究——以辽宁地区为例[J].农业图书情报学刊,2014,(10):106-108.

[8] 夏玉萍.图书馆数字参考咨询工作现状与思考——以甘肃政法学院图书馆为例[J].自动化与仪器仪表,2014,(09):150-151.

[9] 韩丽.高校图书馆学科化服务的实践发展[M].云南大学出版社,2014.

[10] 王斌英.刍议高校图书馆服务创新的基本内涵及构建[J].河南图书馆学刊,2014,(01):38-39.

[11] 袁明伦.现代图书馆服务[M].四川大学出版社,2013.

[12] 王硕,徐恺英,崔颖.中美高校图书馆数字参考咨询服务比较研究[J].情报科学,2013,(08):120-124.

[13] 匡雪丽.高校图书馆数字参考咨询服务创新模式研究[D].南京大学,2013.

[14] 吴静. 我国高校图书馆参考咨询馆员的多重职业身份 [J]. 知识管理论坛, 2013,(03):29-32.

[15] 黄克文, 吴长江, 陈湘玲, 王卫红, 周永忠. 高校图书馆参考咨询服务模式研究 [J]. 图书馆学刊, 2012,(09):59-62.

[16] 曾美香. 试论高校图书馆的功能与发展趋势 [J]. 科技情报开发与经济, 2011,(15):110-112.

[17] 李玉红, 胡娟, 解日红. 北京工业大学图书馆信息服务实践经验 [J]. 情报杂志, 2010,(S1):255-256+247.

[18] 杭宇. 高校图书馆参考咨询服务工作研究 [J]. 廊坊师范学院学报(社会科学版), 2010,(03):119-120.

[19] 黄庆. 高校图书馆数字参考咨询工作探析 [J]. 农业图书情报学刊, 2009,(11):85-87.

[20] 敬晓慧. 浅谈高职院校数字化图书馆的参考咨询服务 [J]. 哈尔滨职业技术学院学报, 2009,(05):94-95.

[21] 贾赟. 网络环境下高校图书馆读者服务互动形式变化及应对 [J]. 农业图书情报学刊, 2009,(01):202-204+208.

[22] 马忠诚. 网络环境下民族高校图书馆参考咨询工作创新初探 [J]. 图书馆理论与实践, 2008,(06):112-113.

[23] 叶延华. 高校图书馆参考咨询工作之我见 [J]. 现代经济信息, 2008,(09):72-74.

[24] 王海金. 对高校图书馆数字化参考咨询工作的探讨 [J]. 江西图书馆学刊, 2008,(03):93+96.

[25] 王敏. 对高校图书馆虚拟参考咨询服务的探讨 [J]. 河北科技图苑, 2008,(04):43-44+70.